AF574015

FERNANDO
SINAGA

FERNANDO SINAGA
IDEAS K

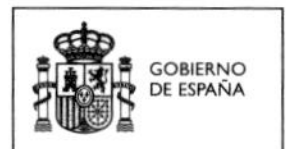

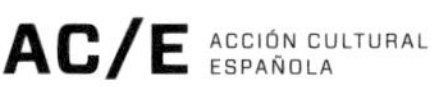

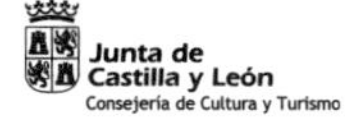

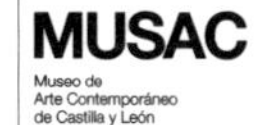

EDICIONES POLÍGRAFA

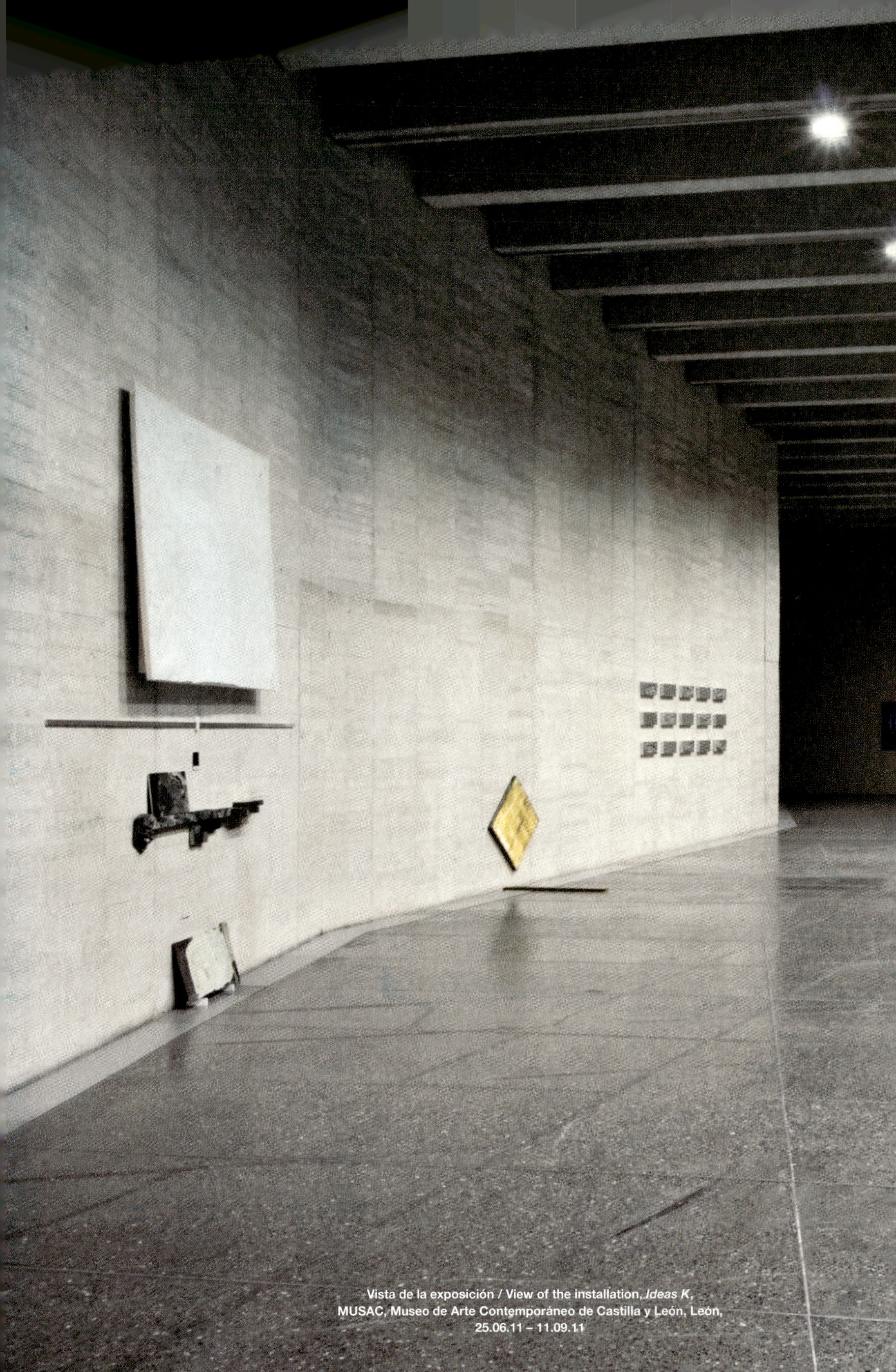

Vista de la exposición / View of the installation, *Ideas K*,
MUSAC, Museo de Arte Contemporáneo de Castilla y León, León,
25.06.11 – 11.09.11

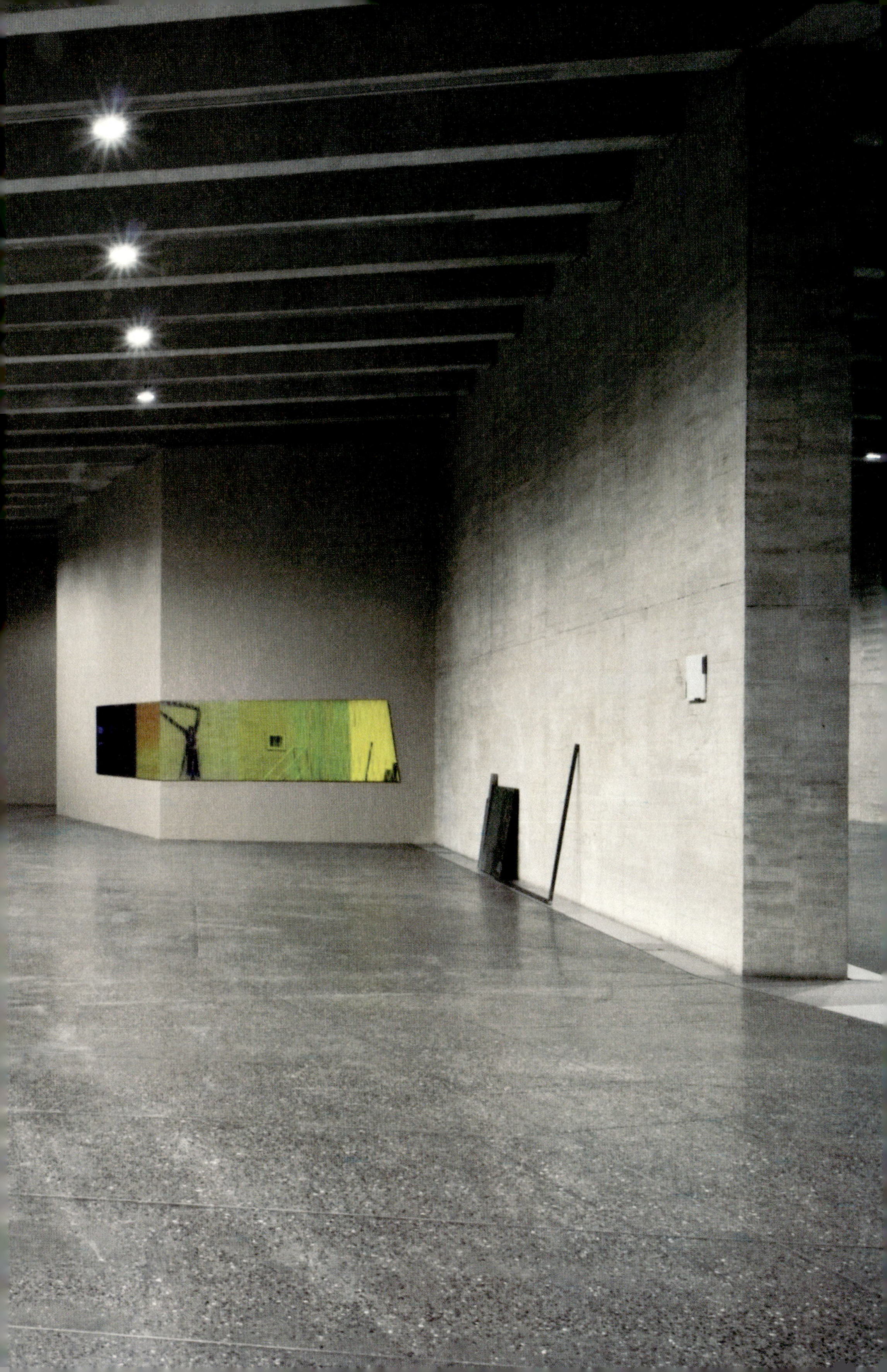

Acción Cultural Española (AC/E) tiene como uno de sus principales objetivos la promoción y difusión de la creación contemporánea española dentro y fuera de nuestras fronteras. Lo hace tanto a través del fomento de la presencia de autores nacionales en encuentros internacionales de arte contemporáneo como mediante exposiciones monográficas y colectivas.

La exposición *Ideas K,* una retrospectiva de la obra escultórica de Fernando Sinaga comisariada por Gloria Moure, participa de esta voluntad de dar a conocer al público la producción artística actual. En este caso concreto, el trabajo de Fernando Sinaga llegará a un mayor número de personas gracias al trabajo conjunto del MUSAC, Museo de Arte Contemporáneo de Castilla y León, el Museo de Arte Contemporáneo de Alicante y el Centro de Arte Contemporânea Graça Morais de Bragança (Portugal).

Esta publicación otorga el valor añadido de la permanencia y aspira a convertirse en monografía de referencia para quienes quieran acercarse al trabajo del artista zaragozano afincado en Salamanca. Se recoge en ella el imaginario simbólico, geométrico, óptico, material y cromático que permea el trabajo del artista desde *El desayuno alemán* (1985) hasta sus trabajos más recientes. Una obra que está marcada por el afán de experimentar con la percepción y el espacio, que logra que el espectador se convierta también en participante de cada una de las piezas, y por el rechazo a las modas y a los coqueteos con el mercado en su sentido más frívolo. A la reproducción de las obras que integran la exposición se suma el texto de Peio Aguirre analizando la trayectoria de Fernando Sinaga, así como una entrevista de Gloria Moure al artista, en la que éste expone su visión artística con la claridad y la capacidad docente que lo caracterizan.

Desde AC/E queremos expresar nuestro agradecimiento a todos los que han hecho posible tanto la muestra como el catálogo, especialmente a la comisaria por su óptimo trabajo y a Fernando Sinaga por su apoyo y su colaboración en este proyecto.

María Teresa Lizaranzu Perinat
Presidenta de Acción Cultural Española (AC/E)

One of the main purposes of Acción Cultural Española (AC/E) is to promote and disseminate contemporary Spanish artistic creation within and beyond our borders. It does so both by encouraging the presence of Spanish artists at international contemporary art events and through monographic and group exhibitions.

The exhibition *Ideas K,* a retrospective of the sculptural work of Fernando Sinaga curated by Gloria Moure, springs from this wish to promote knowledge of current artistic production. In this particular case, Fernando Sinaga's oeuvre will reach a larger number of people thanks to the joint efforts of the MUSAC, Museo de Arte Contemporáneo de Castilla y León (Spain), the Museo de Arte Contemporáneo in Alicante and the Centro de Arte Contemporânea Graça Morais in Bragança (Portugal).

This publication provides the added value of permanence and is intended as a monograph that can be used as a reference work by anyone wishing to gain an insight into the work of the Salamanca-based artist from Zaragoza. It contains the symbolic, geometric, optical, material and chromatic imagery that permeates the artist's work from *El desayuno alemán* (The German Breakfast) (1985) to his most recent work. His oeuvre is marked by an eagerness to experiment with perception and space—which also prompts the viewer to engage with each of the pieces—and by a distaste for passing fashions and flirtation with the market in the most frivolous sense. In addition to reproducing the works shown in the exhibition, the catalogue features a text by Peio Aguirre analysing the career of Fernando Sinaga and an interview conducted by Gloria Moure in which the artist explains his view of art with the clarity and teaching skills that characterise him.

At AC/E we wish to express our thanks to everyone who has made possible both the exhibition and the catalogue, especially the curator for her excellent work and Fernando Sinaga for his support and contribution to this project.

María Teresa Lizaranzu Perinat
President of Acción Cultural Española (AC/E)

La cultura en sus diferentes vertientes es, sin duda alguna, uno de los activos fundamentales de la Comunidad de Castilla y León. En este sentido, el apoyo a la creatividad, bien sea facilitando y fomentando la exposición y difusión de nuestros más brillantes creadores, bien apoyando el asentamiento de nuevos autores, constituye uno de nuestros objetivos más importantes.

Por ello, desde la Consejería de Cultura y Turismo de la Junta de Castilla y León, y a través de la labor desarrollada por el MUSAC, Museo de Arte Contemporáneo de Castilla y León, se trabaja de forma continuada en proyectos destinados a la exhibición, promoción e investigación de los artistas que son referente tanto dentro como fuera de nuestra Comunidad.

Fernando Sinaga (Zaragoza, 1951), afincado en Castilla y León desde temprana edad, ha desarrollado en nuestra Comunidad, en la ciudad de Salamanca, una importante actividad en esta misma línea de actuación, no sólo como artista, sino también como investigador y docente de la Universidad salmantina.

Embajador indiscutible tanto en el ámbito nacional como en el internacional, Sinaga ha llevado su obra junto con Castilla y León por todo el mundo, con especial presencia en Francia, Alemania y Estados Unidos. Escultor y teórico, la obra de este artista parte de los postulados del minimal, y se enriquece por la investigación óptica desde los años sesenta hasta la actualidad.

De junio a septiembre de 2011, la Consejería de Cultura y Turismo presentó en MUSAC, de mano de la comisaria Gloria Moure, una muestra retrospectiva, *Ideas K*, que reivindicaba su talante independiente y la riqueza y complejidad de su obra.

Los objetivos de la Consejería de Cultura y Turismo relativos a la internacionalización de nuestro patrimonio cultural, así como la intensificación de nuestros vínculos con Portugal, confluyen con los de AC/E, Acción Cultural Española, que promociona y difunde la realidad cultural española dentro y fuera de nuestras fronteras. Gracias a esta colaboración, el proyecto viajará a lo largo del 2012 al Museo de Arte Contemporáneo de Alicante (MACA), y al Centro de Arte Contemporânea Graça Morais de Bragança, Portugal.

De esta manera, esta publicación, entendida como una prolongación de la actividad expositiva, subraya la importancia que la difusión internacional de nuestro patrimonio cultural tiene para la Junta de Castilla y León.

Alicia García Rodríguez
Consejera de Cultura y Turismo
Junta de Castilla y León

Culture in its different aspects is, without a doubt, one of the main assets of the Comunidad de Castilla y León. In this respect, support for creativity—either by facilitating and promoting the exhibition and dissemination of the work of our most brilliant creators, or by helping new artists become established—is one of our most important aims.

Therefore, at the Department of Culture and Tourism of the Junta de Castilla y León, and through the efforts of the MUSAC, Museo de Arte Contemporáneo de Castilla y León, work is constantly being carried out on projects to show, promote and conduct research on the output of artists who are important names both within and outside our region.

Based in Castile and León from an early age, Fernando Sinaga (Zaragoza, 1951) has been significantly active along these lines in our region, specifically in the city of Salamanca, not only as an artist but also as a research scholar and lecturer at Salamanca University.

An indisputable ambassador both nationally and internationally, Sinaga has taken his oeuvre together with Castilla y León all over the world, particularly France, Germany and the United States. The work of this artist, who is both a sculptor and a theoretician, is based on the principles of minimalism and enriched by optical research from the 1960s to the present day.

From June to September 2011, the Department of Culture and Tourism staged a retrospective exhibition at the MUSAC curated by Gloria Moure: *Ideas K,* focusing on his independent nature and the richness and complexity of his oeuvre.

The aims of the Department of Culture and Tourism regarding the internationalisation of our cultural heritage and the strengthening of our links with Portugal are consonant with those of AC/E, Acción Cultural Española, which promotes and disseminates Spain's cultural reality within and beyond our borders. Thanks to this collaboration, throughout 2012 the project will travel to the Museo de Arte Contemporáneo de Alicante (MACA) and to the Centro de Arte Contemporânea Graça Morais in Bragança, Portugal.

This publication, conceived as an extension of the exhibition activities, thus underlines the importance the Comunidad de Castilla y León attaches to the international dissemination of our cultural heritage.

Alicia García Rodríguez
Councillor of Culture and Tourism
Junta de Castilla y León

Una de las funciones primordiales de los museos y centros de arte es poner en valor las acciones y trayectorias que durante una larga trayectoria profesional han ido adquiriendo relevancia por sí mismas en el transcurso del tiempo. El museo, en este caso, sirve de ventana y pone de relevancia una posición de clarividencia respecto a la importancia de la labor de un artista tanto en su vertiente investigadora, como en sus innovaciones artísticas o como en su contexto. Este último constituye una pieza clave en la comprensión de las realidades cercanas que nos circundan, sus cambios y sus procesos. De él nace o emana la obra de algunos artistas, mientras que en otros —como es el caso de Sinaga— el proceso se produce exactamente de manera inversa, siendo el propio artista quien deposita en el contexto todo su conocimiento y bagaje.

Mi personal interés en la obra de Fernando Sinaga no se circunscribe únicamente al contexto de Castilla y León —donde ha vivido y desarrollado gran parte de su trayectoria—, sino que se remonta a tiempos anteriores y marcos geográficos más amplios. Mucho antes de trabajar en la institución que dirijo en la actualidad, desarrollé una importante labor investigadora centrada en los años 80 y 90, sobre todo en la escultura en España, donde importantes artistas comenzaron a labrar sus trayectorias con mayor fuerza y repercusión. Desde los postulados de la *joven escultura vasca* de Txomin Badiola, Pello Irazu, Ángel Bados, Juan Luis Moraza o Marisa Fernández a las grandes aportaciones de mujeres artistas como Susana Solano, Ángeles Marcos o Cristina Iglesias, sin olvidar el irrepetible lirismo de Juan Muñoz, pasando por Sergi Aguilar para llegar a Jaume Plensa, Toni Abad, Jordi Colomer y tantos otros escultores y artistas que, desde su relación con el contexto cercano pero, poco a poco, también con el internacional, marcaron y dotaron de contenido a un movimiento y a una época. Es en esta internacionalización, en esta ampliación de marcos personales, sociales, conceptuales, materiales, geográficos y por ende contextuales, donde la obra de Sinaga emerge y se ve reforzada. Sus postulados teóricos en relación al postminimal y el cromatismo en su obra me han llevado a investigar cada proyecto realizado desde aquel legendario *El desayuno alemán* (1985), obra que constituye el punto de partida para la muestra presentada en el MUSAC y a partir de la cual se desarrolla toda una investigación de su trabajo.

Volviendo al contexto y en un marco más cercano, no hay tampoco que olvidar que Sinaga, aún siendo maño de nacimiento y pese a representar a una generación interesante de escultores que atrajo la atención internacional —recordad la muestra de *Three Spanish Sculptors: Cristina Iglesias, Pello Irazu, Fernando Sinaga* en la Donald Young Gallery, Chicago (1988)— desarrolla una importante labor en Castilla y León, donde ha vivido y trabajado más de treinta años. Su amistad y trabajo cercano con los representantes del que fuera el grupo más contemporáneo e importante de esta tierra, A UA CRAG, junto a su labor investigadora y docente desarrollada desde Salamanca como Catedrático de Escultura, hacen que el trabajo de Sinaga sea más importante,

One of the primary functions of museums and art centres is to promote actions and careers which have progressively grown in importance in their own right over time during the course of many years of professional efforts. In the case at hand, the museum serves as a showcase for, and clearly stresses, the importance of the work of an artist with respect to both research and artistic innovations and context. Context is a key to understanding the closest realities that surround us, their changes and their processes. It is also the origin or point of departure of the output of some artists, whereas in others—as in Sinaga's case—the process is exactly the opposite, and it is the artists who deposit all their experience and background in the context.

My personal interest in Fernando Sinaga's work is not limited to the context of Castile and León—where he has lived and pursued much of his career—but goes back to earlier times and much broader geographical areas. Long before working for the institution I now direct, I carried out major research centred on the 1980s and 1990s, especially on sculpture in Spain, where important artists began to forge their career paths firmly and with repercussions: from the ideas of the *young Basque sculpture* of Txomin Badiola, Pello Irazu, Ángel Bados, Juan Luis Moraza and Luisa Fernández to the powerful pieces by female artists such as Susana Solano, Ángeles Marcos and Cristina Iglesias, to the matchless lyricism of Juan Muñoz, to Sergi Aguilar, and finally to Jaume Plensa, Toni Abad, Jordi Colomer and so many other sculptors and artists who, starting from their relationship with their close environment but gradually, also with the international context, marked and gave substance to a movement and an era. It is from this internationalisation, from this broadening of personal, social, conceptual, material, geographical and, accordingly, contextual frameworks that Sinaga's work emerges and draws its strength. His theories on the post-minimal and chromatism in his work have led me to explore every project of his since the legendary *El desayuno alemán* (The German Breakfast) (1985), which is the starting point of the exhibition at the MUSAC that is the basis of the survey of his work.

Returning to context, and in a framework closer to home, it should not be forgotten that Sinaga, although Aragonese by birth and a representative of an interesting generation of sculptors who attracted international attention—recall the exhibition *Three Spanish Sculptors: Cristina Iglesias, Pello Irazu, Fernando Sinaga* held at the Donald Young Gallery in Chicago (1988)—performs important work in Castilla y León, where he has lived and worked for more than thirty years. His friendship and close contact with the representatives of what was the most contemporary and important group in this part of the country, A UA CRAG, together with his research and teaching work at Salamanca as Professor of Sculpture, make Sinaga's oeuvre all the more important in the art world if such a thing is possible. His theoretical and critical writings and his relationship with different artists' associations also evidence his nature as a genuine activist and his great respect for the work of the artist as a professional. All this makes Sinaga an emblematic figure at the MUSAC, a public and regional museum of Castile and León which, as part of its primary

si cabe, en el ámbito del arte. Sus escritos teórico-críticos o su relación con las distintas asociaciones de artistas contribuyen también a dejar de manifiesto su naturaleza de verdadero activista y el gran respeto por la labor de un profesional como artista. Todo ello contribuye a situar a Sinaga como figura emblemática en el MUSAC, museo público y autonómico de Castilla y León que desde algunas de sus funciones intrínsecas y primigenias —investigación, exposición y difusión del patrimonio con fines de estudio, educación y recreo— contribuye con su actividad a remarcar la labor de artistas, colectivos, investigadores e intelectuales en estas tierras.

En este sentido, el proyecto *Ideas K* (25 de junio–11 de septiembre, 2011) ha sido una maravillosa constelación de la magnífica obra de este artista, una revisión de su obra desde los ochenta hasta la actualidad, que con el ojo audaz de la comisaria, Gloria Moure, y su acertada interrelación con el espacio arquitectónico en los procesos de diseño y montaje, o su labor gestora junto al esfuerzo de las personas que forman el equipo del MUSAC, hemos conseguido que este proyecto vaya mas allá de las salas del MUSAC. Nuestro fuerte compromiso y el apoyo de AC/E (Acción Cultural Española) harán que esta muestra no sólo quede recogida en una publicación sino que además pueda itinerar a otros museos y países, tanto dentro de España —Museo de Arte Contemporáneo de Alicante (MACA)— , como al país vecino de Portugal —Centro de Arte Contemporânea Graça Morais en Braganza— llegando a un mayor y variado público. Todo ello viene a constatar la gran acogida que esta muestra ha tenido tanto en la crítica especializada como en el público general y pone en valor, irradiando incluso, la relevancia de un artista como es Fernando Sinaga.

Agustín Pérez Rubio
Director de MUSAC, Museo de Arte Contemporáneo de Castilla y León

functions—research, exhibition and dissemination of heritage for the purposes of studying, education and entertainment—contributes with its activity to promoting the work of artists, groups, scholars and intellectuals in this part of the country.

In this respect, the project *Ideas K* (25 June–11 September 2011) was a marvellous combination of the magnificent work produced by this artist, a survey of his oeuvre from the 1980s to the present day which, with the bold approach of the curator Gloria Moure and her productive relationship with the architectural space in the design and installation processes, as well as her joint management efforts together with the members of the MUSAC's team, we have managed to take beyond the rooms of the MUSAC. Our firm commitment and the support of AC/E (Acción Cultural Española) will ensure that this exhibition is not only reflected in a publication but can also travel to other museums both in Spain—Museo de Arte Contemporáneo de Alicante (MACA)—and in the neighbouring Portugal—Centro de Arte Contemporânea Graça Morais, Bragança, reaching a larger and broader audience. All this attests to the positive reception this exhibition has had from critics and viewers alike and also highlights, even disseminating, the importance of Fernando Sinaga as an artist.

Agustín Pérez Rubio
Director of MUSAC, Museo de Arte Contemporáneo de Castilla y León

Este catálogo fue publicado con motivo de la exposición *Fernando Sinaga. Ideas K*, celebrada entre el 25 de junio y el 11 de septiembre de 2011 en el MUSAC, Museo de Arte Contemporáneo de Castilla y León, y su posterior itinerancia al Museo de Arte Contemporáneo de Alicante (MACA) y al Centro de Arte Contemporânea Graça Morais de Braganza.

This catalogue was published on occasion of the exhibition *Fernando Sinaga. Ideas K*, which was held from 25 June to 11 September 2011 at the MUSAC, Museo de Arte Contemporáneo de Castilla y León, and subsecuently travelled to the Museo de Arte Contemporáneo de Alicante (MACA) and to the Centro de Arte Contemporânea Graça Morais, Braganza.

EXPOSICIÓN / EXHIBITION

Organizan / Organised by
Acción Cultural Española (AC/E)
MUSAC, Museo de Arte Contemporáneo de Castilla y León

Colaboran / In collaboration with
Museo de Arte Contemporáneo de Alicante, MACA
Centro de Arte Contemporânea Graça Morais

Comisaria / Curator
Gloria Moure

Coordinación general / General coordination
Helena López Camacho (MUSAC)
Ilse Borchard (FernandoSinagaArchiv)

Comunicación y prensa / Communication and Press
Servicios profesionales a cargo de / Professional services by
Izaskun Sebastián

Registro / Registrar
Koré Escobar
Y servicios profesionales a cargo de / And professional services by Dalser, S. A.

Restauración / Restoration
Servicios profesionales a cargo de / Professional services by
Albayalde, S. L.

Montaje / Installation
Artefacto Producciones
Feltrero Division Arte, S. L.

Transporte / Shipping
Feltrero Division Arte, S. L.

Seguros / Insurance
Aón Gil y Carvajal

Imagen de cubierta / Cover photograph
Düsseldorf Licht, 1988.
Plomo y neón.
178,4 × 335,5 × 4,8 cm.

CATÁLOGO / CATALOGUE

Edita / Published by
Acción Cultural Española (AC/E)
Ediciones Polígrafa

Dirección científica / Scientific Director
Gloria Moure

Coordinación editorial / Publishing coordination
Raquel Mesa Sobejano (AC/E)
Direlia Lazo, Inés García Fernández (Polígrafa)

Textos / Texts
Peio Aguirre
Gloria Moure
Fernando Sinaga

Traducciones / Translations
Jenny Dodman

Corrección de los textos en español /
Proofreading of the Spanish texts
Montse Holgado

Diseño / Design
Estudi Polígrafa / Carlos J. Santos

Fotomecánica / Colour separation
Estudi Polígrafa / Annel Biu

Impresión y encuadernación / Printing and binding
Ingoprint, Barcelona

ISBN AC/E: 978-84-15272-24-3
ISBN Ediciones Poligrafa: 978-84-343-1223-4

D. L.: B. 15.686-2012

Available in USA and Canada through D.A.P./
Distributed Art Publishers
155 Sixth Avenue, 2nd Floor, New York, N. Y. 10013
Tel. (212) 627-1999 Fax: (212) 627-9484

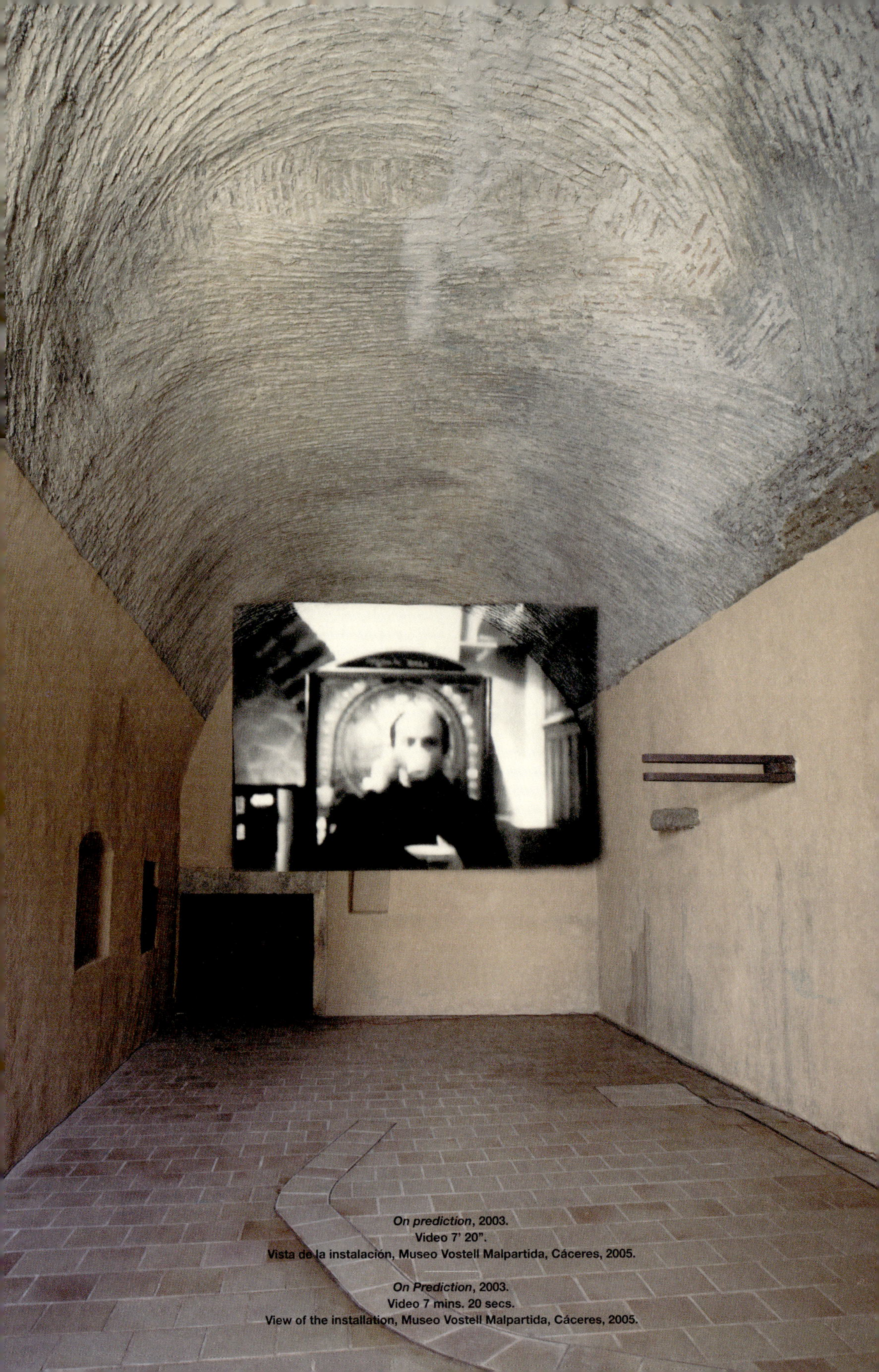

On prediction, 2003.
Video 7' 20".
Vista de la instalación, Museo Vostell Malpartida, Cáceres, 2005.

On Prediction, 2003.
Video 7 mins. 20 secs.
View of the installation, Museo Vostell Malpartida, Cáceres, 2005.

Índice
Contents

La esencia del arte es la libertad de pensamiento y acción
Entrevista de Gloria Moure a Fernando Sinaga

GLORIA MOURE *Para iniciar, hay algunos aspectos de tu obra que me gustaría matizar. Por ejemplo, siempre hablas de ti como un escultor y en muchas de las obras las cuestiones que se plantean son esencialmente pictóricas, la superficie, la reunión indisociable entre materia e imagen, configuraciones en clave de trayecto perceptivo...*

FERNANDO SINAGA Mi formación académica inicial se desarrolló dentro del campo de la pintura y su aprendizaje me obligó a desarrollar una práctica sujeta tan sólo a lo que sucedía dentro de un lienzo en blanco, un espacio bidimensional donde era necesario introducir una acción que necesitaba una distancia visual que me permitiera distinguir cómo seguir avanzando. Es decir, en la pintura encontré el aprendizaje de la construcción de la imagen, algo que podía realizar de principio a fin, de forma que a través de esa experiencia pude obtener una cierta autonomía creativa. La práctica de la pintura me dio también una cierta visión inmaterial de la realidad y una levedad que utilizaría posteriormente en el campo de la escultura. Esta experiencia como pintor me ayudó a desarrollar un tipo de visualidad que reforzaría mi idea de una escultura de marcado carácter divergente.

GM *Hay una parte de tus obras que, debido a la naturaleza de los materiales empleados, cambian según el punto de visión o la intensidad de la luz, ya que precisan de factores externos a ellas para completar su configuración final. ¿En qué medida la percepción es trabajada como un material más?*

FS La primera vez que visité el *Gabinete de lo abstracto* de El Lissitzky comprendí que mi relación con el espacio debía desarrollar una cierta confusión entre los géneros. Era el año 1985, y por aquel entonces disponía ya de una cierta experiencia artística, había terminado mis estudios de pintura y escultura diez años antes, tenía una experiencia expositiva y había estado en Estados Unidos donde había estudiado la escultura moderna y contemporánea detenidamente. Es en Lissitzky donde entendí la importancia de esa confluencia de disciplinas y fue en esta obra del Museo Sprengel de Hannover donde pude ver cómo el espacio se había convertido en el objetivo final de la misma. El diseño, la pintura, la escultura y la imagen eran parte de la arquitectura y del mobiliario. Esa fusión de las prácticas artísticas transformó mi consideración del arte y de la escultura.

Lissitzky había creado una confusión perceptiva al introducir el movimiento del espectador como una parte esencial para activar el espacio y la forma. La realidad plástica era óptica y cambiante y ya nada era estático. La pintura se había aliado con la escultura para crear una modificación del espacio. En ese momento, mi dilema creativo parecía haber encontrado una respuesta y podía por tanto dar una salida a mis innumerables contradicciones y divergencias.

The Essence of Art Is Freedom of Thought and Action
Interview with Fernando Sinaga by Gloria Moure

GLORIA MOURE *To start off with, there are a few aspects of your work that I would like to clarify. For example, you always refer to yourself as a sculptor, yet the questions raised in many of the works are essentially pictorial: the surface, the inseparability of matter and image, configurations from the perspective of a perceptive journey,...*

FERNANDO SINAGA My initial academic training was in the field of painting and this learning has forced me to develop a practice that was subject only to what was going on inside a blank canvas, a two-dimensional space where it was necessary to introduce an action that required a visual distance to enable me to distinguish how to carry on progressing. That is, in painting I found a way of learning how to construct image, something I could do from start to finish, so that I was able to gain a certain creative autonomy through this experience. Practicing painting also gave me a certain immaterial vision of reality and a lightness that I would later use in the field of sculpture. This experience as a painter helped me develop a type of visuality that would reinforce my idea of a markedly divergent type of sculpture.

GM *Owing to the nature of the materials employed, part of your works change according to the viewpoint or intensity of light, as they require external factors to complete their final configuration. To what extent is perception worked on as one of these materials?*

FS The first time I visited Lissitzky's *Abstract Cabinet* I realised that my relationship with space needed to develop a certain amount of confusion between genres. It was 1985, and back then I already had a certain amount of experience as an artist; I had finished studying painting and sculpture ten years earlier; I had exhibition experience; and I had lived in the United States, where I had studied modern and contemporary sculpture in depth. It was with Lissitzky that I realised the importance of this confluence of disciplines, and it was in this work in the Sprengel Museum in Hanover where I saw how space had become the ultimate objective. Design, painting, sculpture and image were part of the architecture and furniture. This blend of artistic practices changed my view of art and sculpture.

Lissitzky had created perceptive confusion by introducing the spectator's movement as an essential ingredient for activating space and form. The plastic reality was optical and changing and nothing was static any more. Painting had joined forces with sculpture to create a modification of space. At that moment my creative dilemma seemed to have found an answer and I could therefore find an outlet for my innumerable contradictions and diver-

Al final, parecía que mi diseminada formación, en vez de agravarse, parecía atenuarse.

GM *La «experiencia de la discontinuidad», un tema recurrente en tu trabajo, se hace patente, sobre todo, en el tratamiento de la superficie como lugar de encuentro.*

FS He de remarcar que a pesar de la experiencia que acabo de citar, mi realidad era en ese momento bien distinta, ya que la incorporación y transferencia de una experiencia plástica como la que acabo de citar, a un artista como yo formado en la pintura, profundamente brancusiano y simbólico, y con una fuerte preocupación por el sistema educativo de las vanguardias artísticas, no parecía tener muchas posibilidades de prosperar, pues eran demasiadas las ramas y faltaba un tronco que unificara tantas divergencias. Sólo años más tarde entendí, al leer a Anton Ehrenzweig, que esa discontinuidad y desplegamiento de posibilidades es uno de los síntomas del desorden creativo, antes de convertirse en un orden que te permita desarrollar un sistema imaginal interconectado. Una situación que sin duda retrasaba mi fuerza direccional, pero que, sin embargo, me procuraba una transversalidad abierta. Para Ehrenzweig, ésa era una de las características primordiales del sistema creativo.

Confieso, no obstante, que esa inicial dispersión de intereses me provocaba una cierta inseguridad e inestabilidad, ya que no veía continuidad en todo lo que comenzaba, pues al contemplar en su conjunto todos esos intereses daba la impresión de que estaban todavía desconectados entre sí. Era como una esquizofrenia múltiple, ya que las cosas tenían una deriva a veces tan arbitraria como caprichosa y tomaban una forma sin aparente coherencia. La resolución a ese dilema sobreviene, como ya sabes, sobre el año 1985, justo en el momento en el que Juan José Gómez Molina te invita a venir a Salamanca para impartir una conferencia en nuestra Facultad y allí nos conocimos. Un punto de encuentro sin duda afortunado, pues fue el origen de conversaciones posteriores que ahora convergen en *Ideas K.*

En cuanto a tu pregunta sobre la discontinuidad, como una especie de teoría de los «saltos» explica bastante bien la forma transversal que adopta mi vida y mi obra. Mi trabajo artístico ha sido un lugar de convergencias. Una fusión de estados, que finalmente encuentran en la escultura la forma de explicar una diseminación de sentidos. La discontinuidad a la que te refieres, como algo que se sitúa entre la percepción de la forma y la superficie como piel, he de precisar que tiene en lo táctil —más que en lo pictórico— su respuesta. Lo táctil era algo que el minimalismo ortodoxo no llevaba demasiado bien, pues conducía la atención del espectador al

gences. In the end, it seemed that my scattered training was being attenuated instead of aggravated.

GM *The "experience of discontinuity", a recurring theme in your work, becomes evident, above all, in the treatment of the surface as a meeting place.*

FS I should stress that, despite the experience I have just quoted, my reality was quite different at the time, as the incorporation and transfer of a plastic experience like the one I have just mentioned to an artist like me, trained in painting, deeply Brâncuşian and symbolic and with a strong concern for the educational system of the artistic avant-gardes, did not seem to have much of a chance of prospering, as there were too many branches and no trunk to unify so many divergences. Only years later did I realise, on reading Anton Ehrenzweig, that this discontinuity and unfolding of possibilities is one of the symptoms of creative disorder before it becomes an order that allows you to develop an interconnected imaginal system. A situation that no doubt held back my directional force, but nevertheless afforded me an open transversality. To Ehrenzweig, that was one of the primary characteristics of the creative system.

I should confess, however, that this initial dispersion of interests triggered a certain insecurity and instability in me, as I couldn't see continuity in anything I started on, because when I viewed all these interests as a whole I had the impression that they were still unconnected with each other. It was like multiple schizophrenia, as things drifted in a direction that was sometimes as arbitrary as it was capricious and took on a form without any apparent coherence. As you know, the answer to this dilemma came around the year 1985, precisely when Juan José Gómez Molina invited you to come to Salamanca to give a lecture at our Faculty and we met. A meeting that was undoubtedly fortunate, as it was the origin of later conversations that have now converged into *Ideas K.*

As for your question about discontinuity, as a sort of theory of "leaps" it explains quite well the transversal form adopted by my life and my work. My artistic work has been a place of convergences. A fusion of states, which finally find in sculpture a manner of explaining a dissemination of meanings. I should explain that the discontinuity you refer to, as something that is located between the perception of form and the surface as skin, has its answer in the tactile, more than in the pictorial. The tactile was something that did not go down well with orthodox minimalism, as it turned the spectator's attention to detail and that manner of attaching too much importance to the surface and

detalle, y esa forma de dar demasiada importancia a la superficie y a la textura desviaba de alguna forma la percepción de la *Gestalt*. La misma consideración sucedía con respecto al color, al que los minimalistas ortodoxos veían como un elemento subversivo y desactivador capaz de alterar la percepción de la forma.

GM *Conceptos como la forma o la frontalidad parecen esenciales en tu trabajo. ¿Te planteas que toda la pulcritud, la elegancia y la agudeza que percibimos en tu obra tiene también el otro lado? ¿Qué pasaría si esto no va nunca más allá de la superficie y, en el mejor de los casos, es todo especulación?*

FS Nada puede hacerse si lo que hacemos no es finalmente percibido. En cierta manera, habría que aceptar como posibilidad que la obra que hacemos pueda quedar oculta, e incluso pueda llegar a convertirse en invisible. Me esfuerzo, no obstante, en precisar formalmente mis pensamientos, en esclarecerlos, formalizarlos y discernirlos, pero a veces el resultado no es demasiado benevolente con el espectador. No doy demasiadas facilidades, pues exijo del que mira una conformación e interés, que muchas veces no se da, y he de reconocer que quizá por ello me gusta mantener un cierto hermetismo en mi obra. Sé por tanto que existe el riesgo de que algunas de mis obras, puedan no ser vistas y por consiguiente acaben siendo «vaciadas», haciéndose ininteligibles. Creo que en el fondo intento que las cosas no sean demasiado explícitas, literales y fáciles, me siento europeo culturalmente y me parece que al final pertenezco a poéticas que no se dejan desvelar al primer golpe de vista. La obra tiene que ofrecer una cierta resistencia al espectador. Es algo parecido a lo que sucede en la dialéctica entre materia y antimateria, donde el esfuerzo más difícil que tiene que realizar la física de partículas es lograr ver la simetría invisible que posee todo lo que vemos, de forma que, finalmente, tenemos la sensación de que nunca vamos a lograr dar desde lo visible un estatuto de realidad a todo lo que no nos es posible observar.

GM *¿Qué valor tienen en la obra los materiales? ¿Estás interesado en su transformación?*

FS Desde mis comienzos he ido acercándome progresivamente a la realidad desde mis manos, y son ellas las que finalmente han obligado al ojo a desvelar mis acciones. La pintura vino después de mi innata tendencia de *hacer* cosas, una costumbre que dotó de cierta irracionalidad a mi obra. Era una actitud que hoy podría entenderse como anti-intelectual y en cierto modo como algo artesano y arcaico, pues no surge de ideas previas sino que, por el contrario, las busca en mis acciones y las encuentra en sus resultados. He tardado mucho en entender esto, pero al final mi activi-

texture in a way distracted from the perception of the *Gestalt*. The same was true of colour, which the orthodox minimalists considered a subversive and deactivating element capable of altering the perception of form.

GM *Concepts like form and frontality seem essential in your work. Do you think that all the neatness, elegance and sharpness we perceive in your work also has another side? And what would happen if this never goes beyond the surface and, at best, is just speculation?*

FS Nothing can be done if what we do is not perceived in the end. In a way, we should accept as a possibility that the work we produce may remain concealed and may even become invisible. Even so, I make an effort to specify my thoughts formally, to clarify, formalise and discern them, but sometimes the result is not too kind to the spectator. I don't make things too easy, as I require of the viewer a conformation and interest that often doesn't happen, and I must admit that perhaps because of this I like to retain a certain hermetic quality in my work. I am therefore aware of the risk that some of my works may not be seen and therefore end up being "emptied", becoming intelligible. I believe that deep down I try not to make things too explicit, literal and easy; I feel culturally European and it seems to me that ultimately I belong to poetics that do not reveal themselves too much at first sight. The work has to put up a certain amount of resistance to the spectator. It is rather like what happens in the dialectic between matter and anti-matter, where the most difficult effort that the physics of particles has to make is to succeed in seeing the invisible symmetry that everything we see possesses, so that in the end we have the sensation that, from the visible, we are never going to manage to grant the status of reality to everything that cannot be observed.

GM *What value do the materials have in the work? Are you interested in their transformation?*

FS Since my beginnings I have progressively approached reality from my hands, and it is they that have finally forced the eye to disclose my actions. Painting came after my innate tendency to *make* things, a custom that imbued my work with a certain amount of irrationality. It was an attitude which might be understood as anti-intellectual today and in a certain sense as something craft-oriented and archaic, as it does not spring from previous ideas but rather, on the contrary, it seeks them in my actions and finds them in their results. I took a long time to understand this, but in the end my artistic activity is a way of exploring the meaning of everything I do. Art has become what it is. A means of knowledge in itself, something that is not

dad artística es una forma de explicar qué sentido tiene todo lo que hago. El arte se ha convertido en lo que es. Una forma de conocimiento en sí mismo, algo que no está al servicio de aquellos que tratan de situarlo como una mera transcripción de las ideas, una ilustración o, simplemente, belleza sin más. Finalmente, me parece que lo más decisivo es seguir siendo fieles a la propia naturaleza indomable del arte y a su desobediencia esencial frente a cualquier otro interés. Esto significa que en el arte debemos admitir un despojamiento radical y absoluto que se aparta, para establecer una diferencia. El arte no es un lenguaje codificado, listo y preparado que se aprende en las escuelas y que se imita o se reproduce siguiendo un guión preestablecido.

Es, por tanto, a través de la escultura como he intentado descubrir las cualidades internas de cada materia y para ello he erosionado físicamente las mismas, buscando su brillo, sus sombras, su oxidación, estriando sus superficies para hacerlas cambiantes cuando el espectador cambia de lugar; he provocado reacciones químicas superficiales y sobre todo he utilizado el contraste simultáneo de los materiales para modificar visualmente su masa, peso y color, ya que una materia nunca es la misma confrontada o superpuesta a otra. He tratado de crear una ordenación física, táctil y visual dirigida a modificar la percepción que tenemos de lo real desde elementos inmateriales que provienen de mi imaginario. Como ves, existe una cierta conciencia animista en mi obra y un cierto dejar que las cosas vayan tomando su propia forma, sin más. Una dialéctica sobre el alma y el cuerpo de la escultura.

GM *¿Podríamos decir, en términos prácticos, que las leyes de la vida, de la naturaleza, son equivalentes al desarrollo de tus ideas a través de la ciencia o la tecnología? ¿Ha sido esto siempre importante para ti?*

FS Como decía, finalmente las cosas acaban encontrando su lugar, ya que los resultados están dentro de un contexto y son también consecuencia de una confluencia de factores externos, pues vivimos dentro de ciclos más amplios, que hacen que las diferentes realidades se ordenen según pulsiones, pensamientos y circunstancias que sólo se catalizan dentro del arte. La técnica y la tecnología son instrumentos que pueden canalizar muchas de esas fuerzas y desde sus medios podemos dar forma a obras que eran impensables hace quince años, obras que están repletas de un pensamiento científico y de una amplia investigación técnica, medios sin los cuales el arte del presente no existiría. Estos nuevos materiales son, por tanto, el resultado del saber científico y las formas que estamos produciendo cambiarán de alguna manera nuestra percepción del mundo y la

at the service of those who attempt to pass it off as a mere transcription of ideas, an illustration or simply beauty. Ultimately it seems to me that what is most decisive is to remain faithful to the very indomitable nature of art and to its essential disobedience vis-à-vis any other interest. This means that in art we must allow a radical and absolute stripping down that distances itself, in order to establish a difference. Art is not a codified ready and prepared language that is learned in schools and imitated or reproduced according to a pre-established script.

It is therefore through sculpture that I have attempted to describe the internal qualities of each type of matter and for this purpose I have eroded them physically, seeking their brilliance, their shadows, their oxidisation, furrowing their surfaces so that they change when the viewer changes place; I have provoked superficial chemical reactions; and above all I have used the simultaneous contrast of materials to modify visually their mass, weight and colour, as matter is never the same when confronted with or superimposed on another kind of matter. I have attempted to create a physical, tactile and visual order aimed at modifying the perception we have of the real from immaterial elements that come from my imaginary. As you can see, there is a certain animist awareness in my work and a certain amount of "leaving things to take their own form". A dialectic on the soul and body of sculpture.

GM *Could it be said, in practical terms, that the laws of life, of nature, are equivalent to the development of your ideas through science or technology? Has this always been important to you?*

FS As I was saying, in the end things find their place, as the results are situated within a context and are also the consequence of a confluence of external factors, as we live within broader cycles that cause the different realities to be ordered by impulses, thoughts and circumstances that are only catalysed in art. Technique and technology are instruments that can channel many of these forces, and using these means we can give shape to works that were unthinkable fifteen years ago, works that are full of scientific thought and wide-ranging technical research, means without which today's art would not exist. These new materials are therefore the result of scientific knowledge and the forms we are producing will in some way change our perception of the world and the nature of things. Artificial life is also advancing within art and its progressive presence shows us how the world we live in has changed. Even so, I don't believe in forms of progress

naturaleza de las cosas. La vida artificial avanza también dentro del arte y su progresiva presencia nos demuestra cómo el mundo en el que vivimos se ha transformado. No obstante, no creo en las formas de progreso que acaban con los recursos naturales y causan el paro, aunque los avances que se han producido en muchos campos científicos hoy nos permitan salvar vidas y ayudar al desarrollo de la humanidad, pero hemos de saber cuál es el coste que estamos pagando por todo ello.

GM *Me parece que tu proceder es en muchos casos eminentemente técnico, ocurre en el proceso creativo en general, pero en tu caso me parece especialmente relevante porque es técnicamente como induces y convocas el azar y el accidente. ¿Qué papel juegan las texturas y los cambios en el proceso de trabajo?*

FS El enfoque técnico que adoptamos en cada obra, es una toma de decisiones sobre el lenguaje, ya que sólo a través de él se despliega y transforma y sólo desde él podemos acercarnos al significado. Es por tanto necesario incluir en ese proceso de desplegamiento el error y el accidente como una forma de aceptar los límites existentes dentro del propio proceso de ejecución, así como es también una forma de dar paso a lo no previsto, lo impensado y lo fortuito como parte de lo real.

GM *¿Tienes un completo control de la obra cuando la envías a producir? ¿Cómo están valorados los «errores» del proceso?*

FS En general, lo que caracteriza mi obra es un impulso inicial persistente y por ello incontrolado que se encuentra generalmente unido a un proceso de carácter experimental. Avanzo lentamente en la medida que descubro formas eficaces para definir mis obras y eso lleva tiempo, pues estás obligado a pisar caminos inexplorados. En el desarrollo del proceso creativo debo ante todo sorprenderme y muchas veces son únicamente los errores los que me indican sendas no consideradas anteriormente. Sin embargo, en general los problemas técnicos no son tampoco lo esencial, ya que sabemos que ciertas poéticas sólo emergen a través de las modificaciones que surgen en el proceso de forma inesperada. A mi parecer, la dificultad principal está en descubrir cómo se produce la construcción poética, ya que cualquier creación es, en cierta forma, un ejercicio de adivinación que exige concentración, y cuando se produce es preciso estar atento al entrelazamiento de nexos, acciones, materias, tiempos, técnicas y personas que deben actuar y ponerse en relación con exactitud y precisión. Existe un ritmo y un compás en todo, un tiempo adecuado. Son muchos los momentos en los que las dificultades imposibilitan que algo pueda realizarse y vemos cómo todo parece pararse, pero a veces esos obstáculos iniciales se convierten

that do away with natural resources and cause unemployment, although the progress made in many fields of science today allows us to save lives and foster the development of all of mankind, but we need to know the price we are paying for all this.

GM *It seems to me that your procedures are often largely technical; this occurs in the creative process in general, but in your case it seems particularly significant because it is technically how you induce and summon chance and coincidence. What role do textures play in this? And what about changes in the working process?*

FS The technical approach we adopt in each work amounts to decision-making on language, as only through language does it unfold and undergo transformations and only from language can we come close to meaning. It is therefore necessary to include error and chance in this process of unfolding, as a means of accepting the limits that exist within the very process of execution, just as it is a manner of giving way to the unforeseen, the unexpected and the fortuitous as part of the real.

GM *Do you have full control over the work when you send it off to be produced? How are these "errors" in the process assessed?*

FS In general, what characterises my work is an initial impulse that is persistent and therefore uncontrolled and is generally tied to an experimental process. I advance slowly as I discover effective forms for defining my works and that takes time, as you are forced to tread unexplored paths. In the development of the creative process I need above all to be surprised and often it is only errors that point out unconsidered paths to me. However, in general technical problems are not what is essential either, as we know that certain poetics only emerge through the modifications that arise unexpectedly during the process. In my view, the main difficulty lies in discovering how poetic construction takes place, as any creation is, in a way, an exercise in divination that requires concentration and when it occurs it is necessary to pay attention to the interweaving of links, actions, matter, times, techniques and people that must act and relate to each other accurately and precisely. There is a rhythm and a tempo in everything, an appropriate time. There are many moments when difficulties make it impossible for anything to come off and we see how everything seems to grind to a halt; however, sometimes these initial obstacles suddenly become the strength we need to find an unexpected way out. We are therefore speaking of a type of poetic luck, which does not always happen.

de repente en la fuerza que necesitamos para dar con una salida inesperada. Hablamos por tanto de un tipo de suerte poética, que no siempre sucede.

GM *Tu obra toma forma en un momento dominado por el reduccionismo del minimalismo, pero se aprecia en ella un fuerte componente de multidimensionalidad expresiva y de complejidad formal enfatizada. ¿Cuál es tu relación con el minimalismo?*

FS Mi obra no surge del minimalismo, como se puede ver al examinar la producida entre el año 1976 y 1984, incluso esto es bastante evidente en la exposición *El desayuno alemán* (1985), que es una fase que tampoco pertenece a esa influencia. La obra que se produce a partir de *Los estados preconscientes* (1986) parece sin embargo que se adscribe a su influencia por su extremo carácter reductivo, pero si se observan con más detenimiento los pasos de la obra producida entre los años 1986 y 1989 (Bienal de São Paulo), es un grupo donde lo informe y su influencia formaba ya parte en la concepción inicial, aunque, desde luego, esa obra es la más próxima a la influencia minimalista. Por tanto, la etapa del *Untitled,* tan característica del minimalismo, es un período que está poco estudiado, aunque sigo creyendo que ese trabajo es más cercano a la heterodoxia posminimalista que a la ortodoxia de las estructuras primarias del minimalismo. Es a partir de 1996 cuando se producen los proyectos *Agua Amarga* y *Solve et Coagula*, y con ello se evidencian mis divergencias con el minimalismo americano más ortodoxo. Por otro lado, he dicho en diferentes ocasiones que el aprendizaje del minimalismo ha sido esencial para mi obra, ya que me ha aportado una estructura lingüística valiosa para la reconsideración de mi trabajo, pero no tengo el carácter fenomenológico, espacial y físico del minimalismo, ni poseo la literalidad de su lenguaje, pues detrás de mi obra existen otras realidades que se ocultan y eso es profundamente antiminimalista. Lo psíquico, lo subjetivo, lo biográfico, lo ilusorio y lo narrativo son la circulación sanguínea que ha movido gran parte de mi trabajo y desde luego nunca he tratado de establecer un corte radical con el pasado, como ciertos artistas del minimalismo pretendieron. La memoria y los arquetipos individuales y colectivos han convivido con ella.

GM *Obras como* La construcción de la esquina *(1999) o* Deuteroscopia *(2009), entre otras, nos indican tu interés en la frontera de la arquitectura. ¿De qué modo se produce esta aproximación?*

FS La obra *Deuteroscopia,* tal y como se mostró en el MUSAC, Museo de Arte Contemporáneo de Castilla y León, explicaba una parte central de la arquitectura expositiva del proyecto *Ideas K*, como el lugar de encuentro

GM *Your work took shape in a period dominated by the reductionism of minimalism, but there is a powerful component of expressive multidimensionality and emphasised formal complexity in it. What relationship do you have with minimalism?*

FS My work does not spring from minimalism, as can be seen when examining the works from 1976 to 1984; this is even fairly evident in the exhibition *El desayuno alemán* (The German Breakfast) (1985), which is a phase that does not belong to that influence either. The work produced from *Los estados preconscientes* (Preconscious States) (1986) onwards, however, appears to fall under its influence owing to its extremely reductive character, but if you look more carefully at the stages in the oeuvre produced between 1986 and 1989 (São Paulo Biennale), it is a group of works in which formlessness and its influence were already part of the initial conception, though of course this work is the closest to minimalist influence. Therefore, the period of *Untitled,* which is so characteristic of minimalism, is a period that has not been studied much, although I still believe that this work is closer to post-minimalist heterodoxy than to the orthodoxy of the primary structures of minimalism. It was from 1996 onwards that the *Agua Amarga* (Bitter Water) and *Solve et Coagula* projects took shape and evidenced more clearly my divergences with the most orthodox American minimalism. Furthermore, I have stated on various occasions that learning from minimalism has been essential to my work, as it has provided me with a valuable linguistic structure for reconsidering my work, but I don't have the phenomenological, spatial and physical character of minimalism, nor do I possess the literality of its language, as other hidden realities underlie my work and that is deeply anti-minimalist. The psychic, the subjective, the biographical, the illusory and the narrative are the circulation of the blood that has driven much of my work and, indeed, I have never attempted to establish a radical break with the past, as certain minimalist artists aimed to. Memory and individual and collective archetypes coexist in my work with it.

GM *Works like* La construcción de la esquina *(Construction of the Corner) (1999) and* Deuteroscopia *(Deuteroscopy) (2009), among others, indicate your interest in the frontier of architecture. How did this closeness come about?*

FS The work *Deuteroscopia*, as shown at the MUSAC in León, explained a central part of the exhibition architecture of the project *Ideas K*, as the meeting place between two planes. It is a work that sprang up by adapting itself to space and ended up becoming the reverse of *La construcción de la esquina* (1999). They are no doubt complementary works, as they are shaped from the very

entre dos planos. Es una obra que surgió adaptándose al espacio y terminó por convertirse en el reverso de *La construcción de la esquina*. Sin duda, son obras complementarias, pues se configuran desde la propia arquitectura expositiva y ambas me han ayudado a ver el lugar como una parte de la misma. Son el anverso y el reverso donde podemos imaginar la inversión metafísica del espacio de tres dimensiones. Un experimento visual sobre el comienzo de la arquitectura, un rincón donde protegernos y una doble dirección hacia donde encaminarnos.

GM *Me gustaría hablar de la fotografía. Cómo se relaciona con tus otros trabajos. ¿Tienen un contenido lingüístico que tus otras obras no tienen?*

FS La fotografía entra en mi obra de forma biográfica, como el documento de un momento decisivo. *El desayuno alemán*, como la imagen de un tiempo que explica y trasciende al sujeto artístico. Sin embargo, esta imagen inaugural abre un comportamiento que volvería a repetirse en obras como *Agua Amarga*. Parece, por lo tanto, que esa primera imagen terminaría por convertirse en una forma de incluir una narratividad sobre algo que la escultura no puede contar, una dimensión metafórica y simbólica que acabaría formando parte de mi propio sistema expositivo de forma progresiva. La primera exposición que incorpora la fotografía de forma manifiesta fue *Agua Amarga* en la Fundació Pilar i Joan Miró de Mallorca (1986). Fue en cierta forma un ejercicio experimental, en busca de un soporte más material que fotográfico, más simbólico que visual, algo antifotográfico, automático y ciego.

GM *Decidimos iniciar la retrospectiva del MUSAC con* El desayuno alemán *(1985). ¿Este episodio marca de alguna manera un cambio en tu modo de trabajar o en tu actitud hacia tu trabajo?*

FS Desde luego. Su resultado es una referencia para poder entender mi obra. Aunque eso te lo debo a ti, ya que fue un empeño por tu parte rescatar una fase de mi trabajo que estaba oculta al presente. Este proyecto me ha permitido ver el hilo conductor de casi tres décadas de trabajo, he recuperado emociones y vivencias que se habían perdido, y he podido establecer nuevos vínculos entre las diferentes obras que habías seleccionado. He visto también, cómo a pesar del tiempo que ha pasado, persiste una formalización tan física como visual desde mis inicios, una discontinua continuidad que ha sobrevivido gracias a esta exposición. En cierta forma he rescatado parte de mi creatividad, al verme confrontado al presente, y he podido comprobar cómo esas obras pueden coexistir poniendo el espacio y el tiempo a su favor. No cabe duda que se ha enriquecido ampliamente la lectura que tenía hasta el momento de mi obra, pues —como bien sabes— era realmente difícil situar proyectos que nacieron para espacios y tiempos

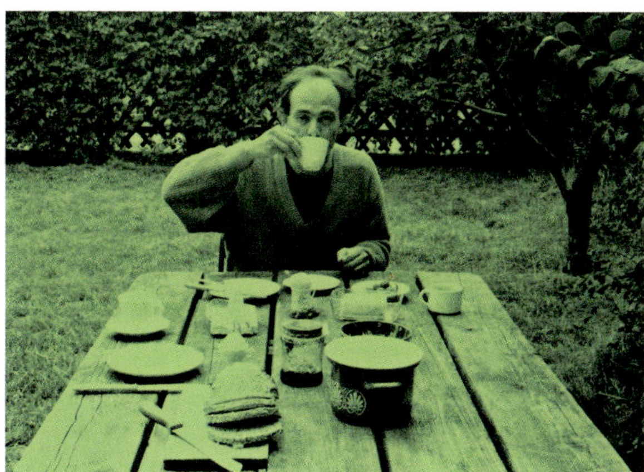

El desayuno alemán / *The German Breakfast*, **1985.**

exhibition architecture and both have helped me see place as a part of it. It is in the obverse and the reverse where we can imagine the metaphysical inversion of three-dimensional space. A visual experiment on the beginning of architecture, a corner in which to protect ourselves and a double direction towards which to head.

GM *I would like to talk about photography. How does it relate to your other works? Do they have a linguistic content that your other works do not have?*

FS Photography came into my work biographically, as the record of a decisive moment. *El desayuno alemán*, like the image of a time which explains and transcends the artistic subject. However, this inaugural image gave rise to a conduct that would repeat itself in works like *Agua Amarga*. Therefore, it seemed that this first image would end up becoming a way of including a narration on something that sculpture cannot express, a metaphorical and symbolic dimension that would progressively end up becoming part of my own exhibition system. The first exhibition to incorporate photography noticeably was *Agua Amarga* at the Fundació Pilar i Joan Miró in Majorca (1986) where I included my first polaroids. To an extent it was an experimental exercise in pursuit of a support that was more material than photographic, more symbolic than visual, somewhat anti-photographic, automatic and blind.

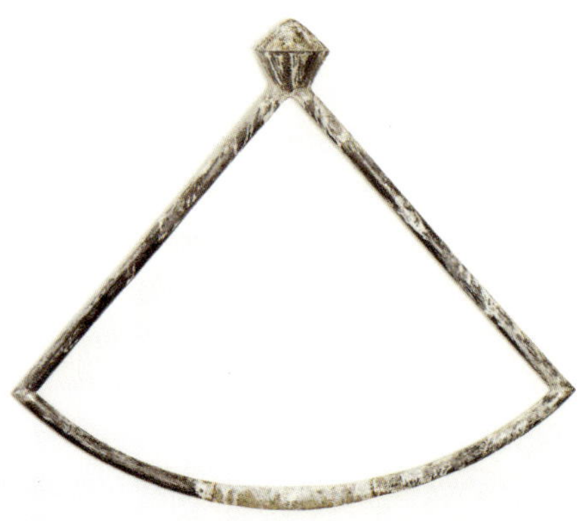

Los estados preconscientes **/** *Preconscious States*, **1986.**

diferentes y verlos en su conjunto confrontados a sus diferentes escalas. Ha sido una experiencia altamente positiva, incluso el recorrido que establecimos de las obras pudo resistir el espacio monumental del MUSAC. Fue algo verdaderamente emocionante, pues cuando has decidido hacer una exposición como ésta, sabes perfectamente que la puesta en escena no te va a dar tregua, ya que de antemano su elaboración te hace enfrentarte a un autoanálisis, un *fort-da* freudiano donde de un solo golpe recuperas todo aquello que has perdido.

GM *La simetría y la medida son una constante de tu creatividad, pero ¿no crees que, desde el punto de vista ideológico, estas abstracciones debieran modificarse y manejarnos a partir de ahora con la indefinición de un centro y con la relatividad de cualquier medida?*

FS La simetría no es un asunto que afecte tan sólo a la abstracción geométrica o al minimalismo, aunque quizá es en esas formas de representación en donde mejor puede evidenciarse la estructura bipolar de la realidad. A mi parecer, la tendencia de ciertos artistas hacia la simetría es parte constitutiva de su obra, un reflejo del natural, pues lo simétrico es una pulsión irremediable, un arquetipo, un patrón estructural y de conducta, así como un modelo del cual se derivan todos los demás. En ciertos artistas la duplicidad y el efecto espejo son un recurso lingüístico y no sólo un problema constructivo, sino semántico o simbólico, y en otros no es más que la consecuencia de la propia dinámica constructiva. En mi obra, como en la naturaleza,

GM *We decided to begin the retrospective at the MUSAC with* El desayuno alemán *(1985). Did this episode in some way mark a change in your way of working or in your attitude to your work?*

FS Definitely. Its result is a reference for being able to understand my work. Though I owe this to you, as you put an effort into rescuing a phase of my work that was concealed to the present. This project enabled me to see the thread that linked nearly three decades of work; I recovered emotions and experienced that were lost; and managed to establish new links between the different works you had selected. I also saw how, despite the time that had passed, a formalisation as physical as it is visual had lived on since my beginnings, a discontinuous continuity that had survived thanks to this exhibition. In a way I rescued part of my creativity by finding myself face to face with the present and realised how these works can coexist by turning space and time in their favour. There is no doubt that the reading I hitherto had of my work has been greatly enriched, for—as you are well aware—it was really difficult to situate projects that were intended for different spaces and time and see them together, confronted with their different scales. It was a highly positive experience. Even the route we established for viewing the works stood up to the monumental space of the MUSAC. It was really exciting, as when you have decided to hold an exhibition like this one, you know perfectly that its staging is not going to give any respite, as putting it together beforehand causes you to face up to a self-analysis, a Freudian *fort-da* in which you recover everything you have lost in a single stroke.

GM *Symmetry and measurement are a constant feature of your creativity, but don't you think that, from the ideological point of view, these abstractions should be modified and that from now on we should get along with the lack of definition of a centre and with the relativity of any measurement?*

FS Symmetry is not an issue that affects only geometrical abstraction or minimalism, although perhaps it is in these forms of representation that the bipolar structure of reality is best evidenced. In my view, certain artists' tendency towards symmetry is a constructive part of their work, a reflection of the natural, as the symmetrical is an irremediable drive, an archetype, a pattern of structure and conduct, and a model from which all the rest are derived. In certain artists duplicity and the mirror effect are a linguistic device and a problem that is not only constructive but semantic or symbolic, and in others it is just the consequence of the very dynamics of construction. In my work, as in nature, nothing is perfectly symmetrical, as that would take us directly to the sphere or the cube. If we think of works like *Separatio/Coniunctio* we

nada es simétrico de forma perfecta, pues eso nos llevaría a la esfera o al cubo directamente. Si pensamos en obras como *Separatio/Coniunctio* vemos cómo la simetría formal ha sido rota o desajustada y sucede igual tanto en *Doble simultáneo* como en *Lo blanco en lo negro.* Son similitudes formales sin correspondencia material, una desigualdad manifiesta de los parecidos y una diferencia encubierta. En otros muchos casos la repetición formal de algo no implica simetría alguna. La simetría también ha sido usada como recurso psicoanalítico, una imagen de la mente, un aparato dialéctico que se corresponde con la actividad de nuestra propia visión.

GM *¿No piensas que el artista actual debería tener entre sus inquietudes primordiales el sensibilizar al individuo contemporáneo a aprender a vivir en un nuevo espacio político, distinto en contenido y extensión al vivido hasta ahora? En otras palabras, ¿proponer una nueva y multiforme dialéctica, un nuevo espacio de opinión absolutamente diferente?*

FS Sin duda. Pero no olvides que lo artístico entendido como poética no pide permiso cuando entra, ni sigue directrices, ni consignas morales, por muy ejemplares y necesarias que sean, y no le gusta hacer propaganda de las ideas políticas, ni servir a una causa. El arte no es fiable, pues su naturaleza es indomable, no se somete fácilmente y su sentido de la justicia no actúa por mandato. La esencia del arte es la libertad de pensamiento y de acción, y su solidaridad está en su generosidad infinita, pues da todo lo que tiene, sin guardarse nada. El arte, como dijo Karl Kraus, «sirve para limpiar los ojos».

GM *Tu magnífico texto* Sincronicidad *de 1996 me parece un manifiesto contra la alienación, contra la vacía separación del individuo respecto a lo que produce y también una declaración contra el elitismo de la obra única, ¿es una lectura correcta?*

FS Puede ser, aunque nunca lo pensé de esa forma, ya que la teoría junguiana de la *sincronicidad* ha intentado mostrar de qué forma existen conjunciones inexplicables que introducen una irracionalidad en nuestras vidas. Son sucesos imprevistos y hechos no planificados que se encuentran en el espacio y el tiempo como algo que no es producto de la voluntad. Su realidad tiene por tanto difícil interpretación y su presencia adopta la apariencia de un hecho extraordinario. Son coincidencias sin acuerdo, ni razón de ser, algo inexplicable que parece poseer una extraordinaria fuerza de atracción y evocación. Su influencia es aurática y mágica, acorde a su propia realidad inexplicable. Un movimiento sin causa que nos asombra. Realmente, no

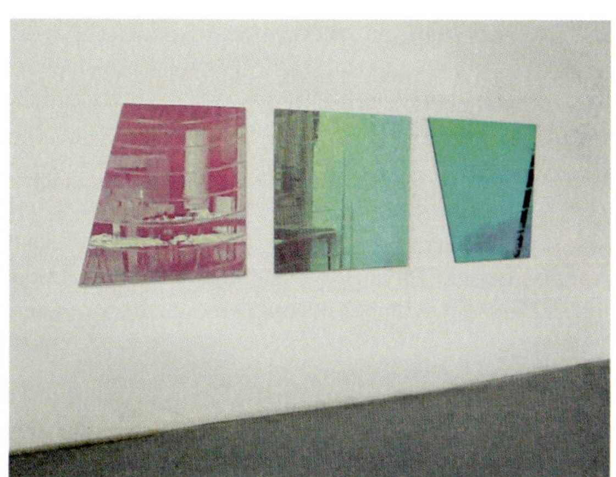

Serie Charcot / *Charcot´s Series*, **2008.**

see how formal symmetry has been broken or upset, and the same occurs in *Doble simultáneo* (Double Simultaneous) as in *Lo blanco en lo negro* (White in Black). They are formal similarities without material correspondence, an evident inequality of appearances and a covert difference. In many other cases the formal repetition of something does not imply any symmetry. Symmetry has also been used as a psychoanalytical device, an image of the mind, a dialectical apparatus that corresponds to the activity of our own vision.

GM *Don't you think that one of the primary concerns of today's artists should be to make the contemporary individual aware of the need to learn to live in a new political space that is different in content and scope to the one experienced so far; in other words, to propose a new, multiform dialectic, a new, absolutely different space of opinion?*

FS Absolutely. But don't forget that the artistic, understood as a poetic, neither asks permission to enter nor follows guidelines or moral orders, however exemplary and necessary they may be, and it is loath to propagandise political ideas or serve a cause. Art is unreliable, as it is indomitable by nature; it is not easily subjugated and its sense of justice does not act by mandate. The essence of art is freedom of thought and action, and its solidarity lies in its infinite generosity, as it gives everything it has without keeping anything for itself. As Karl Kraus said, art "serves to rinse out our eyes".

sé muy bien si al hacer este texto estaba tratando de derribar la noción de autor, aunque lo que sí me parece bastante claro es que buscaba introducir la idea de que no todo lo que sucede dentro del campo gravitatorio creativo procede de la voluntad personal.

GM *Huellas, «in absentia», fuego, luz, materiales efímeros, implican la inclusión de un cierto «tempo» como elemento plástico. Sin embargo, no parece tratarse de un tiempo interiorizado, más bien es un tiempo objetivo e histórico relacionado con la idea de presencias «inevitables». ¿Puedes hablarme de ese «tempo» tan especial?*

FS La desaparición de la realidad es un hecho constante en nuestras vidas. Nada permanece, todo se va y, en el mejor de los casos, va y viene, ya que nuestra conciencia está humedecida por la pérdida y como una despedida nos impulsa hacia un estado en fuga que nos hace vivir como si algo se nos escapara permanentemente de las manos. La exposición *La vida ausente* es una vida que incluye lo que ya no está, un *contramundum* que busca lo que está detrás de los ojos.

GM *¿Tienes la idea de que una instalación sólo funciona cuando altera la percepción del espacio?*

FS A mi entender, una instalación no debe únicamente modificar el lugar donde se realiza y su figura final no debería limitarse a ser un ejercicio perceptivo o fenomenológico en torno a la experiencia del espacio. Hacer una instalación no consiste en situarse o posicionarse adecuadamente resolviendo las dificultades permanentes que nos proporciona el lugar; una instalación debe poder constituirse como un espacio nuevo que desplace la consideración que teníamos del lugar físico que la acoge, pero ha de saber que esa fuerza no procede tan sólo de lo fenomenológico, sino que proviene de haber sido capaces de introducir lo poético en el espacio y el tiempo, hasta crear una imagen final que se ausenta de la realidad.

GM *Tus obras no son sólo para ver como tal..., provocan comportamientos espaciales. ¿Cómo te gustaría que se comportara el espectador?*

FS La obra para mí no debe tan sólo despertar la experiencia visual o espacial del espectador. No consiste en desarrollar una fenomenología de la percepción o un despliegue del lenguaje solamente. La obra artística debería llevarnos a una fenomenología que tratara de subvertir lo visible, ya que lo que vemos no es lo real. Detrás de las imágenes hay otras imágenes y no me sirven fenomenologías planas, en torno a lo que ves es lo que ves. Las imágenes encierran palabras y las palabras imágenes. Respecto a la recepción de la obra, siempre espero que ese espectador convertido en consumidor se despierte de repente al chasquido del arte y descubra que

GM *Your magnificent text* Sincronicidad *(Synchronicity), written in 1996, seems to me to be a manifesto against alienation, against the empty separation of the individual from what he produces, and also a declaration against the elitism of the unique work, is that a correct interpretation?*

FS Maybe, though I never thought of it like that, as the Jungian theory of synchronicity has attempted to show how inexplicable conjunctions exist that introduce irrationality to our lives. They are unforeseen happenings and unplanned events that are found in space and time like something that is not the product of will. Their reality is therefore difficult to interpret and their presence takes on the appearance of an extraordinary event. They are coincidences without agreement, without a raison d'être, something inexplicable that seems to possess an extraordinary force of attraction and evocation. Their influence is auratic and magical, in keeping with their own inexplicable reality. A movement without cause that amazes us. I'm not really sure if, when writing this text, I was trying to topple the notion of author, although it seems fairly clear to me that I was seeking to introduce the idea that not everything that happens within the creative gravitational field is a product of one's will.

GM *Traces, "in absentia", fire, light and ephemeral materials imply the inclusion of a certain "tempo" as a plastic element. However, it does not seem to be an interiorised time but rather an objective and historical time related to the idea of "inevitable" presences. Can you tell me about this very special "tempo"?*

FS The disappearance of realities is a constant fact in our lives. Nothing remains, everything goes away and, at best, comes and goes, as our awareness is dampened by loss and, like a farewell, drives us towards a state of flight that causes us to live as if something were constantly slipping through our fingers. The exhibition *Absent Life* is a life that includes that which is no longer, a *contramundum* that seeks that which is behind the eyes.

GM *Do you have the idea that an installation only functions when it alters the perception of space?*

FS To my mind, an installation should not only modify the place where it is made and its final figure should not be limited to a perceptive or phenomenological exercise based on the experience of space. Making an installation does not consist in situating or positioning oneself suitably by settling the permanent difficulties that the place poses to us; an installation should be able to establish itself as a new space that displaces the consideration we had of the physical place that houses it, but it must know that that force doesn't stem

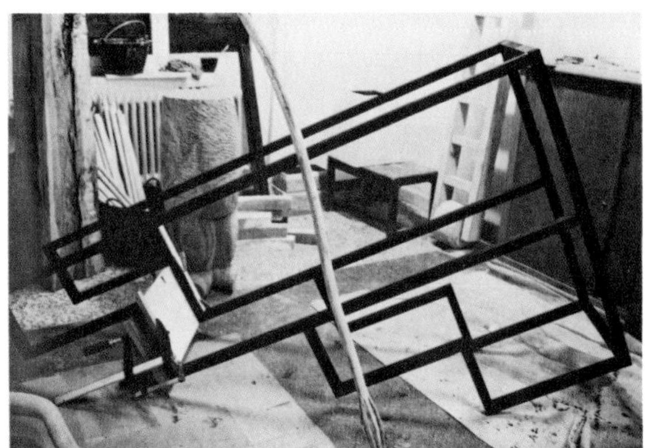

Vista del taller del artista / View of the artist's studio, 1985.

se halla metido en la insondable experiencia de contemplar el mundo. Soy lacaniano, sólo miro lo que me mira.

GM *¿La obra* La estructura ha perdido su función *(1985) es el final de una etapa y el principio de otra? ¿En qué medida?*

FS El paso del tiempo permite ver de forma más sosegada las cosas. Una mirada distante que al no estar tan implicada me permite un discurso más amplio sobre lo sucedido, ya que cada artista es en gran medida un sonámbulo. *El desayuno alemán* y *La estructura ha perdido su función* son obras que están imbuidas de una visión impregnada de sentimientos en fuga, una especie de premoniciones tempranas del cambio que iban a sufrir las cosas. Digamos que ambas son imágenes de la transformación.

GM ¿Tu obra ha cambiado a lo largo de los años?

FS Uno de los grandes atractivos del arte es ver cómo crece sin un plan previo, sin una idea preconcebida. Al paso. Eso es lo que más me asombra de su naturaleza incontenible y desbordante, siempre se adelanta, pues posee algo precoz que nunca realmente llegas a saber cómo se ha podido producir sin un guión. Suelo dejarme llevar por el movimiento interno del pensamiento artístico que no es un pensamiento intelectual. Si te sitúas allí, el cambio es la condición en la que vives.

GM *En tu escrito reciente,* Brâncuși-Serra, *relatas magníficamente lo que tu llamas «el laberinto de las influencias». ¿Cuál es el tuyo?*

only from the phenomenological but comes from having been capable of introducing the poetic in space and time in order to create a final image that absents itself from reality.

GM *Your works are not only designed to be seen as such... they provoke spatial behaviours. How would you like the spectator to behave?*

FS To me a work should not only awaken the viewer's visual or spatial experience. It doesn't consist in developing a phenomenology of perception or a display of language only. The work of art should take us to a phenomenology that attempts to subvert the visible, as what we see is not what is real. Behind the images are other images, and flat phenomenologies of the what you see is what you see kind are of no use to me. Images enclose words and words images. As for the reception of the work, I always hope that spectators, converted into consumers, will suddenly awaken when art snaps its fingers and discover that they are immersed in the unfathomable experience of contemplating the world. I am Lacanian, I only look at what looks at me.

GM *What about the work* La estructura ha perdido su function *(Structure Has Lost its Function), 1985. Is it the end of one stage and the beginning of another? To what extent?*

FS The passage of time allows me to see things more calmly; a distant gaze, no longer so involved, allows me a broader discourse on what has happened, for, each artist is largely a sleepwalker. *El desayuno alemán* and *La estructura ha perdido su función* are works imbued with a vision steeped in feelings in flight, sorts of early premonitions of the change things were going to experience. Let's say that both are images of transformation.

GM *Has your work changed over the years?*

FS One of the main appeals of art is seeing how it grows without a previous plan, without a preconceived idea. As you go along. That is what most astonishes me about its uncontrollable and overflowing nature; it always gets ahead, as it possesses something precocious and you never really know how it can have been produced without a script. I usually let myself be carried away by the internal movement of artistic thought which is not an intellectual thought. If you situate yourself there, change is the condition in which you live.

GM *In your recent writing* Brâncuși-Serra*, you give a magnificent account of what you call "the labyrinth of influences". What is yours?*

FS Deep down the essay you refer to on Brâncuși-Serra is a declaration of intent on a matter that is central and decisive to understanding the creative process

FS El ensayo sobre Brâncuși-Serra al que te refieres es en el fondo una declaración de intenciones, sobre un asunto central y decisivo a la hora de comprender el proceso creativo y las formas de transmisión del conocimiento. El rastro de Constantin Brâncuși ha atravesado la escultura del siglo XX dentro de la obra de artistas como Robert Morris, Richard Serra, Isamu Noguchi, Martin Puryear, James Turrell, Anish Kapoor o James Lee Byars, y su influencia, directa o indirectamente, ha activado poéticas no menos decisivas para el desarrollo del siglo pasado. Mi obra no ha sido una excepción, ya que mi visión del arte se vio afectada por Brâncuși en el año 1969, año en el que viajé a París y me encontré con su obra y con el arte africano. Años más tarde, a mediados de los setenta pude ver la exposición de arte tántrico en la galería Iolas-Velasco de Madrid y retomé esa primera influencia, en un momento en el que yo andaba preocupado por asuntos relacionados con los estudios goetheanos sobre el color y las teorías de Josef Albers sobre el contraste simultáneo. En la década siguiente, la influencia directa más importante la recibí de Rudolf Steiner y su visión goetheana del mundo, lo cual me permitió entender mejor la obra de Joseph Beuys. Tras mi viaje a Estados Unidos, en el año 1984, y el que realicé a Alemania un año después, mi visión se hizo más abierta, amplia y contrastada.

and ways of transmitting knowledge. The trace of Constantin Brâncuși has pervaded twentieth-century sculpture in the work of artists such as Robert Morris, Richard Serra, Isamu Noguchi, Martin Puryear, James Turrell, Anish Kapoor and James Lee Byars and his influence, directly or indirectly, has activated poetics that were no less decisive to the development of the past century. My work is no exception, as my vision of art was affected by Brâncuși in 1969, the year I travelled to Paris and came across his oeuvre and African art. Years later, in the mid 70s, I was able to see the exhibition of Tantric art at the Iolas-Velasco gallery in Madrid and picked up the thread of this early influence at a time when I was concerned with issues related to Goethean studies on colour and Josef Albers' theories of simultaneous contrast. In the following decade the most important direct influence came from Rudolf Steiner and his Goethean vision of the world, which gave me a better understanding of the work of Joseph Beuys. After my trip to the United States in 1984 and the one I made to Germany the following year, my vision became broader and more open and confirmed.

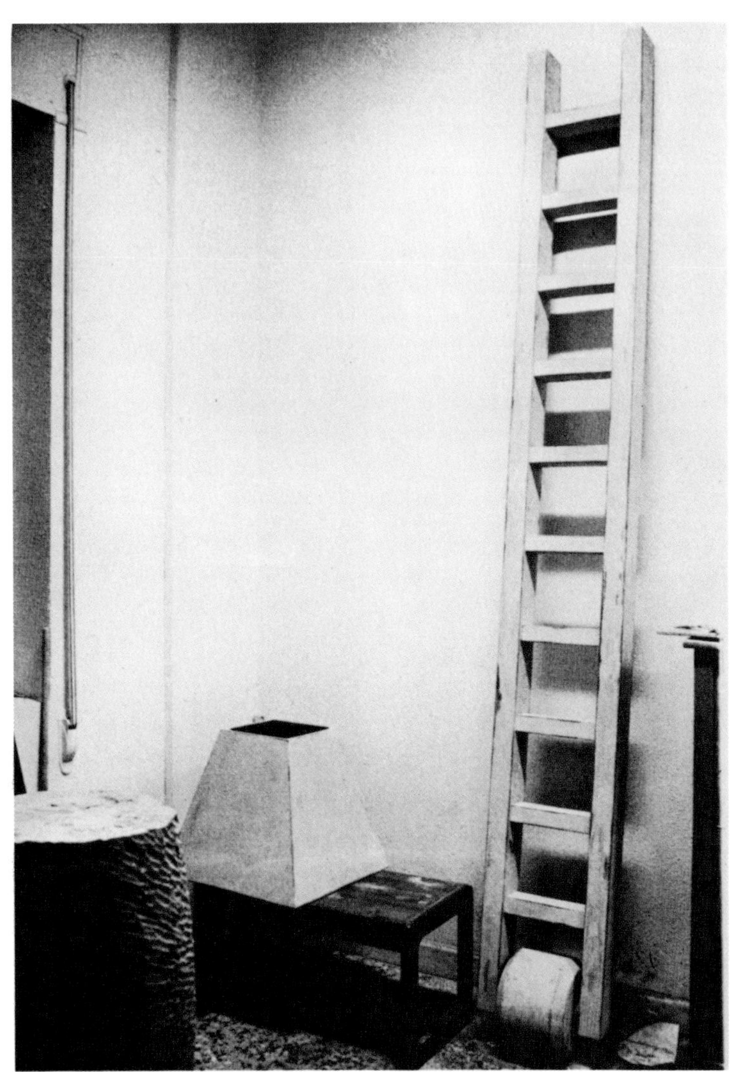

Vista del taller del artista / View of the artist's studio, **1985.**

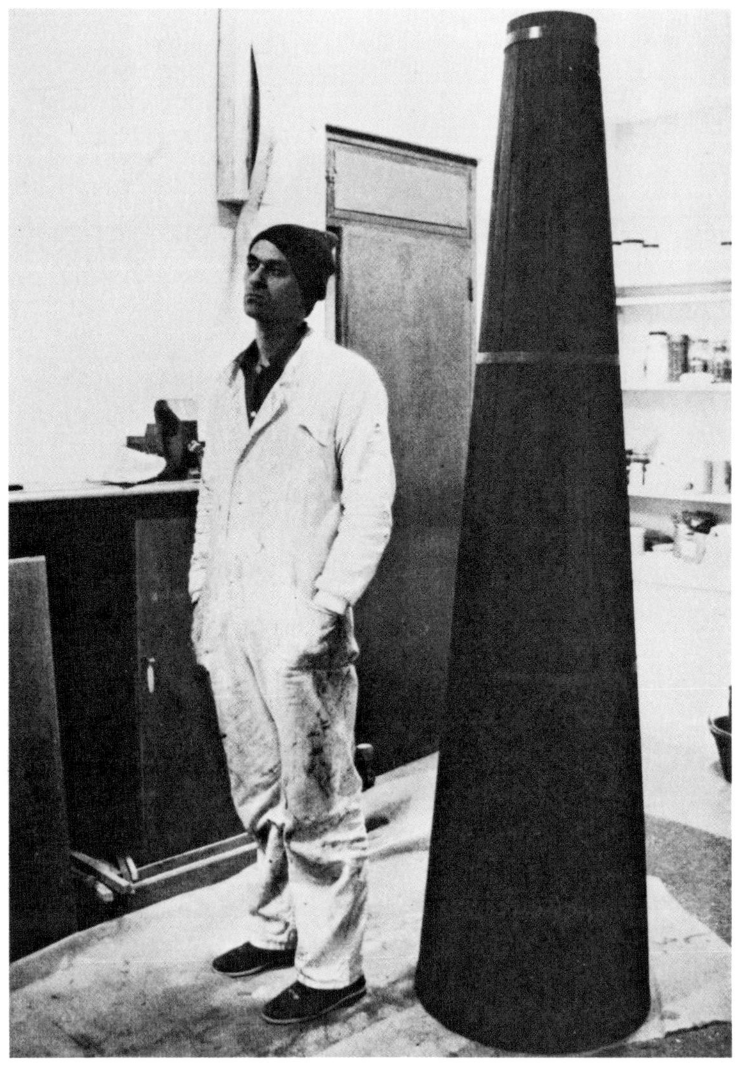

El artista en su estudio / The artist in his studio, **1985.**

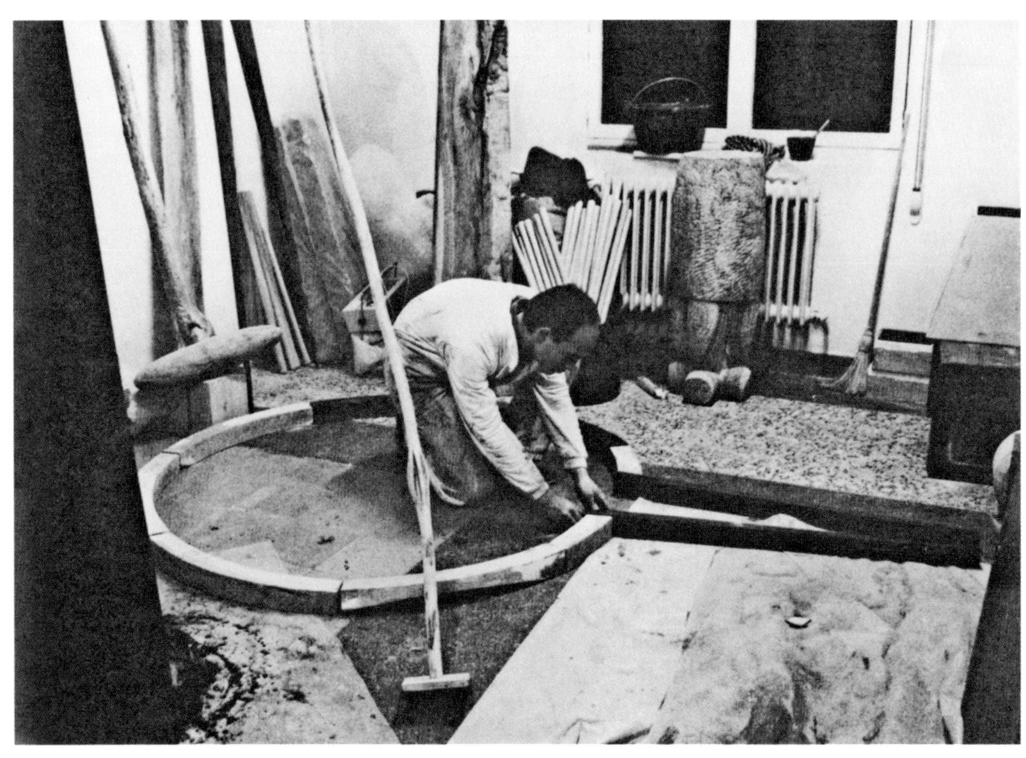

El artista trabajando en su taller / The artist at work in his studio, **1985.**

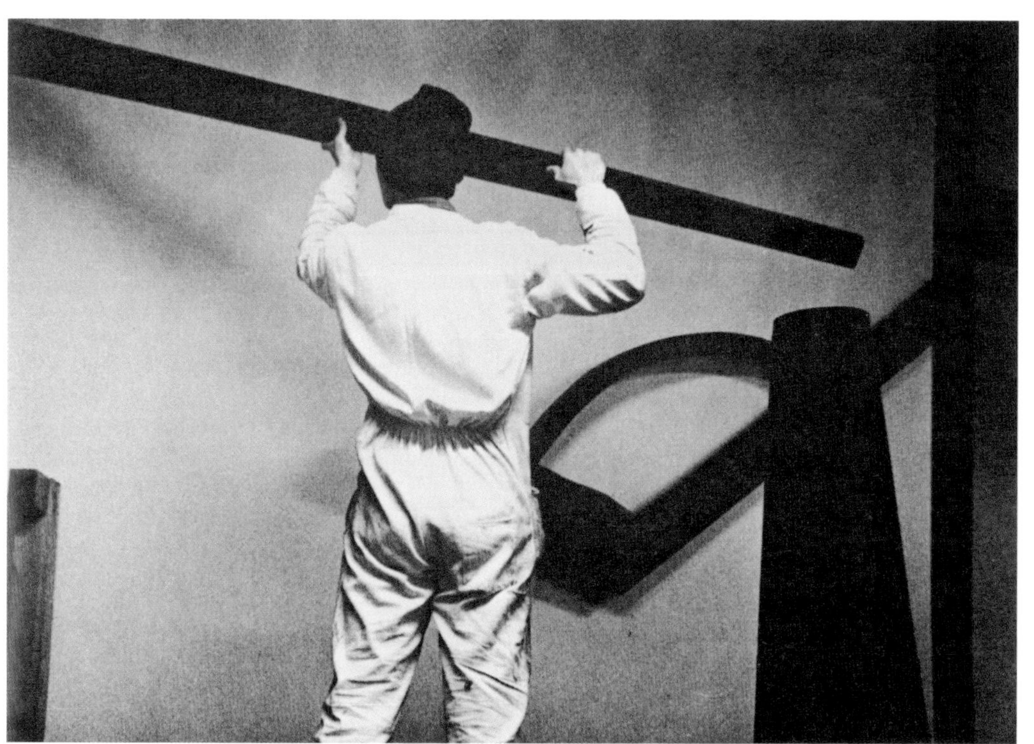

 El artista trabajando en su taller / The artist at work in his studio**, 1985.**

Contradicción, negación y totalidad en Fernando Sinaga
Peio Aguirre

Velar por el sentido ausente.
Maurice Blanchot, *La escritura del desastre.*

Presenciar en la actualidad una retrospectiva de Fernando Sinaga es como retroceder en el túnel del tiempo a un período en el que el término «escultura» todavía poseía connotaciones simbólicas —si no abiertamente psicológicas— que la deriva de un posmodernismo referencialista e historicista ha acabado por neutralizar. ¿Es todavía posible, en medio de la saturación de información y las metaprácticas artísticas de ultimísima generación, el recurso a la escultura como tabla de salvación? La escultura, ésta más bi que tri-dimensional, es portadora de una cualidad extinta ahora, cuando puede resultar plausible proclamar la defunción de la escultura como un territorio determinado e hiperespecífico. Esta «pérdida» (de la escultura) a la que me refiero no tiene nada que ver con el hecho tridimensional o espacial en sí, pues objetos siguen produciéndose en cantidades importantes. Esta escultura ausente, que sin embargo pervive en Sinaga, tiene más que ver con una dimensión ontológica a la vez fenomenológica y espiritual, allí donde el arte es un proceso de conocimiento interior del sujeto. Quiero señalar que la pérdida de la escultura como tal no debe representar ningún motivo de duelo, así como resulta necesario aclarar que el posmodernismo que tengo en mente es más una condición inevitable que un estilo o modo de hacer predeterminado, y lo que ahora toca es abordar una labor ardua y difícil —refractaria en principio a cualesquiera sean las marcas del posmodernismo— en unos tiempos claramente posmodernos. La escultura es, en este marco, y en sus palabras, como un «efluvio violento», una acción o lugar desde donde «sentirte recipiente de una totalidad». La insistencia en una posición personal cataliza entonces en la escultura como un campo diferenciado: «La escultura, de esta forma, se ha ido configurando con los años en la experiencia sensible final de todo lo que para mí ha sido desconocido y oculto, y también en una forma de unir pensamiento, sentimiento y voluntad en una unidad interior».[1] Pero quizás la defensa de la escultura no necesita de abogados, y resulta que Sinaga, formado como pintor y quien alude constantemente al espacio pictórico de las dos superficies, no está tan interesado en la mitología del escultor ni en nada que recuerde a la lógica del monumento; para él, la materia es irreductible a preconcepciones disciplinares y su acercamiento surge de la condensación de la mirada sobre la superficie (que es en primer lugar materia) en una clase de postura que comparte con la pintura conceptual. Escultura sin escultura. Ni pintor, ni escultor tradicional, materia e inmaterialidad a la vez (en un interminable proceso de disoluciones y solidificaciones). ¿Acaso son variantes de los objetos específicos?

1. Fernando Sinaga, "Ûzuluz", *Consideraciones discontinuas y otras conversaciones*, Salamanca: Domus Artium 2002, 2006, p. 56.

Todas las citas del artista en este texto corresponden al citado *Conversaciones discontinuas,* una compilación de escritos del artista y de entrevistas realizadas entre 1985 y 2005.

Contradiction, Negation and Totality in Fernando Sinaga

Peio Aguirre

Keep watch over absent meaning.
Maurice Blanchot, *The Writing of the Disaster.*

Viewing a retrospective of Fernando Sinaga's work today is like going back in the tunnel of time to a period in which the term "sculpture" still had symbolic—if not openly psychological—connotations that the evolution of a referentialist and historicist post-modernism has ended up neutralising. Is it still possible, amid the excess of information and cutting-edge artistic metapractices, to cling to sculpture as a last resort? Sculpture, that of Sinaga being more two- than three-dimensional, is the bearer of a quality that has become extinct nowadays, when it may seem plausible to proclaim the demise of sculpture as a particular and hyper-specific territory. This "loss" (of sculpture) to which I refer has nothing to do with the three-dimensional or spatial aspect in itself, as objects continue to be produced in large quantities. This absent sculpture which nevertheless lingers on in Sinaga is more related to a dimension that is ontological and also phenomenological and spiritual, in which art is a process of inner knowledge of the subject. I should point out that the loss of sculpture as such should not be a reason for mourning, just as it is necessary to clarify that the post-modernism I have in mind is more an inevitable condition than a particular style or manner, and what needs to be done now is an arduous and difficult task—opposed in principle to the marks of postmodernism whatever they are—in clearly postmodern times. Within this frame of reference and in Sinaga's own words, sculpture is like a "violent outburst", an action or place from which you "feel yourself to be the receptacle of totality". Insistence on a personal standpoint then catalyses into sculpture as a differentiated field: "Sculpture has thus progressively taken shape over the years in the final sensitive experience of everything that has been unknown and hidden to me, and also a manner of uniting thought, feeling and will in an inner unity".[1] But perhaps sculpture needs no lawyers to defend it and it so happens that Sinaga, who trained as a painter and who refers constantly to the pictorial space with two surfaces, is not so interested in the mythology of the sculptor or in anything that recalls the logic of the monument; to him, matter does not yield to disciplinary preconceptions and his approach arises from the condensation of the gaze falling on the surface (which is first and foremost matter) into a sort of posture he shares with a certain conceptual painting. Sculpture without sculpture. Neither painter nor traditional sculptor, matter and immateriality at once (in an unending process of dissolutions and solidifications). Are they perhaps variants of specific objects?

1. Fernando Sinaga, "Ûzuluz", *Consideraciones discontinuas y otras conversaciones*, Salamanca: Domus Artium 2002, 2006, p. 56

All the quotations from the artist in this text are taken from the aforementioned *Conversaciones discontinuas*, a compilation of the artist's writings and interviews between 1985 and 2005.

En la década de los ochenta, se enmarcó su trabajo dentro de lo que venía a llamarse «poéticas minimalistas». Su utilidad —junto a su otro par, el arte conceptual— constituía una interesante vía de escape para una generación de artistas nacidos en una coyuntura política donde la recepción del modernismo estaba sujeta a no pocas distorsiones y anacronismos varios. En ausencia de una tradición vanguardista, el minimalismo parecía ejercer la salvífica tarea de un faro en alta mar. Aquellas poéticas (minimalismos impuros) servían entonces para tender un puente entre una modernidad desbaratada y una nueva condición posmoderna caracterizada por el advenimiento de la sociedad de la información, pero, además, el recurso a esas líneas formalizadoras permitía otro distanciamiento, esto es, desmarcarse del expresionismo más subjetivista —o allí donde la decoración y el ornamento representan precisamente cualquier elemento ficcional que debía suprimirse—, fomentando con ello el carácter analítico y cognitivo de las obras. Sin embargo, la presencia de rasgos minimalistas en el arte del período no podía hacerse efectiva siguiendo de forma exclusiva el manual de instrucciones —autorreferencialismo, serialidad, industrialismo—, el cual derivó en toda una «poética» estética que invadió el territorio de la escultura. De este modo, la «nueva» obra era minimalista, o constructivista, y al mismo tiempo no lo era; objetos específicos corrompidos por la impregnación y el desbordamiento de su contenido. La pregunta que retrospectivamente conviene hacer es: ¿por qué querría alguien basarse en el constructivismo, el suprematismo o el minimalismo si no fuera porque lo que hay que coger de ellos no sirve sino que para otra causa? ¿No es el minimalismo como una simple investigación sobre sus propios límites algo abocado al formalismo? Más bien, la poesía que emanaba de ese catálogo de formas era la herramienta con la que comunicar, y ahí radicaba el secreto: la poética de las estéticas de vanguardia no era el excedente, sino la condición misma que permitía a la obra de arte devenir en un acontecimiento social como tal. Más que una aproximación al minimalismo, lo que Sinaga y sus coetáneos parecían evidenciar era un alejarse todavía un poco más de todo aquello. Sin embargo, el minimalismo también significaba estructura, o sistema, incluso método. La superficie de las esculturas de Sinaga contiene su significado por ausencia; esta superficie plana de su obra sobre la que se posa la mirada es una urdida trama de significados latentes que están ahí esperando ser liberados a través de la lectura, esto es, la experiencia. La capacidad holística de las estructuras simples reside en esa misma negación, pues cuanto más reduccionista parece en la forma, menos lo es en el conte-

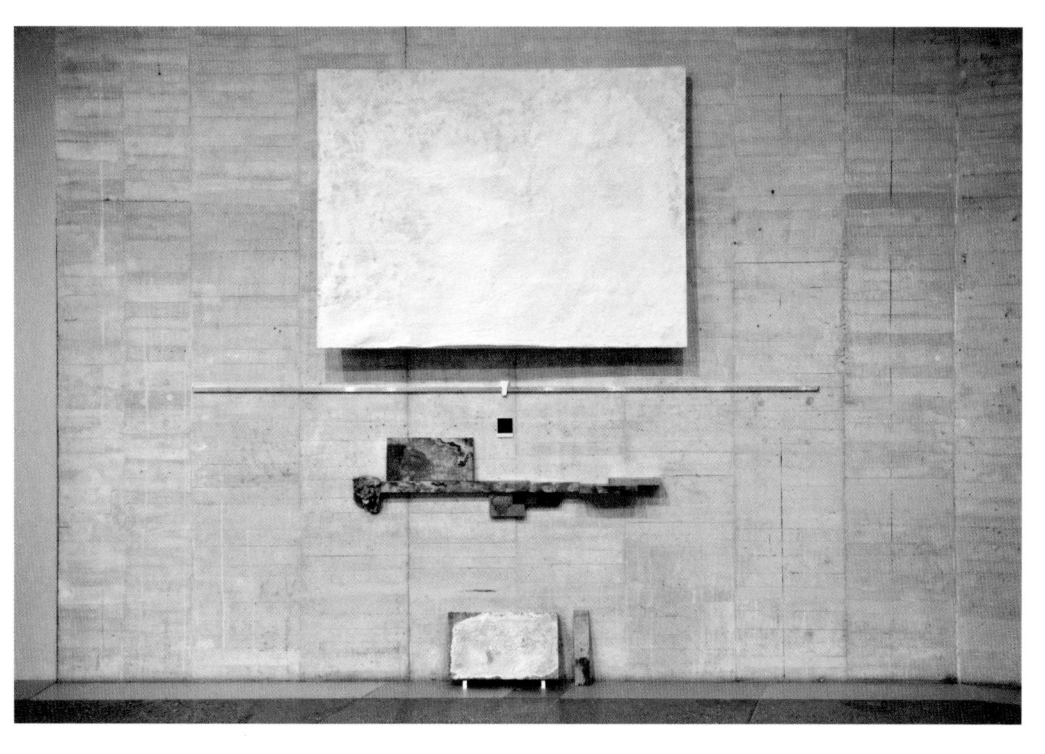

***Putrefactio*, 1996.**
Aluminio, zinc, polaroid, Dm y sosa cáustica, 328,5 × 345,9 × 17 cm.
Colección del artista, Salamanca.

Putrefactio, 1996.
Aluminium, zinc, Polaroid, MDF and caustic soda, 328.5 × 345.9 × 17 cm.
Artist's collection, Salamanca.

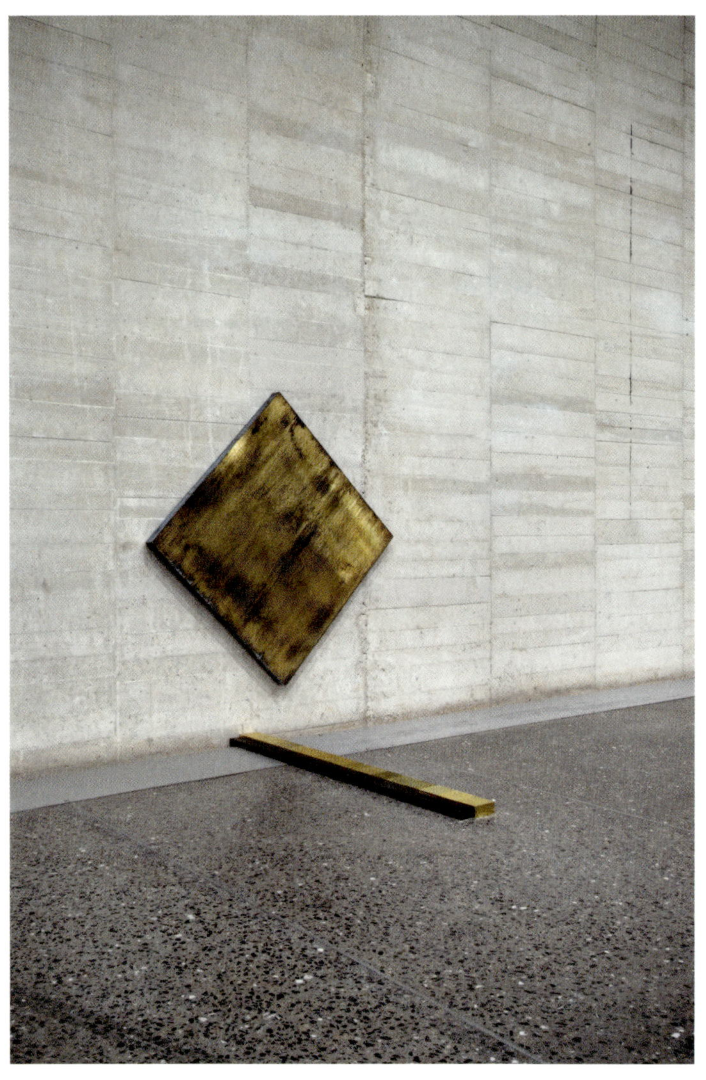

***El pozo de Gehennah*, 1992.**
Latón, bronce dorado y acero, 108,5 × 92 × 104,2 cm.
Colección del artista, Salamanca.

The Pit of Gehennah, 1992.
Brass, gilt bronze and steel, 108.5 × 92 × 104.2 cm.
Artist's collection, Salamanca.

In the eighties his work was placed in the category of what came to be called "minimalist poetic" productions. Their utility—together with their other peer, conceptual art—was an interesting outlet for a generation of Spanish artists born in a political environment in which the reception of modernism was subject to a good many distortions and various anachronisms. In the absence of an avant-garde tradition, minimalism appeared to perform the lifesaving task of a lighthouse at sea. At the time those poetic works (impure minimalisms) served to bridge the gap between a broken down modernity and a new postmodern state characterised by the advent of the information society but, in addition, recourse to these formalising lines made possible another type of distancing: a shift away from the most subjectivist expressionism—or where decoration and ornament represent precisely any fictional element that should be suppressed—thereby highlighting the analytical and cognitive nature of works. However, the presence of minimalist features in the art of the period cannot be achieved solely by following the instruction manual—self-referentialism, seriality, industrialism—and this led to a whole aesthetic "poetic" invading the terrain of sculpture. "New" work was therefore minimalist, or constructivist, and at the same time it was not; specific objects corrupted by the impregnation and overflowing of their contents. The question that arises retrospectively is: why would anyone want to base themselves on constructivism, suprematism or minimalism if it were not because what needs to be borrowed from them can only be used for another cause? Is minimalism not like a simple research into its own limits, somewhat doomed to formalism? Rather, the poetry that emanated from that catalogue of forms was the tool for communication, and therein lay the secret: the poetic of the avant-garde aesthetics was not the surplus but the very condition that allowed the work of art to develop into a social event as such. More than an approach to minimalism, what Sinaga and his contemporaries seemed to evidence was a distancing themselves a little further still from all of that. However, minimalism also signified structure or system, method even. The surface of Sinaga's sculptures contains their meaning through absence; this flat surface of his work on which the gaze rests is a web of latent meanings waiting to be released through reading, that is, experience. The holistic capability of a simple structure lies in that very negation, for the more reductionist it seems in form, the less it is in content, or the more laden it is in the latter. The complexity of the gaze at the world, his wish for "totality" can only be contained, as he says, in that "amalgamating"; the work of art is a channel for the inclusion of all the non-art contents possible (philosophy, thought, sociology, science and alchemy and the like), only to show that art is no more than the empty recep-

nido, o más sobrecargado de éste se encuentra. La complejidad de la mirada sobre el mundo, su voluntad de «totalidad», solo puede contenerse, como él dice, en ese «hacer amalgama»; la obra de arte es un canal para la inclusión de todo el contenido posible ajeno al arte (filosofía, pensamiento, sociología, ciencia y alquimia y demás), sólo para demostrar que el arte no es más que el receptáculo vacío que se rellena con todo eso. La obra de arte deviene así en el recipiente de ese anhelo por la totalidad ausente amparada bajo el reduccionismo de las formas modernas y, de paso, es además un contenedor para la alegoría (barroca).

Siguiendo con este hilo es posible sacar influencias artísticas atribuidas al artista; primero Brâncuși, Ellsworth Kelly, Richard Serra, y sobre todo las versiones europeas posminimalistas, Blinky Palermo e Imi Knoebel, entretanto Joseph Beuys sobrevuela alto la escena. Lo interesante de esta mezcla, unida a la experiencia del artista en Estados Unidos y Alemania, hace que esos mismos términos de «estructura», «sistema» y «totalidad» adquieran significados en contradicción entre sí: para una corriente crítica que catalizaría posteriormente a partir de 1976 en la revista *October*, la noción de «totalidad» era una de las líneas divisorias del arte de la posguerra mundial, pues ésta todavía arrastraba toda la carga de la filosofía metafísica europea y la representación del artista como semidiós (cuyo mayor exponente era Beuys). Esta condena a la totalidad era contrarrestada por el pragmatismo fáctico del minimalismo y su exploración de la materialidad y sus formas simples como representación de un mundo no-transcendente pero cuya teatralidad, literalidad y objetualidad (en Donald Judd o Robert Morris) fueron criticadas por Michael Fried en su célebre *Art and Objecthood*, pues para éste el arte (la pintura o la escultura modernistas) se distinguían de la nueva objetualidad en que superaba o ponía en suspenso esa misma objetualidad. Afortunadamente no todo era blanco o negro, y el modo ético de entender el arte de Beuys, y además su metafísica de la presencia, servían como correa de transmisión de unos valores educativos que calaron en artistas que adoptaban ciertos patrones reduccionistas como Palermo, Knoebel, pero también Reinhard Mucha o Gerhard Richter, donde la herencia hegeliana de la dialectica de la historia, como suma de contradicciones históricas no resueltas que tamizan en la obra de arte, era rastreable. Éste es el contexto, lleno de luchas ideológicas, desde donde Sinaga se hace artista, en la necesidad, por sobredeterminación histórica, cultural y biográfica, de tener que religar todas esas corrientes en contradicción en el interior de un cuerpo de trabajo. No es posible pasar por alto ese mismo componente alemán cuando, en 1985, señaliza en Hannover

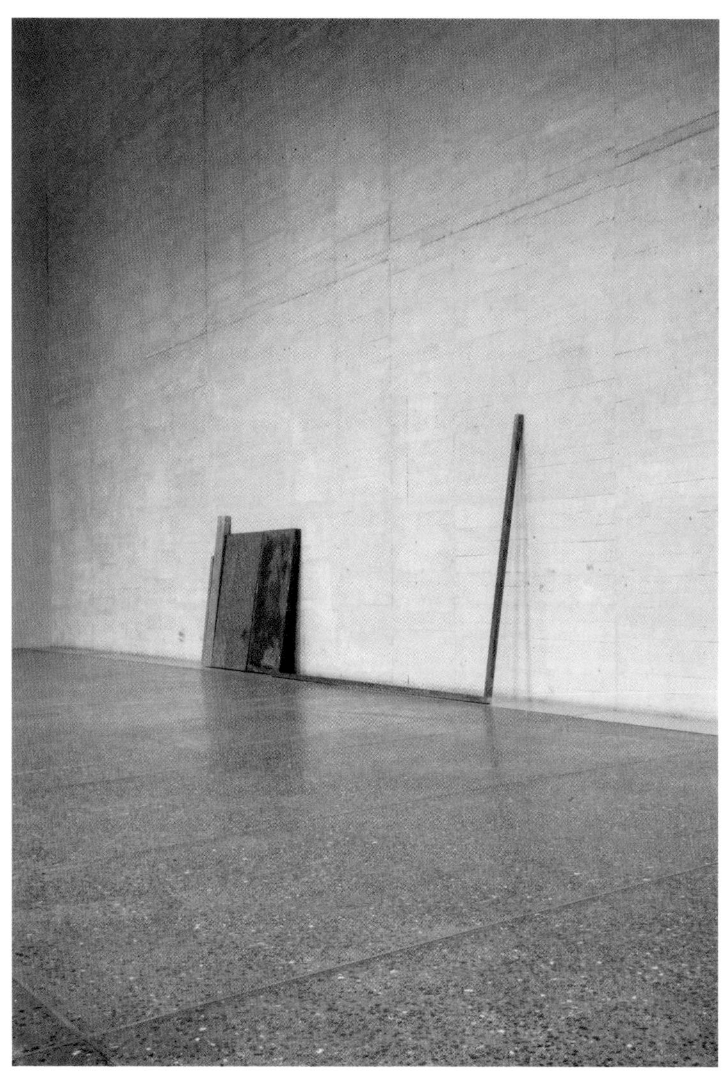

***El tiempo que resta*, 1989-1994.**
Aluminio, plomo y hierro galvanizado, 151 × 336 × 24,2 cm.
Colección del artista, Salamanca.

The Time that Remains, 1989-1994.
Aluminium, lead and galvanised iron, 151 × 336 × 24.2 cm.
Artist's collection, Salamanca.

Vista de la exposición / View of the exhibition, *Ideas K*, MUSAC, Museo de Arte Contemporáneo de Castilla y León, León, 2011.

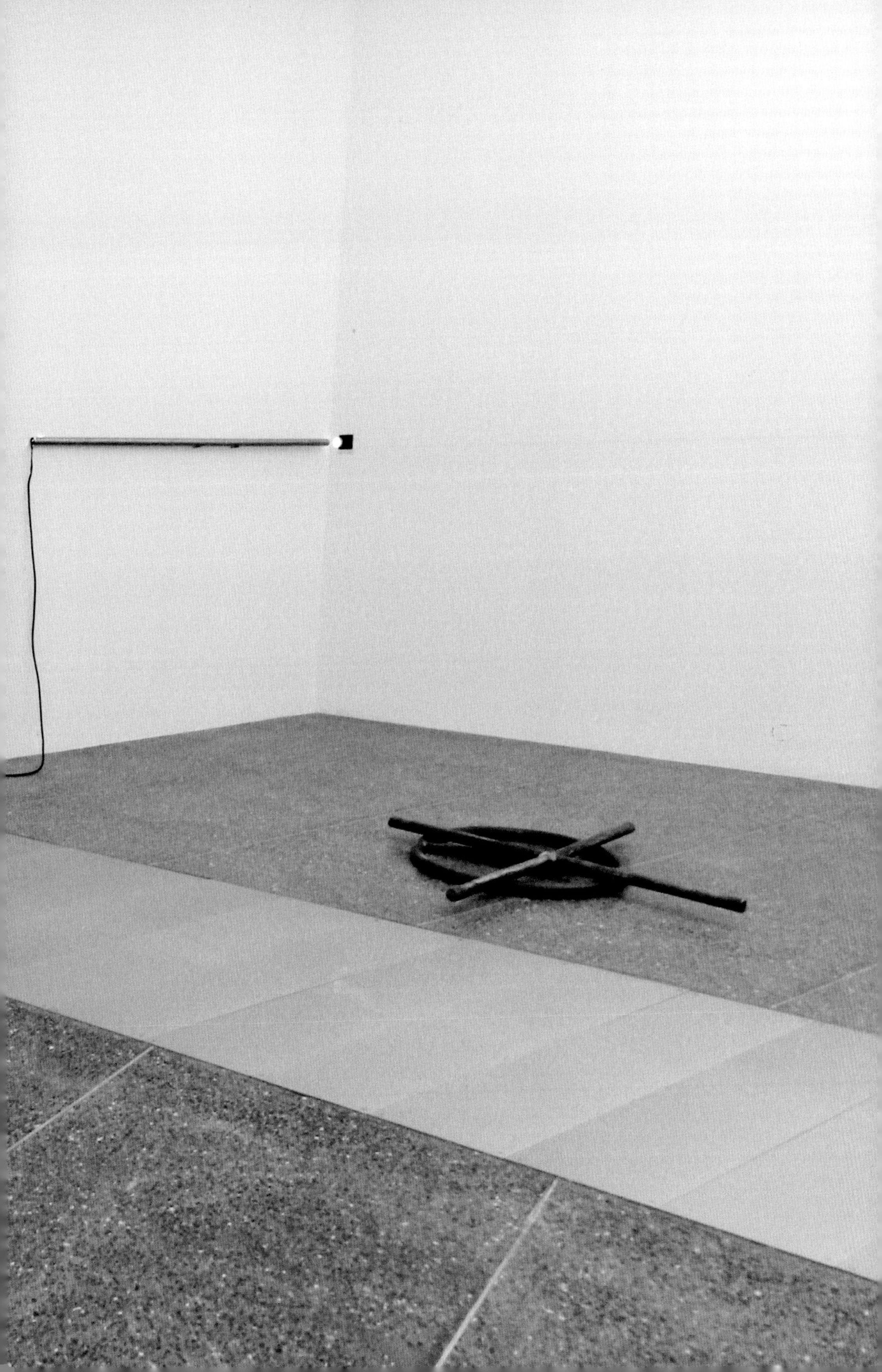

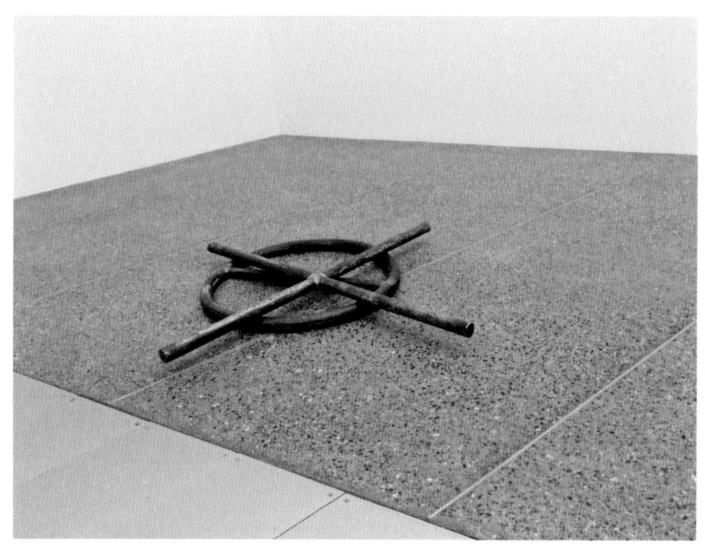

Sin título, 1987.
Plomo y estearina, 9 × 128,4 × 129 cm.
Colección Galerie m, Bochum.

Untitled, 1987.
Lead and stearin, 9 × 128.4 × 129 cm.
Galerie m collection, Bochum.

tacle which is filled with all that. The work of art thus becomes the receptacle of this yearning for absent totality sheltered beneath the reductionism of modern and passing forms, it is furthermore a container for allegory (Baroque).

Continuing along these lines, it is possible to find artistic influences attributed to the artist; first Constantin Brâncuşi, Ellsworth Kelly, Richard Serra, and above all the post-minimalist European versions, Blinky Palermo and Imi Knoebel, while Joseph Beuys hovers well above the scene. What is interesting about this mixture, coupled with Sinaga's experience in the United States and Germany, is that those very terms "structure", "system" and "totality" acquire contradictory meanings: according to a critical trend that subsequently catalysed after 1976 into the journal *October*, the notion of "totality" was one of the dividing lines of the art of the post-world-war period, which was still burdened by European metaphysical philosophy and the representation of the artist as a demigod (whose greatest exponent was Beuys). This being doomed to totality was countered by the actual pragmatism of minimalism and its exploration of materiality and its simple forms as the representation of a world that is non-transcendental but whose theatricality, literality and objecthood (in Donald Judd or Robert Morris) were criticised by Michael Fried in his famous *Art and Objecthood*, as in his opinion art (modernist painting or sculpture) could be distinguished from the new objecthood by the fact that it defeated or suspended its own objecthood. Fortunately it was not all black or white, and Beuys' ethical understanding of art, in addition to his metaphysics of presence, were a vehicle for conveying educational values which made an impression on artists who espoused certain reductionist patterns such as Palermo and Knoebel, but also Reinhard Mucha and Gerhard Richter, in whom the Hegelian legacy of the dialectics of history, as the sum of unresolved historical contradictions which filter into the work of art, was traceable. This is the context, full of ideological struggles, in which Sinaga became an artist, out of the need, springing from historical, cultural and biographical over-determination, to bind together all these contradictory currents inside a body of work. It is not possible to ignore this German component when in Hanover in 1985 he hails *El desayuno alemán* (marking the start of the exhibition reflected in this catalogue) as a moment of routineness yet also of realisation. Accordingly, whereas the notion of "sculpture" is laden with the weight of metaphysics, and minimalism incorporates the possibility of reductionism, the pictorial nature of his work (as painting), its retinal, perceptive and optic quality, frees the artwork itself from the risk of directing itself exclusively at the viewer's body, in what was the literality of minimalism denounced by Fried (who stated that painting was at war with theatricality).

2. Fernando Sinaga, «Lenguaje y origen», *op. cit.*, p. 61.

El desayuno alemán (inicio de la exposición reflejada en este mismo catálogo) como un momento de cotidianeidad a la vez que de toma de conciencia. Entonces, mientras la noción de «escultura» está cargada por el peso de la metafísica, y el minimalismo incorpora la posibilidad reduccionista, el carácter pictórico de su obra (en tanto pintura), su calidad retiniana, perceptiva, óptica, libera a la propia obra de arte del riesgo de dirigirse exclusivamente al cuerpo del espectador, en lo que era la literalidad del minimalismo denunciada por Fried (quien ya dijera que la pintura estaba en guerra con la teatralidad).

Movimientos de la dialéctica

¿En qué se diferencian el sentido de la ausencia y el sentido ausente? ¿Hasta qué punto debería un artista comprender las implicaciones de sus hallazgos? Estas preguntas plantean no sólo la cuestión del cripticismo del arte sino las posibilidades de la recepción estética y sus expectativas. La importancia que Sinaga otorga a la experiencia del arte (sensitiva, táctil, visual) más allá de cualquier acumulación de información tiene que ver con los estados de alerta de la percepción, tensión constante, visión, conciencia y autoconciencia. Tal intensidad no puede suceder más que desde un radical cuestionamiento de los procedimientos que conforman la propia actividad del arte que es a la vez experiencia y conocimiento. La misteriosa frase de Blanchot que encabeza este ensayo marcaría este estado de continua vigilia; el artista se afana en la búsqueda de unos resultados para, al final del camino, desvelarse que allí donde acaba la investigación no había nada, y que todo era un rodeo para mostrar lo verdaderamente importante, el proceso mismo de la búsqueda. El arte es siempre un ensayo (*an essay*), un intento donde la obra nunca es fruto de la inmediatez. Escribe: «A mi entender, la innovación no actúa persiguiendo un objetivo sino que trata tan sólo de averiguar qué es lo que se persigue, por lo cual explorar transciende en consecuencia el viejo sentido de finalidad. Cada acto creativo diseña nuevos *códigos* y, por lo tanto, cada innovación tiene algo de *indescifrable*».[2] A modo de proverbio chino, se podría decir que el arte es la senda de lo no-conocido que conduce a una forma de conocimiento. Ahí, la tensión entre las intenciones y los resultados permanece como una zona a la que el artista (cualquier artista) no tiene acceso directo, sino sólo indirectamente, pues además prácticamente nunca existe una conexión lineal entre la primera (intención) y el posterior (resultado) sino un continuo trampear y trampearse donde el deseo, el inconsciente, el sueño y las pulsiones juegan una larga partida de ajedrez. Existen pocas definiciones tan

Dialectical Movements

What is the difference between sense of absence and absent sense? To what extent should an artist understand the implications of his or her findings? These questions raise not only the issue of the cryptic nature of art but also the possibilities of aesthetic reception and its expectations. The importance Sinaga attaches to the experience of art (sensitive, tactile, visual) above and beyond any accumulation of information is related to the states of alert of perception, constant tension, vision, awareness and self-awareness. Such intensity can only stem from a radical questioning of the procedures that make up the very activity of art, which is both experience and knowledge. Blanchot's mysterious statement heading this essay would seem to mark this state of constant watchfulness; the artist strives for results only to reveal that there was nothing where the investigation ends and that it was all a roundabout way of showing what was truly important, the very process of the quest. Art is always an essay, an attempt in which the work is never the product of immediacy. He writes: "In my view, innovation does not act by pursuing an objective but attempts only to find out what is pursued, and exploration therefore transcends the old sense of purpose. Every act of creation designs new *codes*, and therefore every innovation has something *undecipherable* about it."[2] In the manner of a Chinese proverb, it might be said that art is the path of the non-known leading to a form of knowledge. There, the tension between intentions and results remains as a zone to which the artist (any artist) had no direct but only indirect access, as furthermore there is hardly ever a linear connection between the former (intention) and the latter (result) but a constant cheating and self-cheating in which desire, the unconscious, dreaminess, and impulses play out a long chess match. There are few definitions as fitting and poetic as Sinaga's own about what he does: "I am unaware of the meaning of everything I do or of everything I produce as an artist; I only know that I draw water from the well every day and that this activity is rather dangerous and risky."[3] And he writes elsewhere about the frame of mind, a far cry from the alienated work of salaried labour, which surrounds the moment of creation: "A contradictory state in constant perception of the real that is confused and obscure and at the same time perhaps somewhat superior to understanding itself. It is considerations of this kind that have made me see art as a form of knowledge and it is this condition which, in my opinion, affords its revealing nature, making it in turn influential in the reflexive awareness of the present. Art no longer exists in its own right or for its own sake; rather, it belongs to that whose image it is."[4] Sinaga makes the artistic experience a space where identity and non-identity, the cognitive and the perceptive feed on each other to the point that you cannot

2. Fernando Sinaga, "Lenguaje y origen", *op. cit.*, p. 61.

3. Fernando Sinaga, "La inconsistencia de lo visible", interview with Fernando Castro, *op. cit.*, p. 122.

4. Fernando Sinaga, "Ûzuluz", *op. cit.*, p. 56.

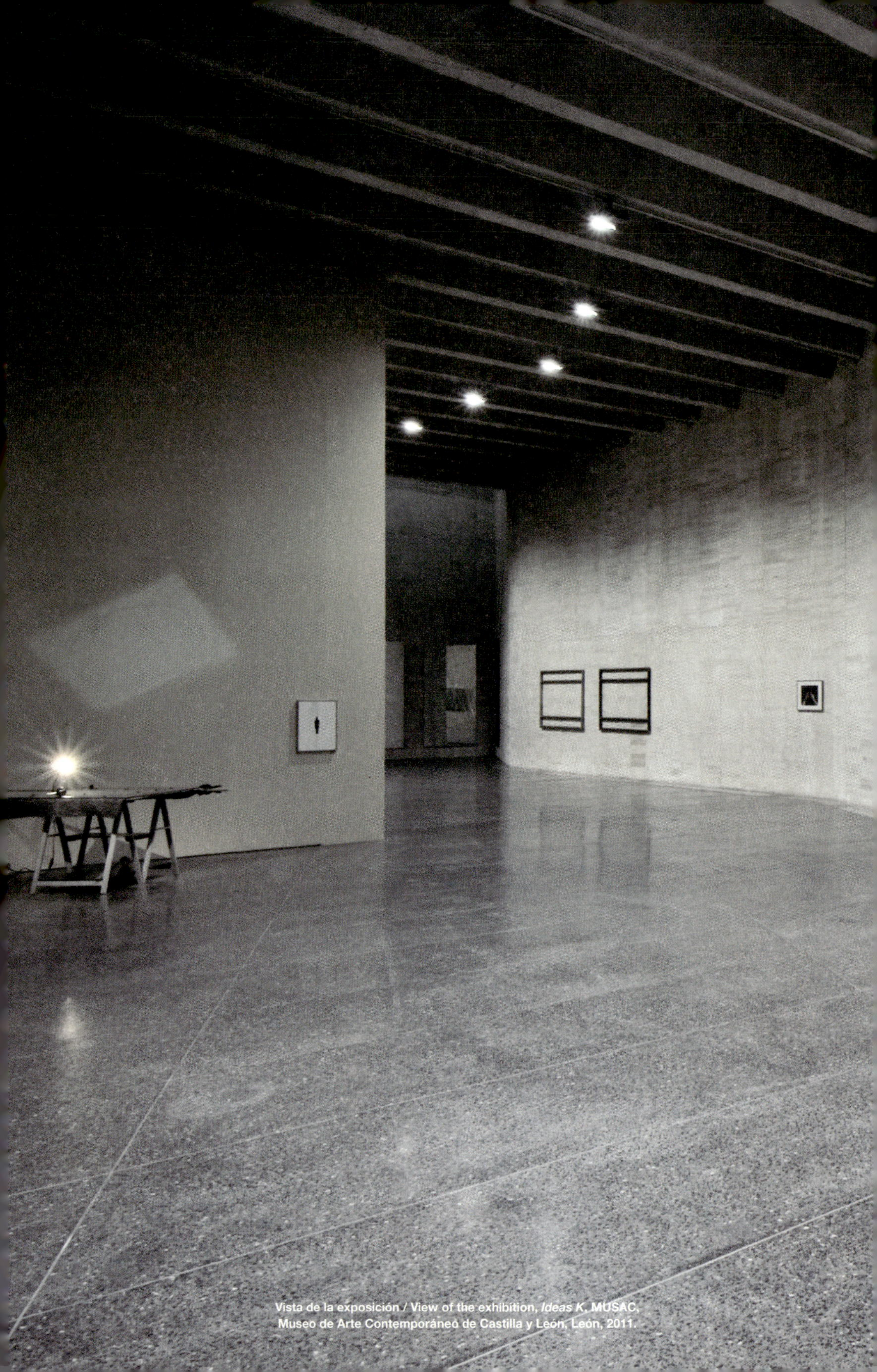

Vista de la exposición / View of the exhibition, *Ideas K*, MUSAC, Museo de Arte Contemporáneo de Castilla y León, León, 2011.

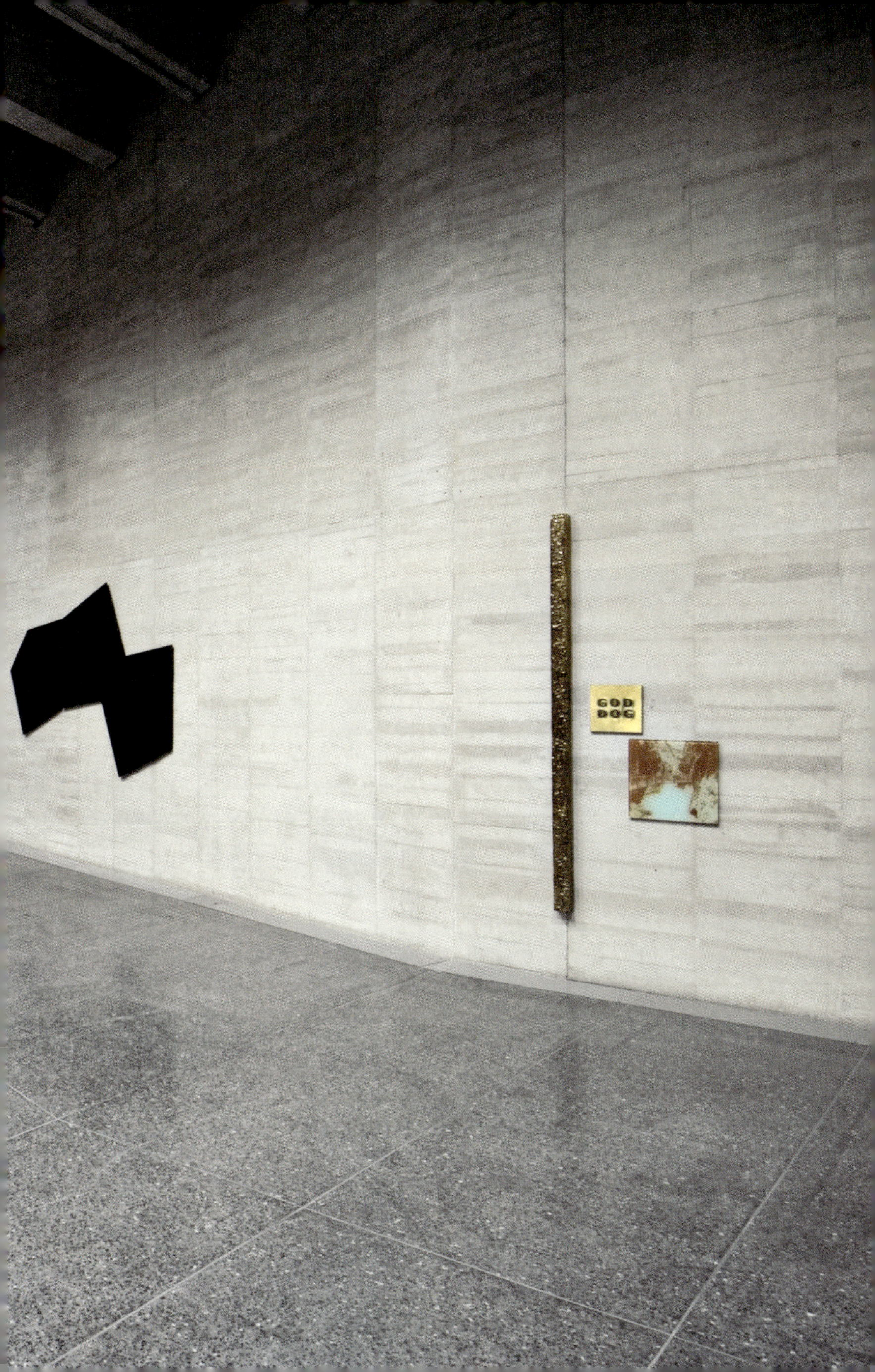
GOD
DOG

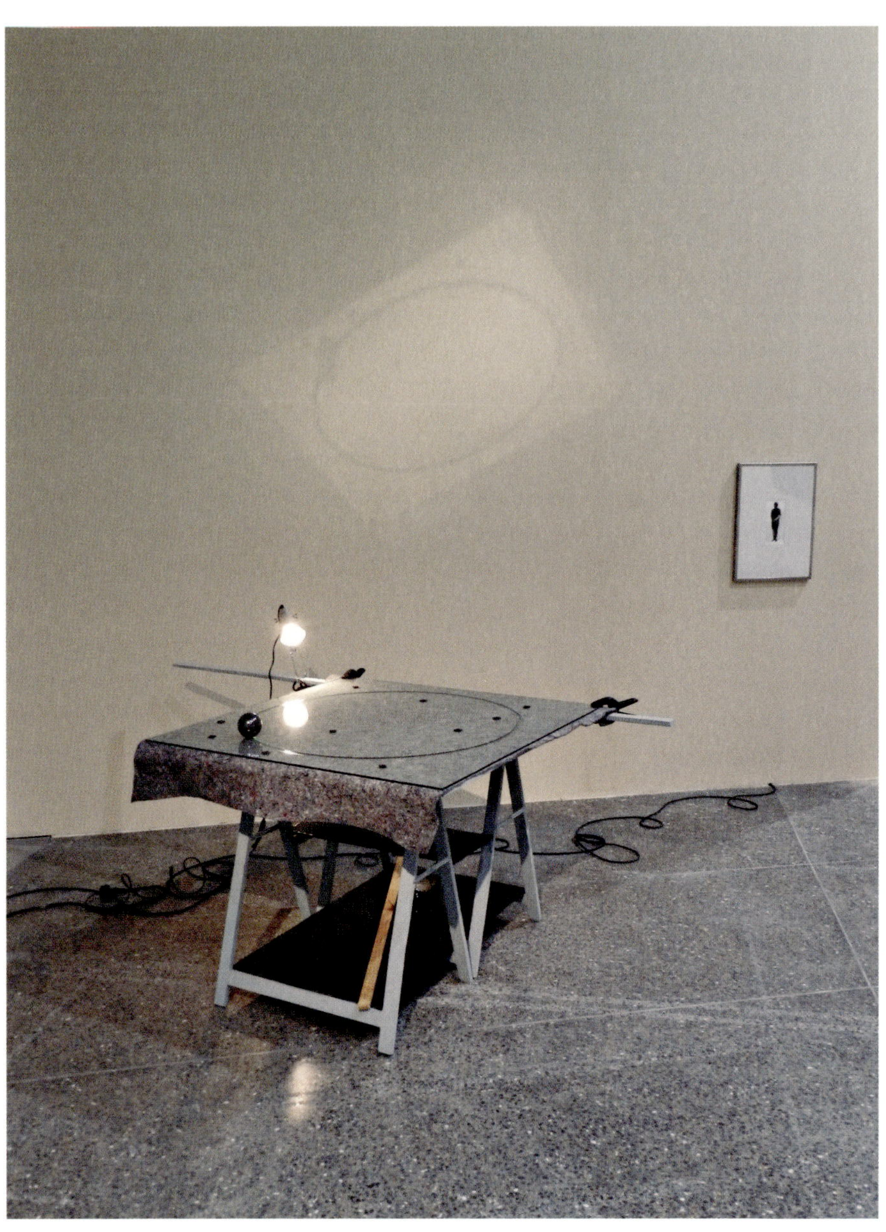

***Contramundum*, 2002.**
Instalación. Madera pintada, manta de embalaje, cristal, bola de hematites, roble, pinzas de presión, luz, bola de cuarzo y fotografía.
Colección del artista, Salamanca.

Contramundum, 2002.
Installation. Painted wood, moving blanket, glass, hematite ball, oak, pressure clamps, light, quartz ball and photography.
Artist's collection, Salamanca.

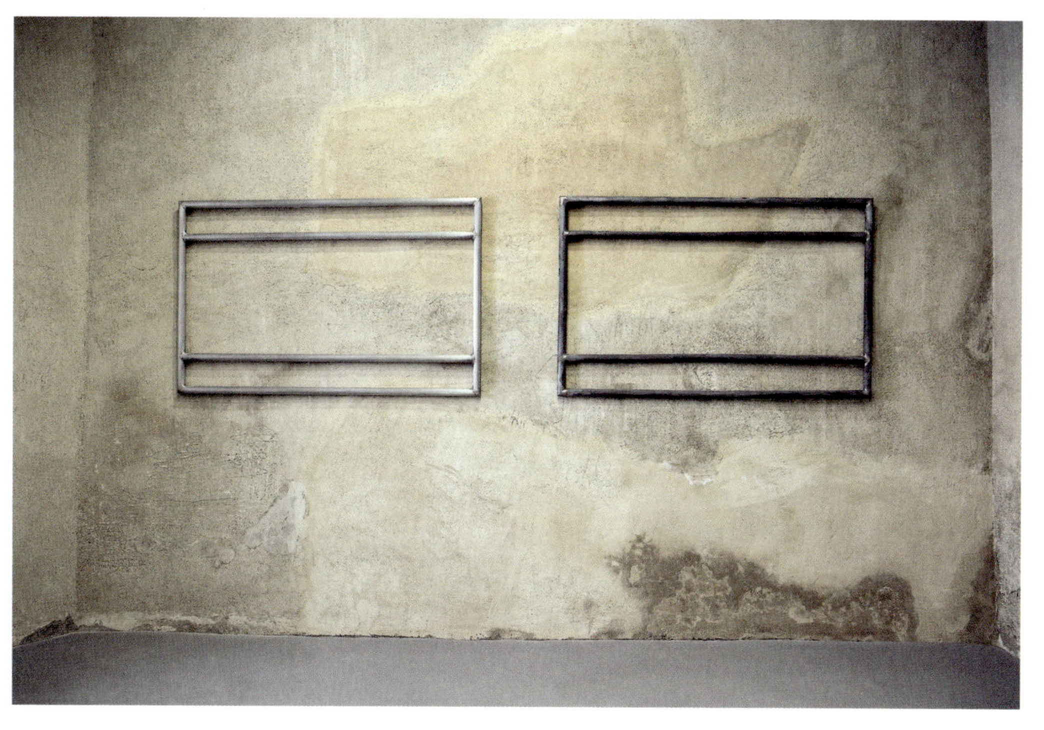

***Doble Simultáneo*, 1988.**
Plomo y aluminio, 114 × 431,5 × 5 cm.
Colección Institut Valencià d'Art Modern (IVAM), Valencia.

Double Simultaneous, 1988.
Lead and aluminium, 114 × 431.5 × 5 cm.
Collection of the Institut Valencià d'Art Modern (IVAM), Valencia.

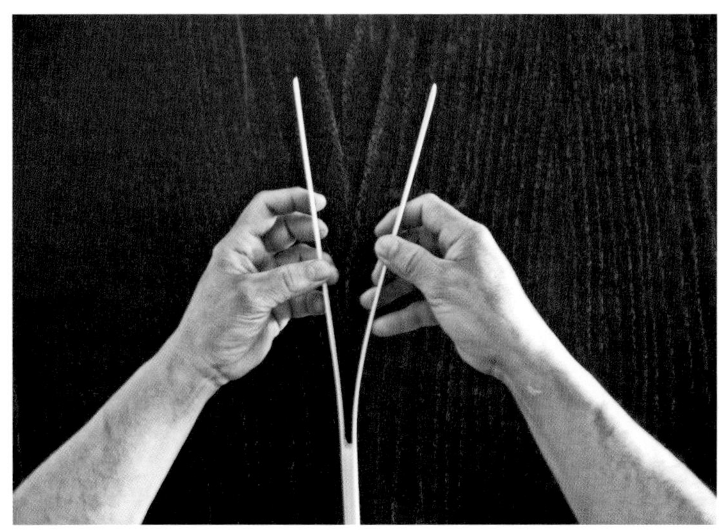

***Venit Hora*, 2005.**
Impresión giclée sobre papel, 29,6 × 41,8 cm.
Colección del artista, Salamanca.

Venit Hora, 2005.
Giclée print on paper, 29.6 × 41.8 cm.
Artist's collection, Salamanca.

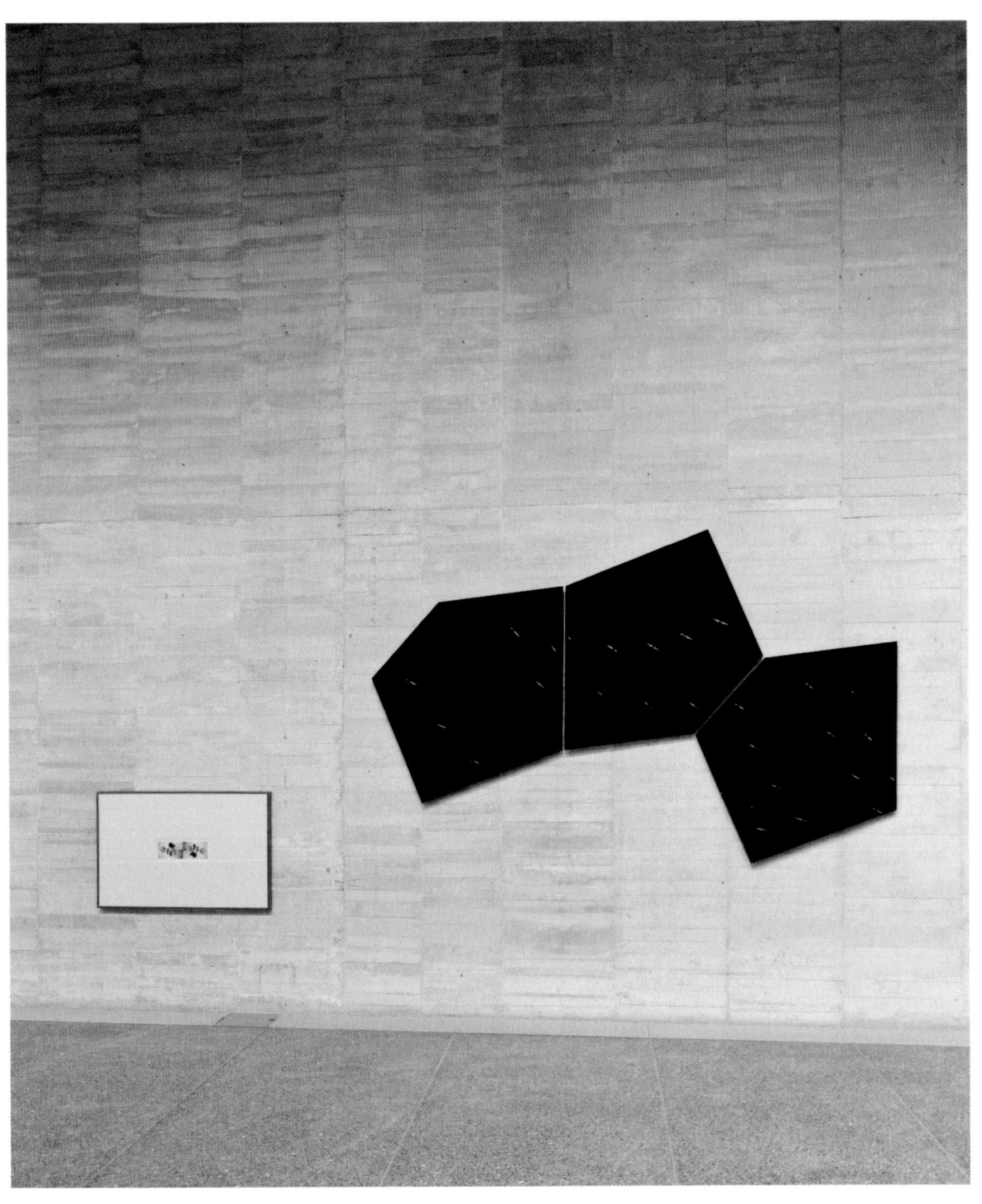

La Rosa Circular, 2002.
Cristal pintado en verde, metacrilato, okumen, acero inoxidable e impresión inkject sobre papel ignífugo texturizado, 246 × 440,2 × 3,3 cm.
Colección del artista, Salamanca.

The Circular Rose, 2002.
Glass painted green, methacrylate, Okume, stainless steel and inkjet impression on textured fireproof paper, 246 × 440.2 × 3.3 cm.
Artist's collection, Salamanca.

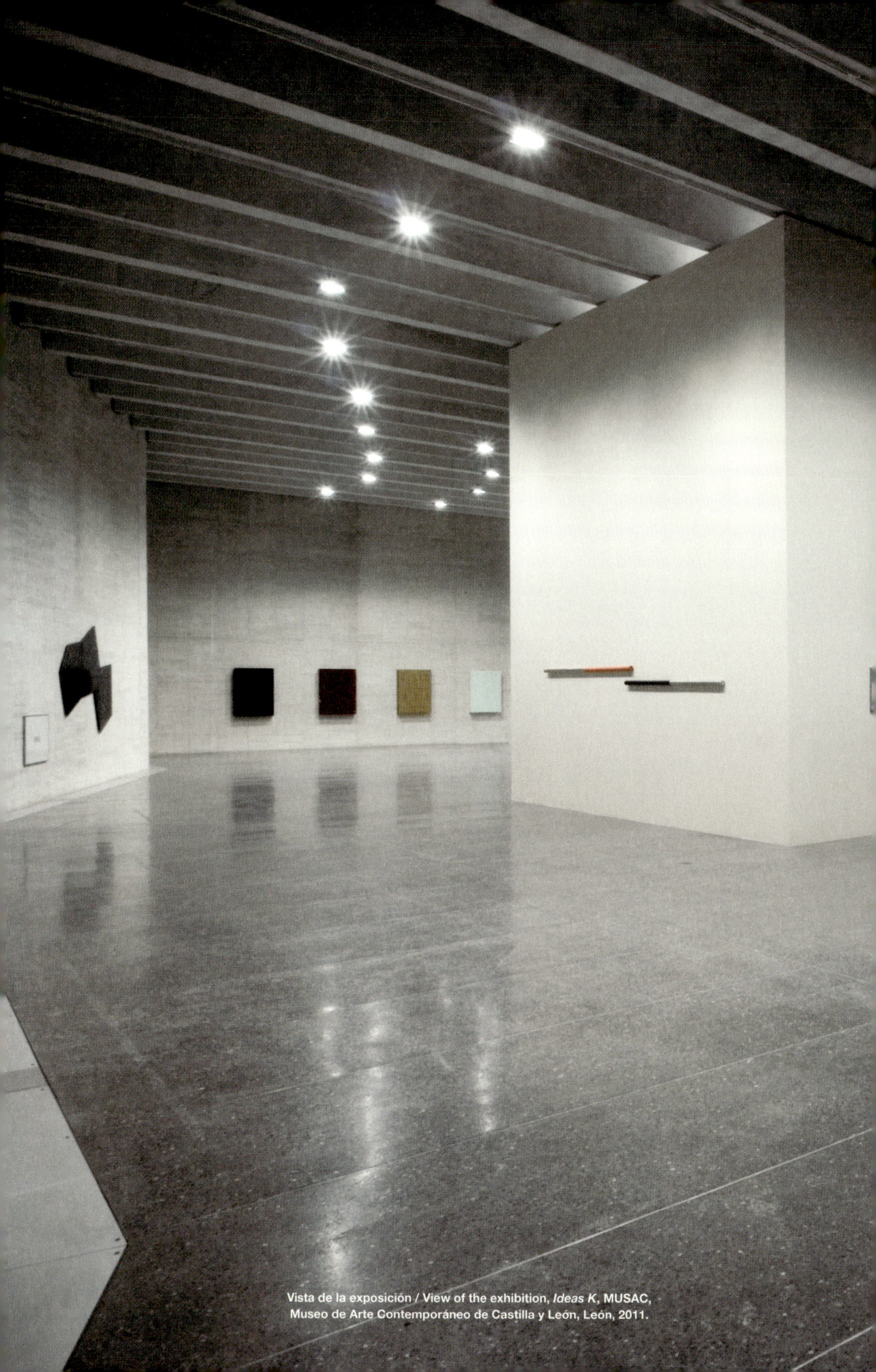

Vista de la exposición / View of the exhibition, *Ideas K*, MUSAC, Museo de Arte Contemporáneo de Castilla y León, León, 2011.

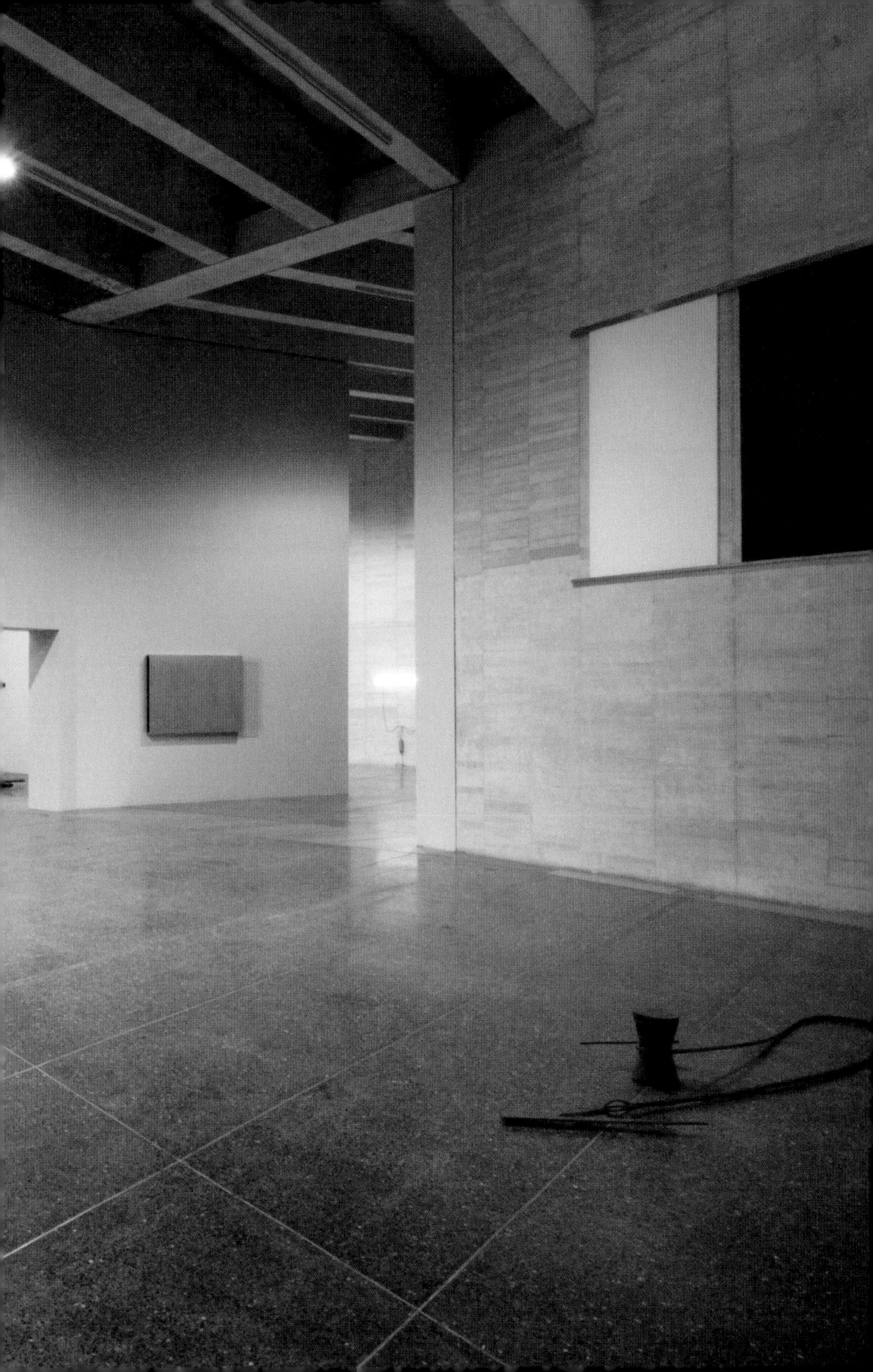

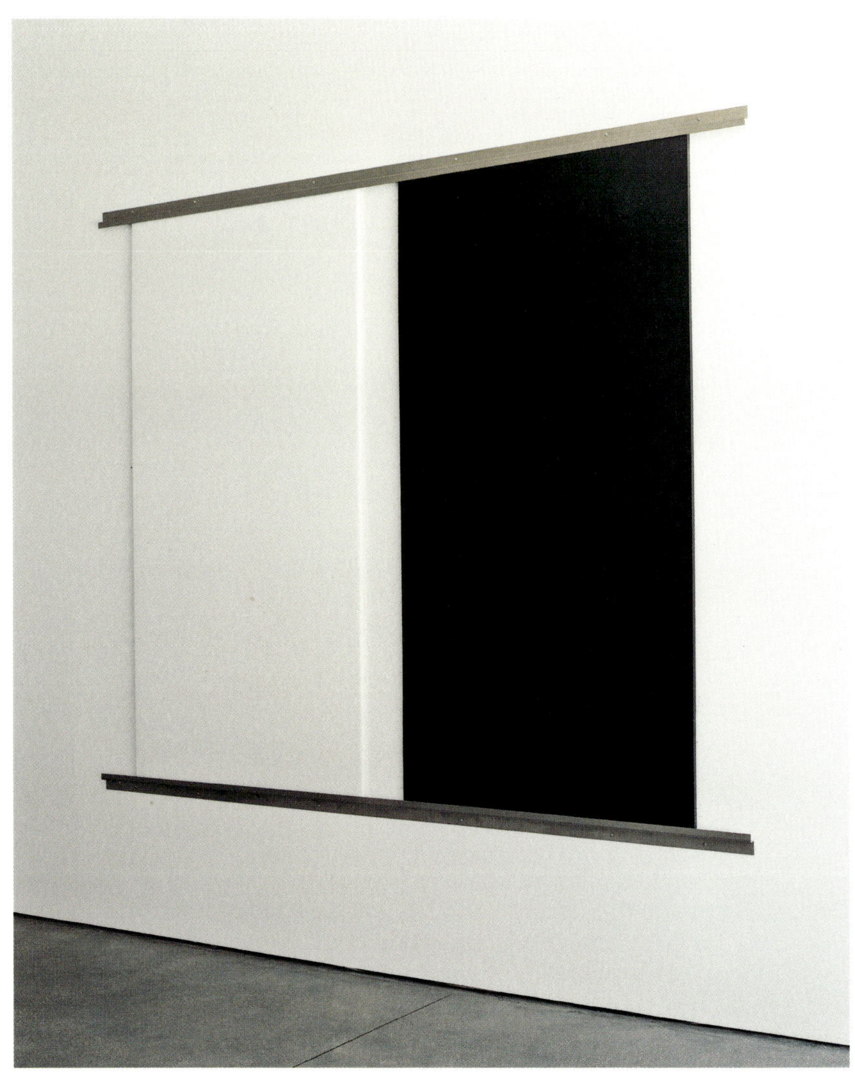

Lo blanco en lo negro, 1995.
Polietileno blanco, negro y acero inoxidable, 208,5 × 250 × 2,9 cm.
Colección del artista, Salamanca.

White in Black, 1995.
White and black polyethylene and stainless steel, 208.5 × 250 × 2.9 cm.
Artist's collection, Salamanca.

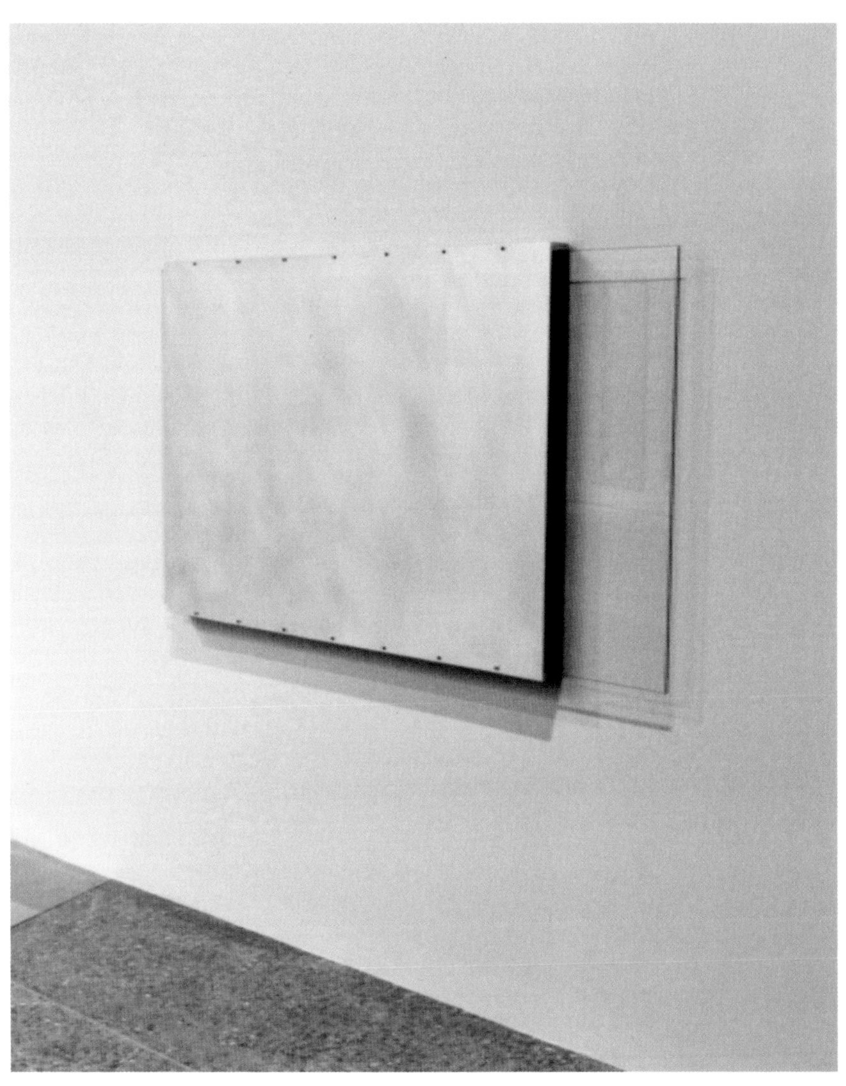

***Sobre el destino*, 1997.**
Aluminio y cristal, 102 × 190 × 7,6 cm.
Colección del artista, Salamanca.

On Destiny, 1997.
Aluminium and glass, 102 × 190 × 7.6 cm.
Artist's collection, Salamanca.

3. Fernando *Sinaga*, «La inconsistencia de lo visible», entrevista con Fernando Castro, *op. cit.*, p. 122.

4. Fernando Sinaga, «Ûzuluz», *op. cit.*, p. 56.

certeras y poéticas como las dadas por el propio Sinaga acerca de su quehacer: «No conozco el sentido de todo lo que hago ni de todo lo que produzco como artista, tan solo sé que saco agua del pozo todos los días y que esa actividad es algo difícil y arriesgada».[3] O en otro lugar escribe sobre la disposición mental, completamente alejado del trabajo alienado del trabajo por un salario, que rodea el momento de la creación: «Un estado contradictorio en permanente percepción confusa y oscura de lo real, a la vez que quizás algo superior al entendimiento mismo. Son este tipo de consideraciones, las que me han hecho ver el arte como una forma de saber y es esta condición la que, a mi parecer, le otorga su carácter revelador, haciéndolo a su vez influyente en la conciencia reflexiva del presente. El arte no existe ya por sí mismo, ni está para sí mismo, sino que pertenece a aquello cuya imagen es».[4] Sinaga hace de la experiencia artística un espacio donde identidad y no-identidad, lo cognitivo y lo perceptivo se retroalimentan hasta tal punto que no puedes escoger entre un modo u otro, sino que tienes que agarrar los dos a la vez y de un mismo golpe. Entonces, en su obra parece cumplirse aquella ley tan afín a Theodor W. Adorno (en su querencia por las formas dotadas de hermetismo y difíciles a primera vista), esto es, cuanto más profundo penetra la mirada en la materia, y más resistencia ofrece la obra a la interpretación, más grande es el usufructo que se obtiene y menor es la oposición de la obra a ser interpretada. Para ello no hace falta evacuar la opacidad, o la amable dureza del arte, que aún estando rodeada de misterio no renuncia a su sensualidad.

El reduccionismo al que he apuntado sale de una conciencia moderna que no deriva de ninguna teología profana ni especie de religión aún conteniendo trazas de metafísica (Beuys de nuevo); hundiendo sus raíces en el materialismo de la materia física, el arte escapa a la religión. Sin embargo, el sentido espiritual del arte es claramente un rasgo del modernismo estético, esto es, el sentimiento de que lo estético sólo puede realizarse y encarnarse plenamente allí donde hay algo más que lo meramente estético. Que este «algo más» de lo puramente estético se encarnara en la ausencia como desencadenante de la forma moderna, o en la cancelación de la narración, no deja de ser una de las antinomias de la modernidad; el vacío, el cero o el espacio blanco típicos de la estética moderna son únicamente tropos que dan forma a este sentido de la ausencia. Pero incluso la tensión entre lo transcendente y lo inmanente ofrece una tercera posibilidad que surge de la forma del pensamiento mismo; la dialéctica. Sinaga recurre una y otra vez a la disolución como metáfora de la desaparición y de la transfiguración de la materia, y no necesita corear que «todo lo

Separatio/Coniunctio, 1988-1999.
PVC rojo, acero inoxidable y nylon negro, medidas totales 22 × 406 × 5,4 cm
(198,4 × 5,4 × 5,4 cm y 219,5 × 5,4 × 5,4 cm c/u).
Colección Museo Extremeño e Iberoamericano de Arte Contemporáneo (MEIAC), Badajoz y
Colección Galería Gianni Giacobbi, Palma de Mallorca.

Separatio/Coniunctio, 1988-1999.
Red PVC, stainless steel and black nylon, total size 22 × 406 × 5.4 cm
(198.4 × 5.4 × 5.4 cm and 219.5 × 5.4 × 5.4 cm each).
Collection of the Museo Extremeño e Iberoamericano de Arte Contemporáneo (MEIAC),
Badajoz, and collection of the Galería Gianni Giacobbi, Palma de Mallorca.

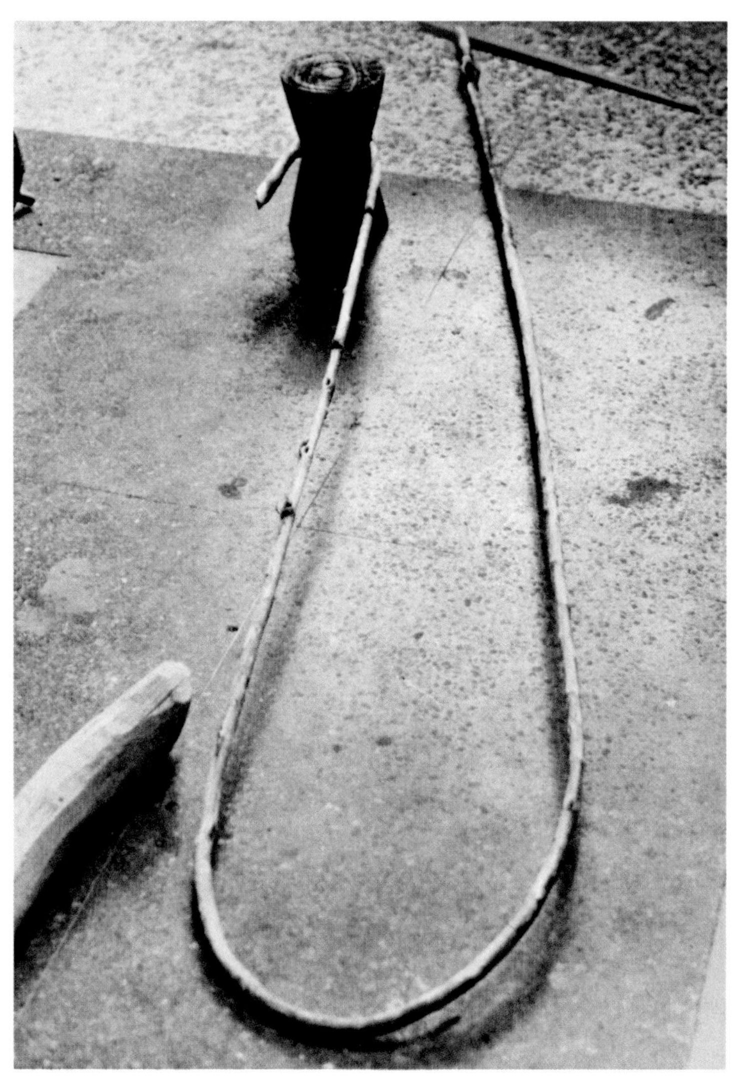

***Alma de escaramujo (Fort/Da)*, 1985.**
Madera de escaramujo, pino y haya estucada con arcilla, 26 × 247,5 × 70 cm.
Colección del artista, Salamanca.

Soul of Briar (Fort/Da), 1985.
Briar, pine and beech wood stuccoed with clay, 26 × 247.5 × 70 cm.
Artist's collection, Salamanca.

choose between one mode or another but have to grasp both at once and in one fell swoop. At this point the law so akin to Theodor W. Adorno (in his fondness for forms that are hermetic and difficult at first sight) seems to be fulfilled in his work, that is, the deeper the gaze penetrates the matter and the more resistant the work is to interpretation, the greater the benefit obtained and the less opposition the work puts up to being interpreted. For this to happen there is no need to extract the opacity or the pleasing hardness of art, which even when enveloped in mystery does not renounce its sensuality.

The reductionism I have pointed out stems from a modern awareness that is not derived from any profane theology or sort of religion even if it contains traces of metaphysics (Beuys once more); thrusting its roots into the materialism of physical matter, art escapes religion. However, the spiritual sense of art is clearly a feature of aesthetic modernism, that is, the feeling that the aesthetic can only be fully realised and embodied where there is something more than the merely aesthetic. That this "something more" than the purely aesthetic should be embodied by absence as a trigger of the modern form, or by the cancellation of narration, is one of the antinomies of modernity; the vacuum, zero or blank space typical of the modern aesthetic are only tropes that give shape to this sense of absence. But even the tension between the transcendental and the immanent allows for a third possibility that springs from the form of thought itself: dialectics. Sinaga resorts time and time again to dissolution as a metaphor of the disappearance and transfiguration of matter, and does not need to chant that "all that is solid melts into air" or speak of "making the ethereal solid without passing through the liquid state"[5] in order to confirm the constant movement of matter (including stillness or motionlessness as a form of movement). Dissolution is a metaphor, but it is also a chemical process that is not necessarily equivalent to the meaning of "synthesis" in Hegelianism: everything flows and is subject to change, there is no rest in motionlessness and there is stillness in speed. But this dialectic no longer functions according to the formerly caricaturised triad that not even Hegel took seriously and which leads to synthesis as the negation of negation; rather, in its best version, it conceives history as an eternal game of unresolved contradictions liable to be negated over and over again, indefinitely. There is no synthesis or dissolution (nor is there in an ultimate form that emerges from the choice of minimalism and reductionism, and metaphysical transcendence, or between sculpture and writing, between literature and philosophy); rather, there tends to be a negative dialectic that does not seek a meeting of opposites but prefers to leave contradictions in all their crudity, in a type of thought that led Walter Benjamin to state (concerning the reading of Adorno's "Metacri-

5. Fernando Sinaga, "Solve et Coagula", *op. cit.*, p. 62.

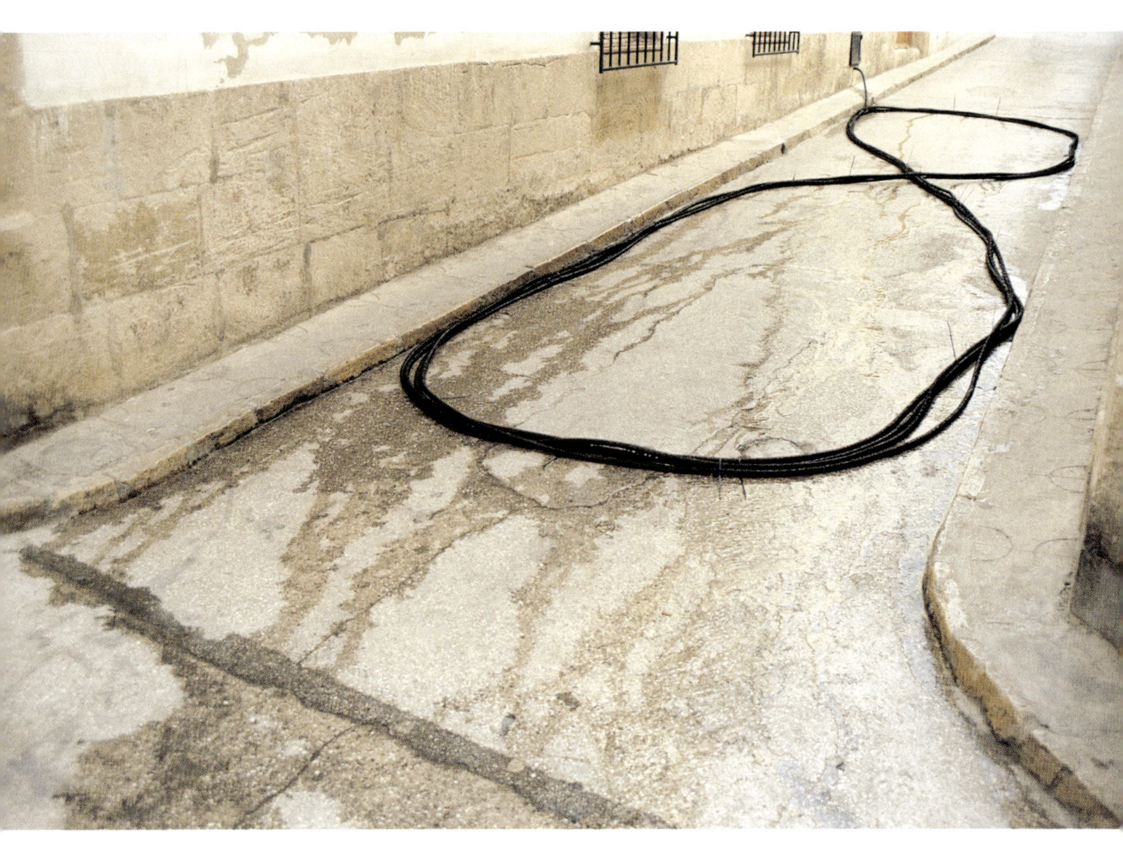

Via seca / Circulación húmeda.
Intervención urbana, Xábia, 1999.

Dry Route / Wet Circulation.
Urban intervention, Xábia, 1999

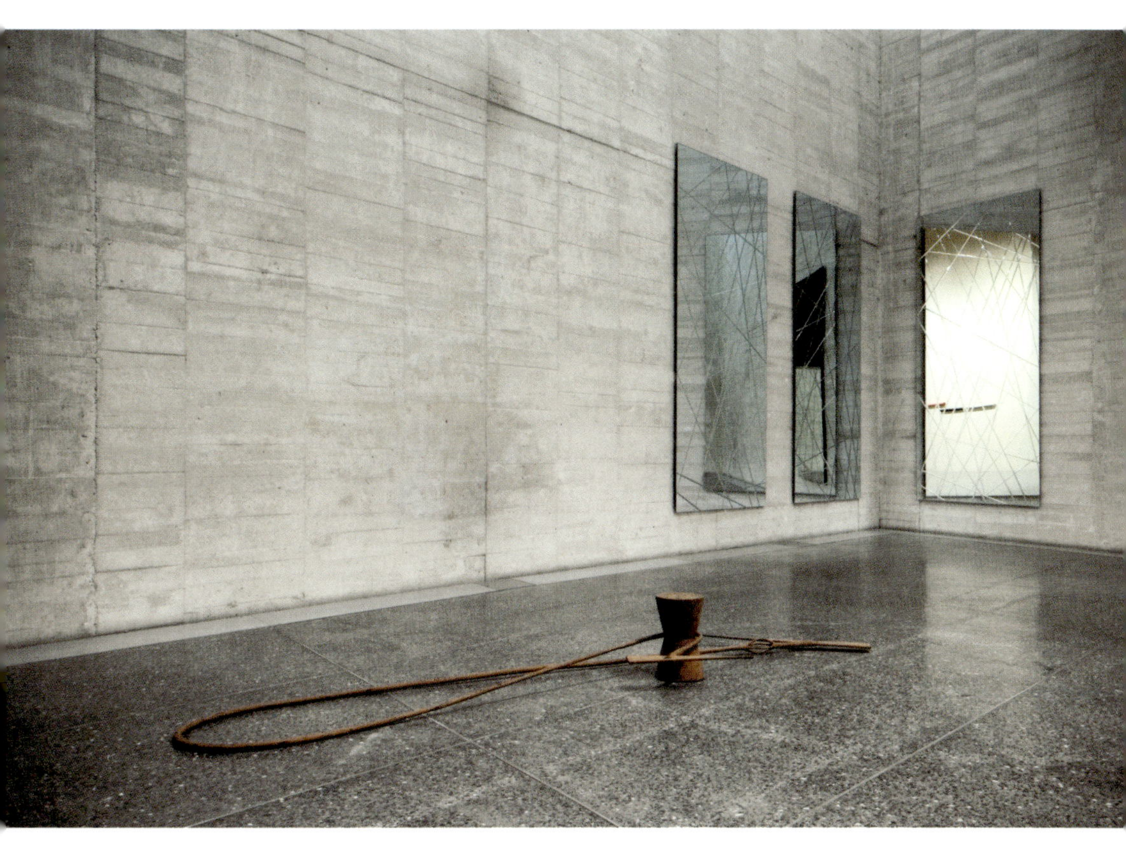

Vista de la exposición / View of the exhibition, *Ideas K*, MUSAC,
Museo de Arte Contemporáneo de Castilla y León, León, 2011.

5. Fernando Sinaga, «Solve et Coagula», *op. cit.*, p. 62.

6. Theodor W. Adorno, *Dialéctica negativa*, en *La jerga de la autenticidad. Obra completa, 6*, Madrid: Akal, 2005, pp. 9-10.

7. *Ibid.*, p. 155.

sólido se desvanece en el aire», o ese otro «hacer sólido lo etéreo sin pasar por el estado líquido»,[5] para afirmar el continuo movimiento de la materia (incluyendo la quietud o el estatismo como una forma de movimiento). La disolución es una metáfora, pero igualmente es un proceso químico que no necesariamente equivale a la «síntesis» en el hegelianismo; todo fluye y está sujeto al cambio, no hay reposo en lo estático y hay calma en la velocidad. Pero esta dialéctica no funciona ya según la otrora caricaturizada tríada que ni el propio Hegel tomaba en serio y que desemboca en la síntesis como negación de la negación, sino que más bien, y en su mejor versión, aprehende la historia como un eterno juego de contradicciones irresueltas, abiertas a ser negadas una y otra vez, indefinidamente. No hay síntesis, ni disolución (tampoco la hay en una forma última salida entre la elección del minimalismo y el reduccionismo, y la transcendencia metafísica, o entre escultura y escritura, entre literatura y filosofía), sino que más bien se da una dialéctica negativa que no busca una reunión entre opuestos sino que prefiere dejar las contradicciones en toda su crudeza, en una clase de pensamiento que hiciera decir a Walter Benjamin (a propósito de la lectura de *Sobre la metacrítica de la teoría del conocimiento* de Adorno) que «se debe atravesar el helado desierto de la abstracción para alcanzar convincentemente el filosofar concreto».[6] Entonces el pensamiento no puede nunca encapsular su objeto o se abstiene de establecer plenamente la identidad de los objetos. Pero si la disolución y la coagulación en Sinaga son metáforas a las que regresa una y otra vez, no lo es menos que ambas representan aquellos procesos propios de la dialéctica. Entre disolverse o no disolverse, o entre la identidad y la no-identidad estriba la cuestión, advirtiéndonos Adorno que «el pensamiento que se ha extraviado en la identidad capitula fácilmente ante lo indisoluble y hace de la indisolubilidad del objeto un tabú para el sujeto, el cual, irracionalista o cientifistamente, debe moderarse, no ocuparse de lo que no se le asemeja».[7]

Pero la opacidad del pensamiento necesita de un persistente velar por el sentido ausente; la escultura es, entonces, el territorio de la filosofía o un terreno abonado al filosofar; es, en un doble gesto, a la vez operación mental y material, un «ir a donde no sabes». La intensidad en la escultura, su «ansiedad y deseo» es la posibilidad misma de pensar su movimiento aún en tanto objetos «inertes». Lo que subyace aquí no es la acumulación de significado a partir de decenas de obras, sino esa categoría holística que esboza la totalidad (y donde lo fragmentario y lo azaroso tienen lugar), que es a la vez el pensamiento como forma. Aquí la sombra de Adorno vuelve a asomarse, quien insistiera implacablemente en la necesidad de las obras de arte modernas y el pensamiento de ser arduas, y él

tique of the Theory of Knowledge") that "one had to journey through the icy wasteland of abstraction in order to definitively arrive at concrete philosophizing".[6] Thought can thus never encapsulate its object or abstain from fully establishing the identity of objects. But if in Sinaga dissolution and coagulation are metaphors to which he returns over and over again, no less a metaphor is the fact that both represent those very dialectical processes. The essence of the question lies between dissolving or not dissolving, or between identity and non-identity, and Adorno warns us that "confusion about identity tends to make thinking capitulate to the indissoluble. Such thinking turns the object's indissolubility into a taboo for the subject. The subject is to resign itself, irrationalistically or scientifically, and not to touch whatever is unlike it."[7]

But the opacity of thought requires us to be constantly watchful of the absent meaning: sculpture is thus the realm of philosophy or a ground fertilised by philosophising; it is, in a double gesture, an operation that is both mental and material, a "going where you don't know". Intensity in sculpture, its "anxiety and desire", is the very possibility of thinking out its movement even as "inert" objects. The underlying factor here is not the accumulation of meaning by dozens of works, but this holistic category that sketches totality (and where the fragmentary and the random have a place), which is also thought as form. Once again the shadow of Adorno looms, when he insisted implacably on the need for modern works of art and thought to be arduous, and also called for attention to be given to the materiality of modern poetry and the density of language.[8]

Any approach to Sinaga's work faces a methodological difficulty, and this is also true of this very essay, as it cannot list the contents of each specific work, let alone provide a description of the works; only a sketch, as a totality, of this way of thought made into sculpture can do justice to the complexity of his oeuvre. When brief biographies resort habitually to terms such as "complexity" and "cryptic" or speak of "negativity", perhaps we should ask ourselves if these concepts are not merely non-concrete pet phrases for this aspect of Adornian dialectics.[9] Appearance and essence, transcendence and immanence, plenitude and absence, order and disorder, unitary and fragmentary are conceptual pairs he often uses, like the dense literature generated by critics and theoreticians; some of these pairs are direct references to Hegel and now need to be re-contextualised as binary oppositions ready to be centrifuged within a negation-based dialectical system more than as mere receptacles of binary thought. Dialectics thus becomes a speculative method more characteristic of the alchemist than of the scientist, where contra-

6. Theodor W. Adorno, *Negative Dialectics*, London: Routledge, 1973, p. XIX.

7. *Ibid.*, p. 161.

8. See T. W. Adorno, *Aesthetic Theory*, London/New York: Continuum International Publishing Group, 1997.

9. Note the absence of Adorno from any bibliographical reference concerning the work of Sinaga, despite the long list of philosophers and thinkers who are mentioned and cited.

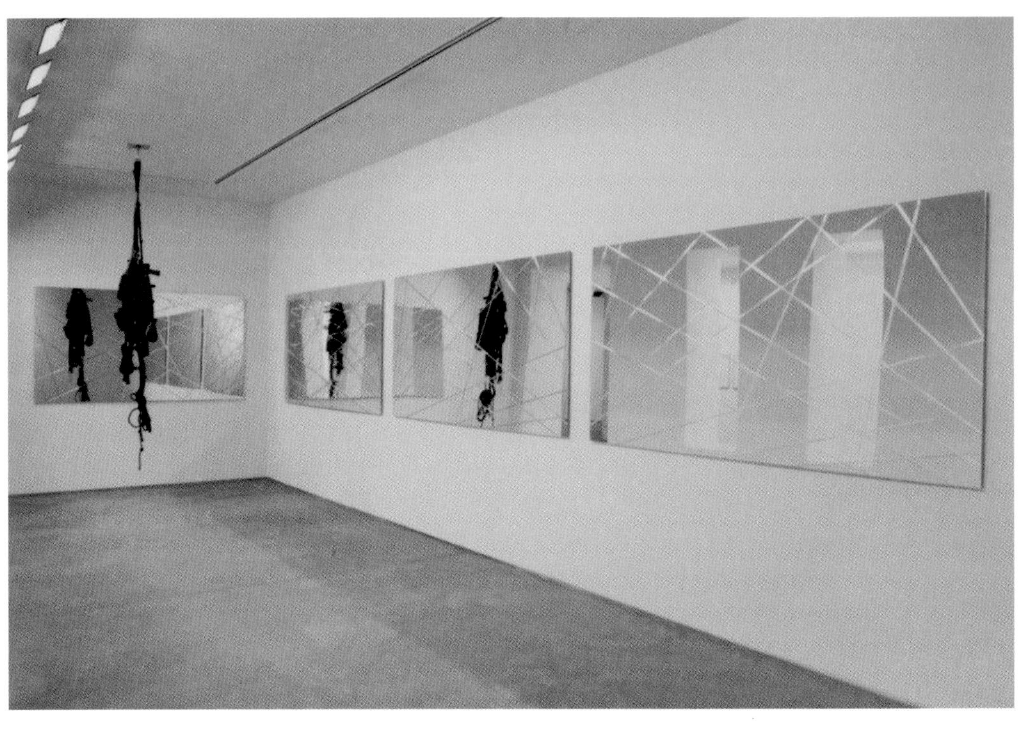

Vista de instalación de / View of the installation of *Spaesamento*,
Galería Max Estrella, Madrid, 2000.

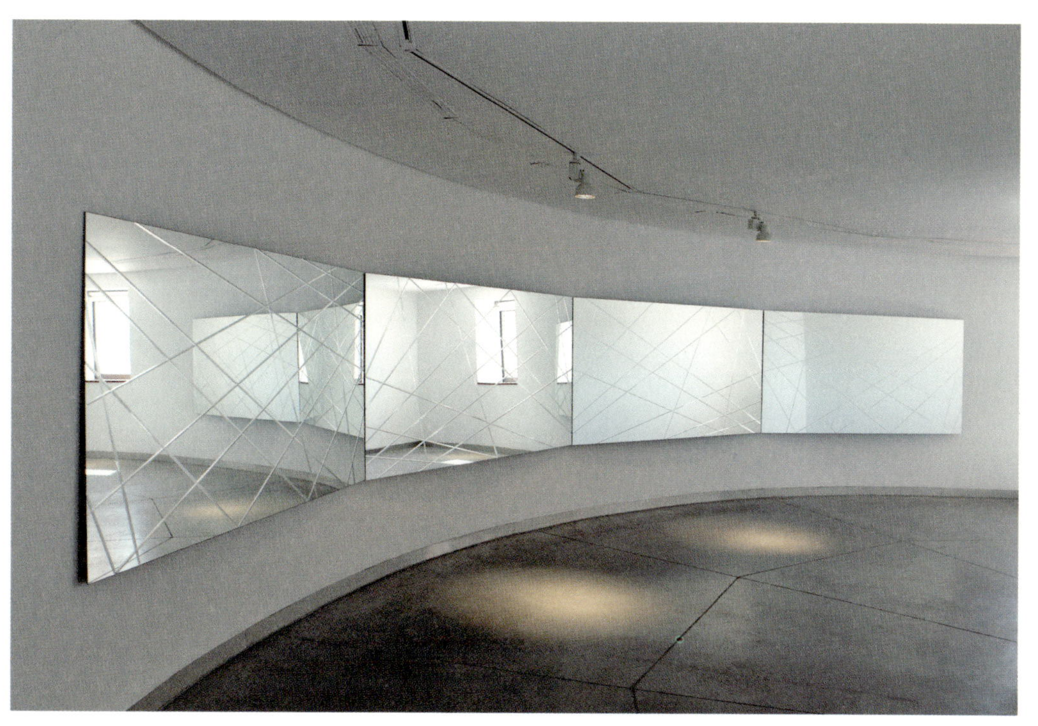

Spaesamento, 2000.

Vista de la instalación / View of the installation, Domus Artium (DA2), Salamanca, 2006.

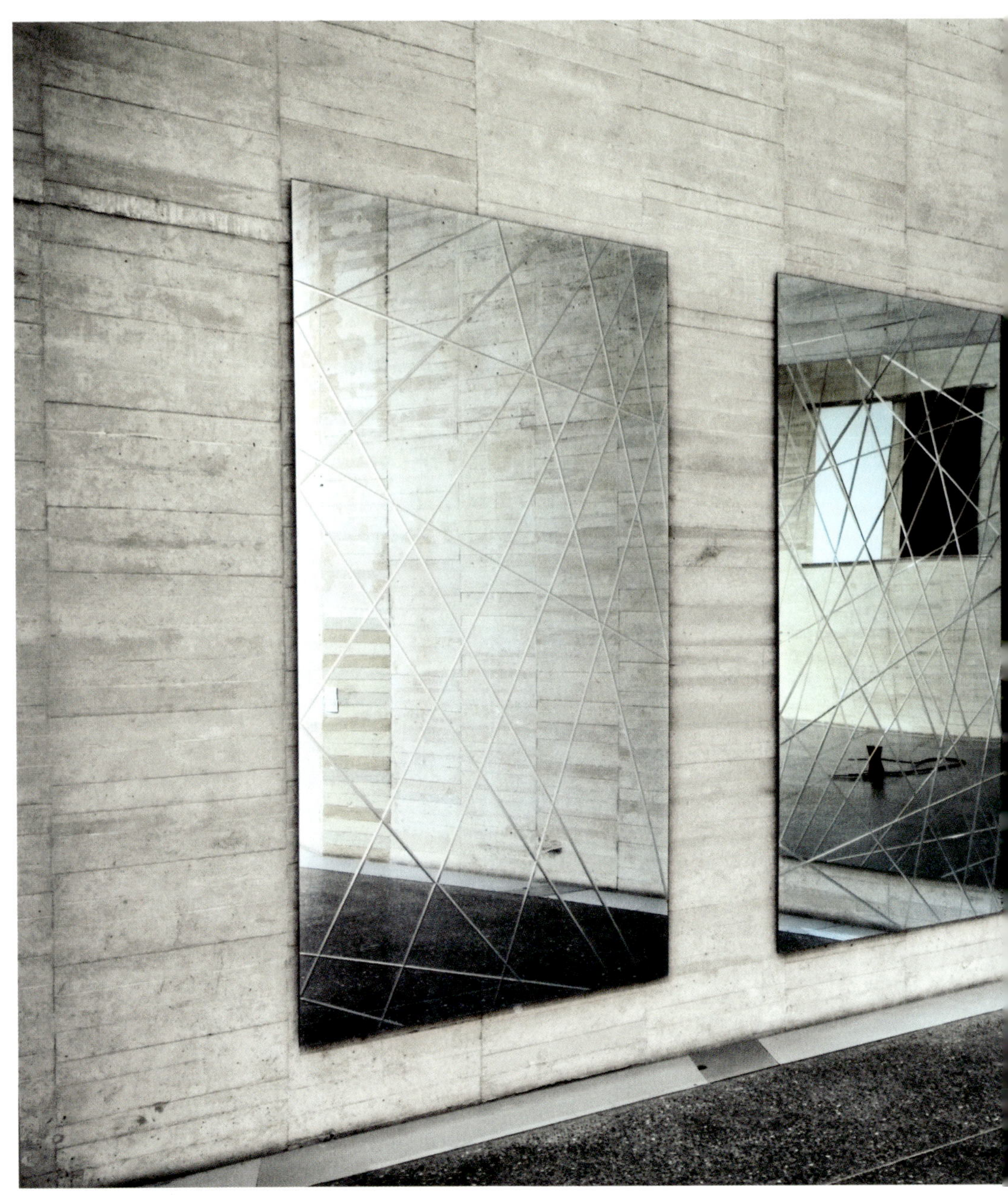

***Spaesamento*, 2000.**
Instalación. Metacrilato, madera de okumen y 3 espejos, 250 × 125 × 3 cm (cada espejo).
Colección del artista, Salamanca.

Spaesamento, 2000.
Installation. Methacrylate, Okume and 3 mirrors, 250 × 125 × 3 cm (each mirror).
Artist's collection, Salamanca.

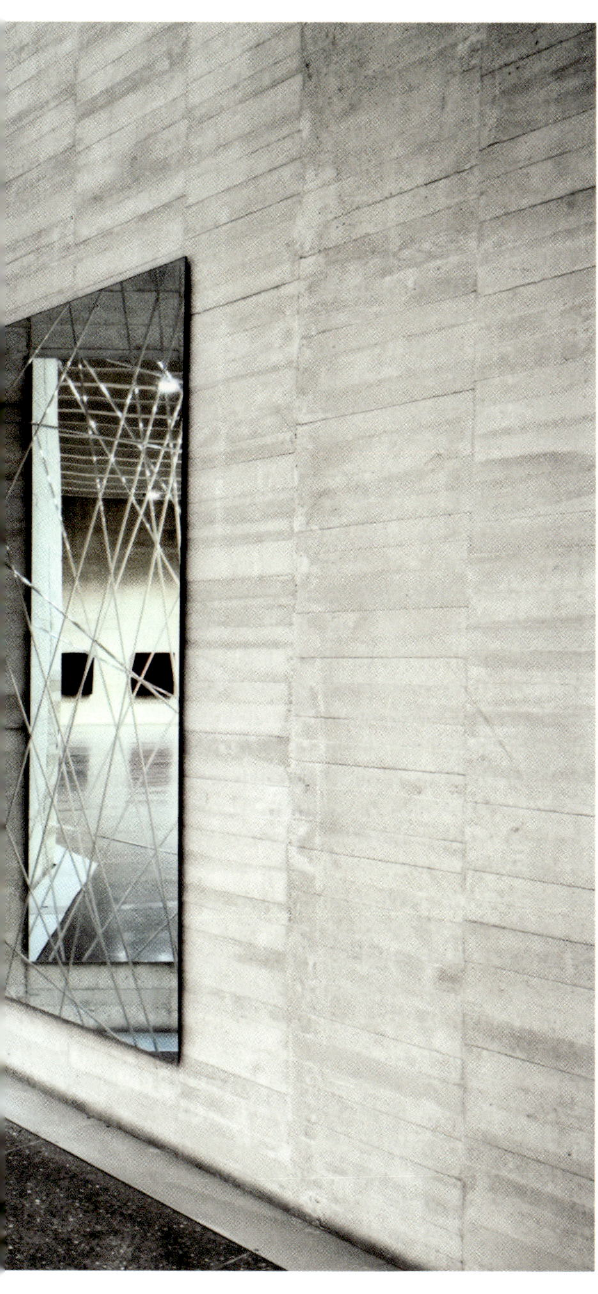

también, quien promulgara la atención en la materialidad de la poesía moderna y la densidad del lenguaje.[8]

Cualquier acercamiento a la obra de Sinaga se enfrenta a una dificultad metodológica, y es el caso de este mismo ensayo, pues el contenido de cada obra concreta no puede ser recogido aquí, mucho menos una descripción de los trabajos; sólo el esbozo en tanto totalidad de esta forma de pensamiento hecha escultura puede hacer justicia a la complejidad de la obra. Cuando las breves biografías recurren habitualmente a términos como «complejidad» y «críptico», o hablan de «negatividad», quizás debamos preguntarnos si esos conceptos no son sino muletillas no-concretas a este asunto de la dialéctica adorniana.[9] Apariencia y esencia, transcendencia e inmanencia, plenitud y ausencia, orden y desorden, unitario y fragmentario son pares conceptuales que a menudo él utiliza, así como la densa escritura generada por críticos y teóricos, pares algunos de los cuales remiten directamente a Hegel, y que ahora debemos recontextualizar más como oposiciones binarias dispuestas a ser centrifugadas dentro de un sistema dialéctico que tiene en cualquier negación su punto de partida más que como meros receptáculos de un pensamiento binario. La dialéctica deviene entonces un método especulativo, más propia del alquimista que del científico, donde las contradicciones comienzan a interactuar ellas mismas y casi de un modo químico. El pensamiento abstracto alcanza un mayor grado de autoconsciencia cuanto más desnudo y desprovisto se encuentra, cuando se sitúa en el estado de vigilia y atención permanente de una noche al raso.[10] Tanto la escultura y la escritura participan de esta dialéctica, por ejemplo cuando se contradicen; «si en algún caso estas anotaciones pueden llegar a parecer instrucciones para una visión más comprensiva de mi obra, nada será más desacertado y cierto», o también, cuando apuntan a la necesaria presencia de lo no-pensado, lo que aún no es en la raíz de todo pensamiento; «estas consideraciones discontinuas atienden a la necesidad interior de un esclarecimiento y son tan sólo una mirada perpleja a todo aquello que reconozco desconocer».[11] El arte no es la constatación de lo ya sabido sino una fuente de conocimiento de lo todavía no pensado. La escultura y la escritura son, en última instancia, autoconocimiento, autoconsciencia y auto-reflexibilidad (todos ellos tropos de la modernidad). La escultura obedece a sus propias leyes internas, o como él dice «es la escultura entendida como un sistema regulador de operaciones materiales, y un principio correlativo de obediencias y correspondencias».[12] La dialéctica entre escultura y escritura es entonces la de una senda que conduce al conocimiento interior del sujeto, anclándolo en su posición en el mundo y

8. Ver T. W. Adorno, *Teoría estética, Obra completa, 7*, Madrid: Akal, 2004.

9. Nótese la ausencia de Adorno en cualquier referencia bibliográfica alrededor de la obra de Sinaga a pesar de la larga nómina de filósofos y pensadores mencionados y citados.

10. Es posible incluso trazar una analogía entre estas *Consideraciones discontinuas* de Sinaga con *Minima Moralia* del propio Adorno, no solo basándonos en lo fragmentario y lo discontinuo como rasgo formal destacado, sino sobre todo en la forma aforística, muchas veces entre la filosofía, lo literario y lo cotidiano, salpicado en ocasiones con un profundo sentimiento de desgarro, subjetivación que implica la percepción del mundo, a lo que hay que sumar el hecho de que Sinaga suene en ocasiones oracular. Ver *Minima Moralia: reflexiones desde la vida dañada*, Madrid: Taurus, 1998.

11. Fernando Sinaga, «Introducción», *op. cit.*, p. 51.

12. Fernando Sinaga, «Solve et Coagula», *op. cit.*, p. 63.

dictions begin to interact by themselves and almost chemically. Abstract thought achieves a greater degree of self-consciousness the barer and more lacking it is, when it positions itself in a state of watchfulness and permanent attention of a night spent out in the open.[10] Both sculpture and writing share this dialectic, for example when they contradict each other; "if in some case these annotations might seem instructions for a more comprehensive view of my oeuvre, nothing would be more mistaken and certain", or, when they point to the necessary presence of non-thought, that which is not yet at the roots of all thought; "these discontinuous considerations cater to the inner need for clarification and are only a bewildered look at everything which I acknowledge not knowing."[11] Art is not the confirmation of what is already known but a source of knowledge of what is not yet thought. Sculpture and writing are, ultimately, self-knowledge, self-consciousness and self-reflexibility (all tropes of modernity). Sculpture obeys its own internal laws, or, as he puts it, "it is sculpture understood as a system that regulates material operations and a correlative principle of obediences and correspondences."[12] The dialectic between sculpture and writing is thus that of a path which leads to inner knowledge of the subject, anchoring it in its position in the world, and which links up with Adorno's radical defence, in his late period, of the need for the individual subject to withdraw from the world as a place for critique. Sculpture is not an illustration of writing and vice-versa, it is its double, full of difference and indeterminateness. Sculpture, art, does not illustrate concepts; rather, it is in itself a way of thinking that differs from philosophy but establishes parallels and affinities with it. Here, then, Blanchot's aphorisms echo more powerfully: "To write, 'to form', where no forms hold sway, an absent meaning. Absent meaning (and not the absence of meaning or a potential or latent but lacking sense). To write is perhaps to bring to the surface something like absent meaning, to welcome the passive pressure which is not yet what we call thought, for it is already the disastrous ruin of thought."[13] And what would be not the writing of the disaster in Sinaga, but rather a "sculpture of the disaster" that includes the catastrophe, accident, cracks and discontinuity of thought?

Aesthetic Form and Thresholds

We might now ask if Sinaga is not but one of the last heralds of Adorno's *aesthetic form*, and explore the social and political consequences of this thinking in negation. In another essential book, *The Aesthetic Dimension,* Herbert Marcuse attempted to contribute to defining aesthetics by questioning the predominant Marxist orthodoxy.[14] His critique is centred on examining art as a party to the context of existing social relations, attributing a

10. It is possible even to trace an analogy between Sinaga's *Consideraciones discontinuas (Discontinuous Considerations)* and Adorno's *Minima Moralia*, basing ourselves not only on the fragmentary and discontinuous as a prominent formal feature but above all on the aphoristic form, often between philosophy, the literary and the everyday, occasionally infused with a deep feeling of brokenness, a subjectivisation that entails perception of the world, to which should be added the fact that Sinaga sometimes sounds oracular. See *Minima Moralia. Reflections from Damaged Life*, London: Verso, 2002.

11. Fernando Sinaga, "Introducción", *op. cit.*, p. 51.

12. Fernando Sinaga, "Solve et Coagula", *op. cit.*, p. 63.

13. Maurice Blanchot, *The Writing of the Disaster*, Lincoln NE: University of Nebraska Press, p. 41.

14. Herbert Marcuse, *The Aesthetic Dimension. Towards a Critique of Marxist Aesthetics*, Boston: Beacon Press, 1978.

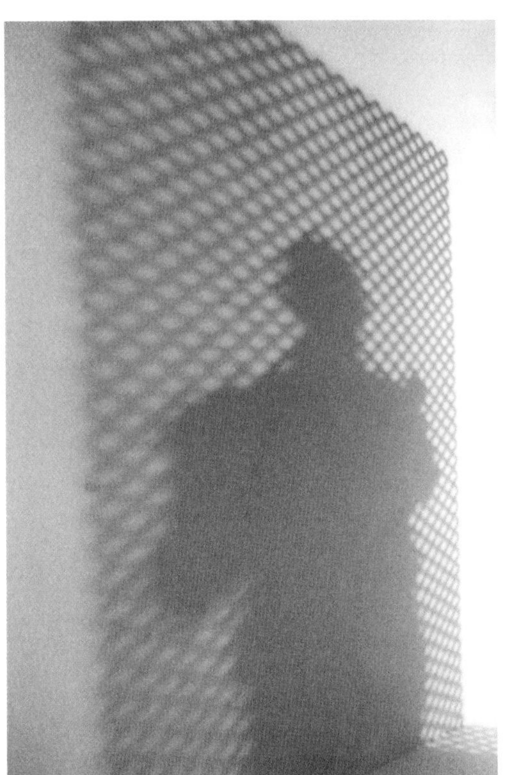

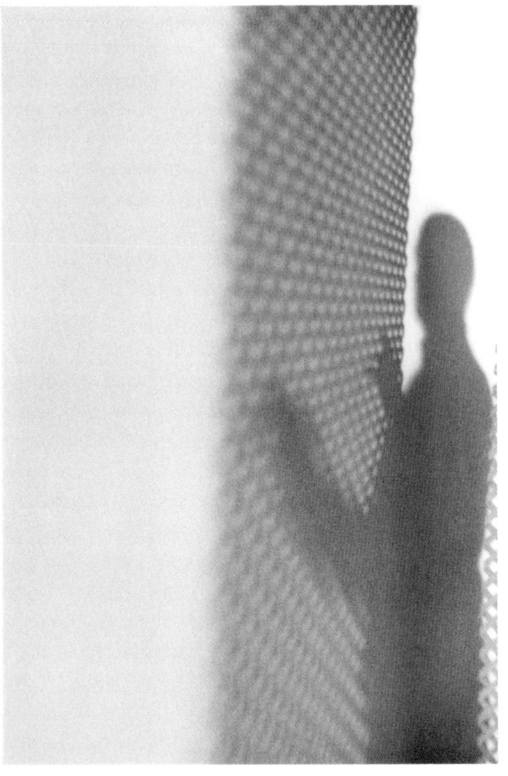

***Corazón celado (Larvatus prodeo)*, 2001.**
Gelatinobromuro de plata, 17 × 11 cm.
Colección del artista, Salamanca.

Secluded Heart (Larvatus prodeo), 2001.
Gelatin silver bromide, 17 × 11 cm.
Artist's collection, Salamanca.

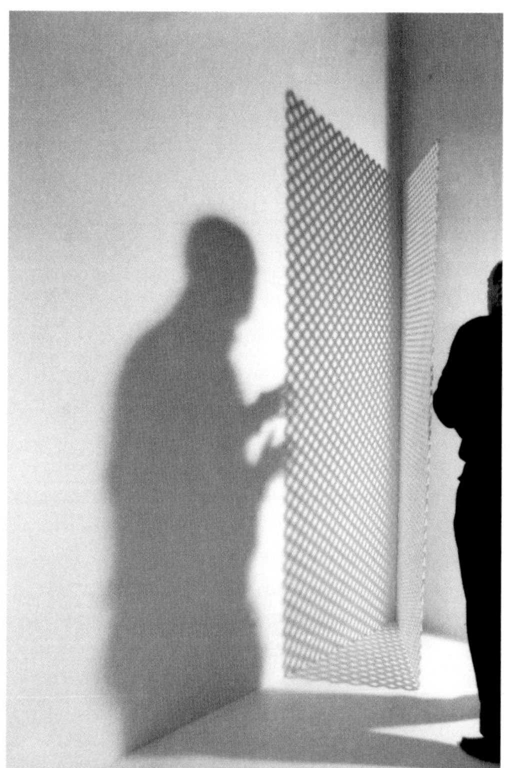

***Eternamente hiere, corre veloz y mata*, 2001.**
Gelatinobromuro de plata, 17 × 11 cm.
Colección del artista, Salamanca.

Eternally Wounds, Runs Fast and Kills, 2001.
Gelatin silver bromide, 17 × 11 cm.
Artist's collection, Salamanca.

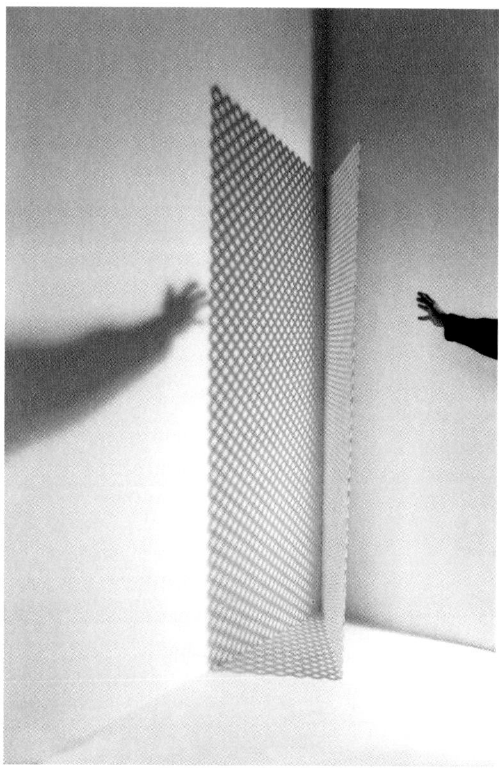

***Instante fugaz*, 2001.**
Gelatinobromuro de plata, 17 × 11 cm.
Colección del artista, Salamanca.

Fleeting Instant, 2001.
Gelatin silver bromide, 17 × 11 cm.
Artist's collection, Salamanca.

13. Maurice Blanchot, *La escritura del desastre*, Caracas: Monte Ávila, 1990, p. 42.

14. Herbert Marcuse, *La dimensión estética; crítica de la ortodoxia marxista*, Madrid: Biblioteca Nueva, 2007, p. 55.

15. *Ibid.*, p. 55.

que se engarza con la defensa radical del último Adorno de la necesidad de la retirada del mundo del sujeto individual como lugar para la crítica. La escultura no es una ilustración de la escritura ni viceversa, es su otro doble, lleno de diferencia e indeterminación. La escultura, el arte, no ilustra conceptos, sino que es una forma de pensamiento propia, distinta de la filosofía, pero con la que establece paralelismos y afinidades. Aquí, entonces, los aforismos de Blanchot resuenan con más fuerza: «Escribir, "formar" en lo informal un sentido ausente. Sentido ausente (no ausencia de sentido, no sentido que faltase o potencial o latente). Escribir, tal vez es traer a la superficie como algo del sentido ausente, acoger el empuje pasivo que todavía no es el pensamiento, siendo ya el desastre del pensamiento».[13] ¿Y cuál sería no ya la escritura del desastre en Sinaga, sino más bien una «escultura del desastre» que incluye la catástrofe, el accidente, las fisuras y la discontinuidad del pensar?

La forma estética y los umbrales

Podríamos preguntarnos ahora si Sinaga no es sino uno de los últimos heraldos de la *forma estética* adorniana, así como indagar en las consecuencias sociales y políticas de este pensar en negación. En otro libro fundamental, *La dimensión estética,* Herbert Marcuse intentaba contribuir a una definición de la estética cuestionando la ortodoxia marxista predominante.[14] Su crítica se centra en la examinación del arte como partícipe dentro del contexto de las relaciones sociales existentes, atribuyéndosele al arte una función política concreta. Esta mirada es denunciada en tanto que Marcuse (seguidor de la *Teoría estética* de Adorno) reconoce ese mismo potencial político en el propio arte como tal. Marcuse sostiene que el arte es autónomo de esas relaciones sociales, que a la vez son denunciadas y transcendidas por el propio arte; el hecho estético no representa la realidad sino más bien se erige en una nueva realidad (todavía más real) y en esta autonomía dentro del mundo reside su fuerza crítica. Su disección de la obra revolucionaria gira alrededor del vínculo entre forma y contenido; la forma estética no se opone al contenido, ni siquiera dialécticamente. En la obra de arte, la forma se transforma en contenido y viceversa. Escribió: «La literatura se puede llamar con pleno sentido revolucionaria sólo en relación a sí misma, como contenido convertido en forma. El potencial político del arte estriba únicamente en su dimensión estética, su correspondencia con la praxis es indirecta, mediada y huidiza. Cuanto más inmediatamente política sea la obra de arte, en mayor medida reduce el poder del extrañamiento y los transcendentes objetivos de cambio».[15] La autonomía del arte con respecto a «lo

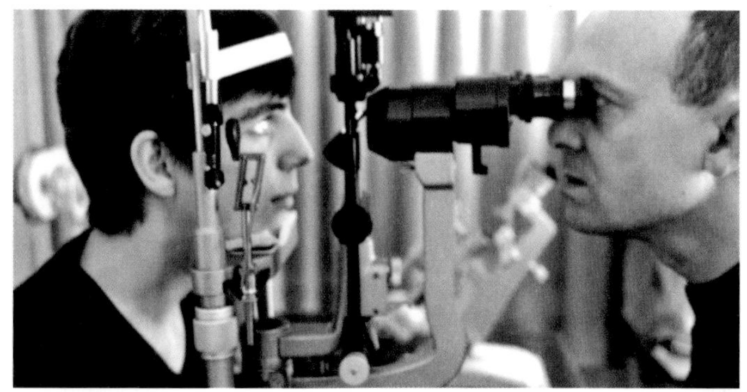

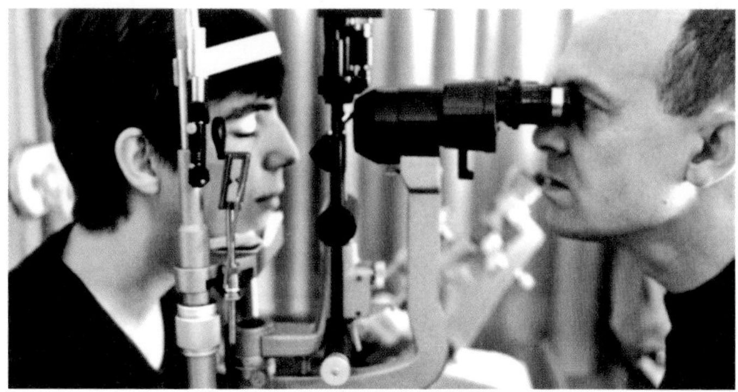

Spaesamento, 2000.
Gelatinobromuro de plata, 9 × 17,5 cm c/u.
Colección del artista, Salamanca.

Spaesamento, 2000.
Gelatin silver bromide, 9 × 17.5 cm each.
Artist's collection, Salamanca.

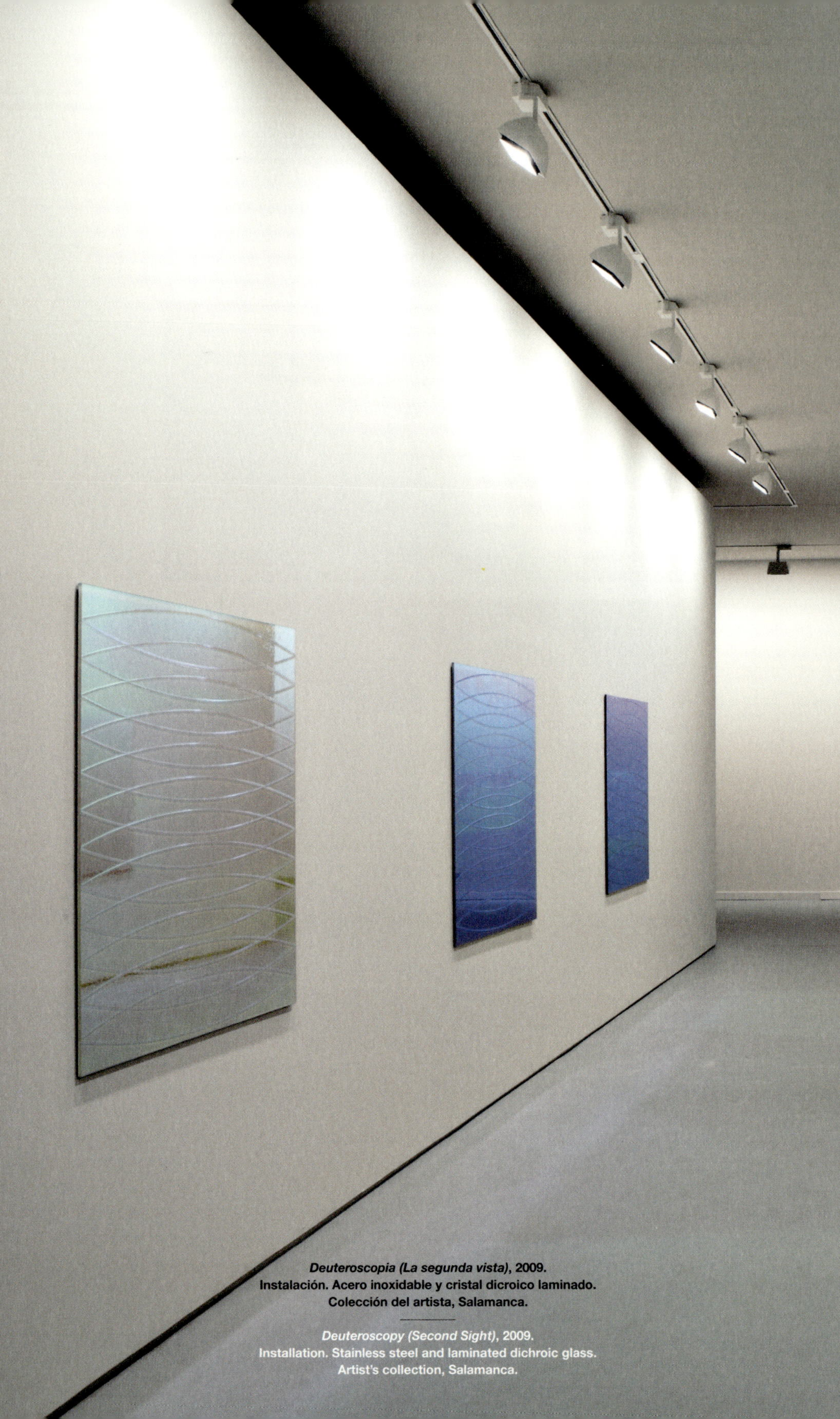

Deuteroscopia (La segunda vista), 2009.
Instalación. Acero inoxidable y cristal dicroico laminado.
Colección del artista, Salamanca.

Deuteroscopy (Second Sight), 2009.
Installation. Stainless steel and laminated dichroic glass.
Artist's collection, Salamanca.

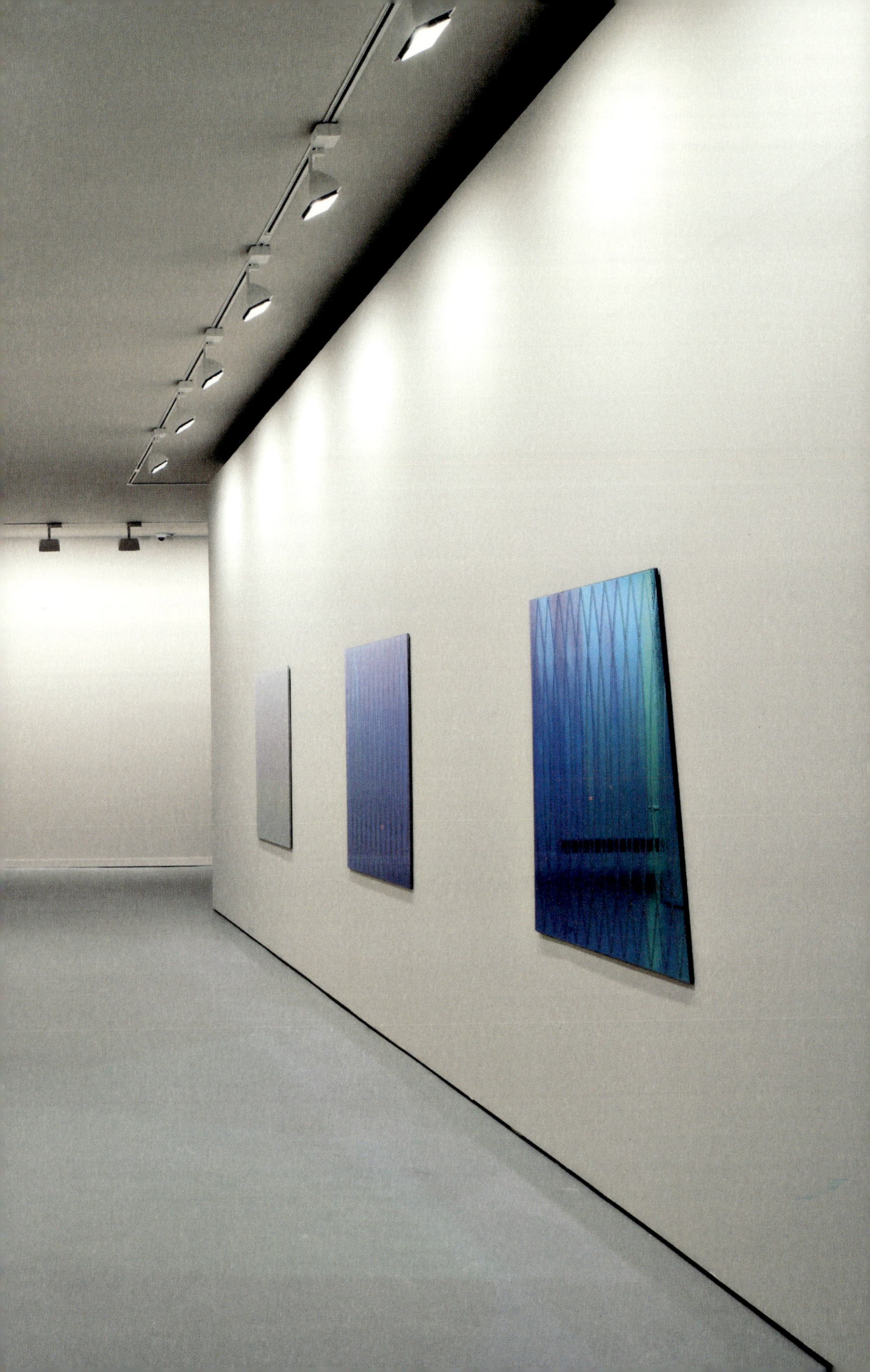

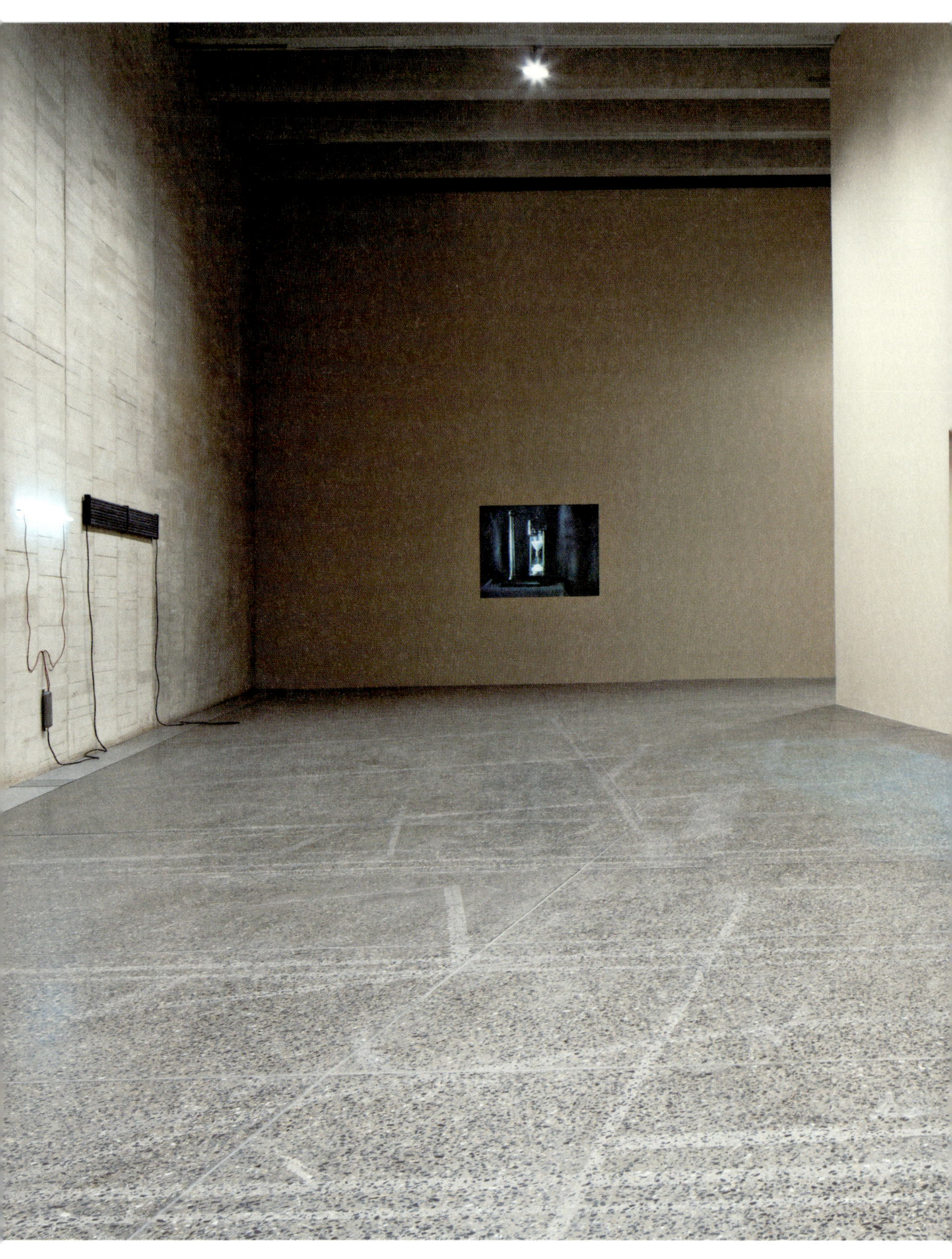

Vista de la exposición / View of the exhibition, ***Ideas K***, MUSAC,
Museo de Arte Contemporáneo de Castilla y León, León, 2011.

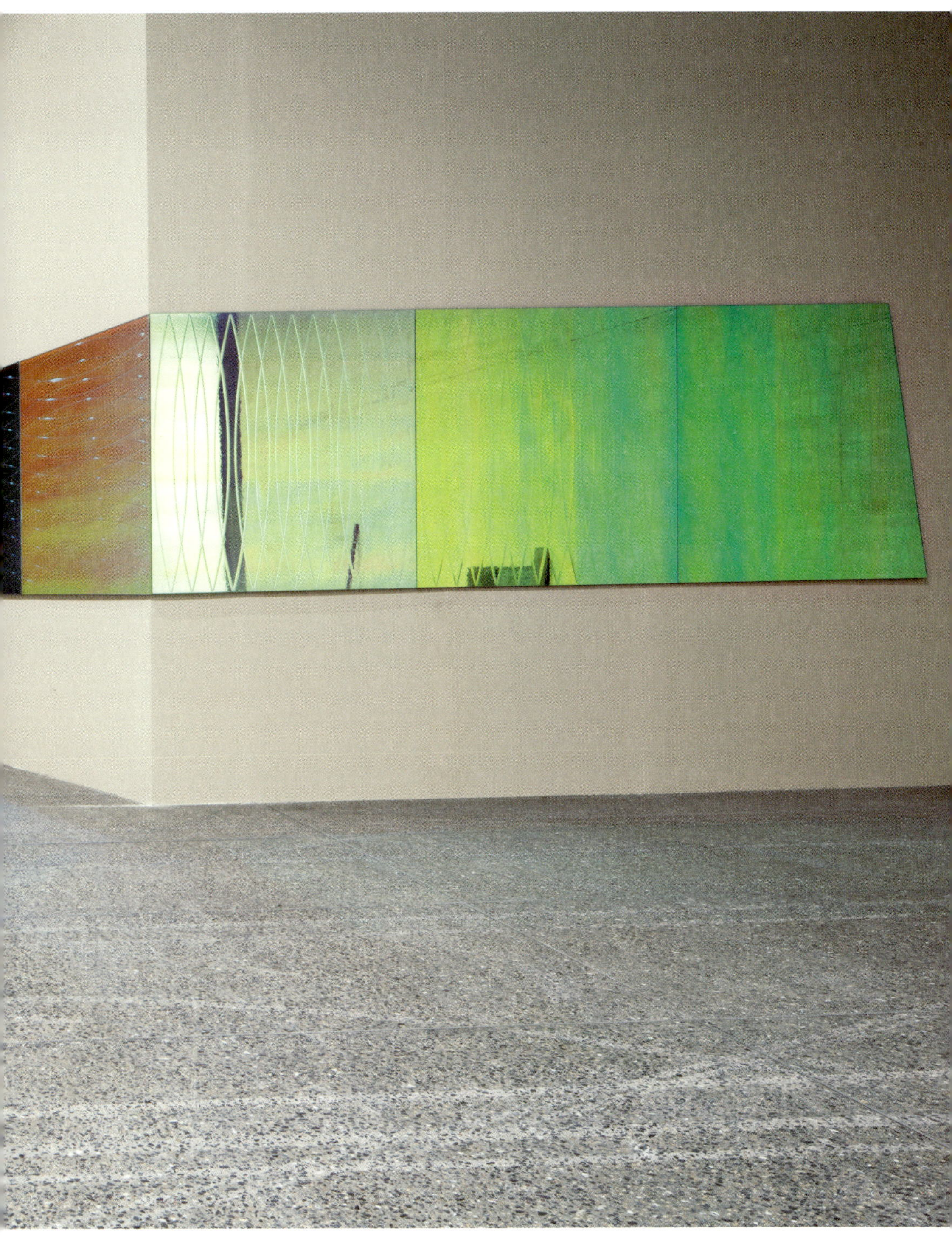

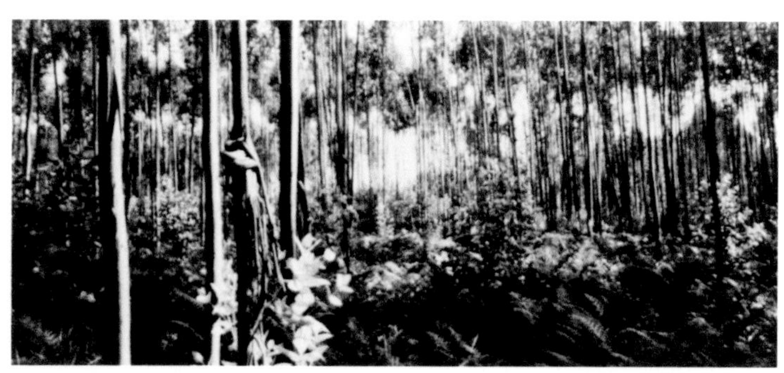

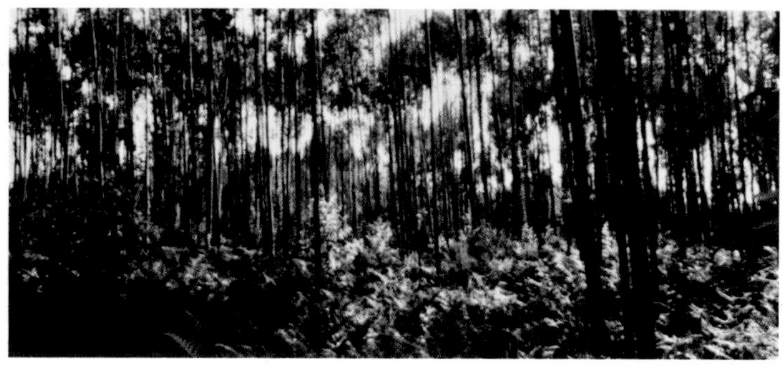

***O Bosque*, 2001.**
Gelatina de plata, 7,6 × 18,6 cm c/u.
Colección del artista, Salamanca.

The Forest, 2001.
Gelatin silver photography, 7.6 × 18.6 cm each.
Artist's collection, Salamanca.

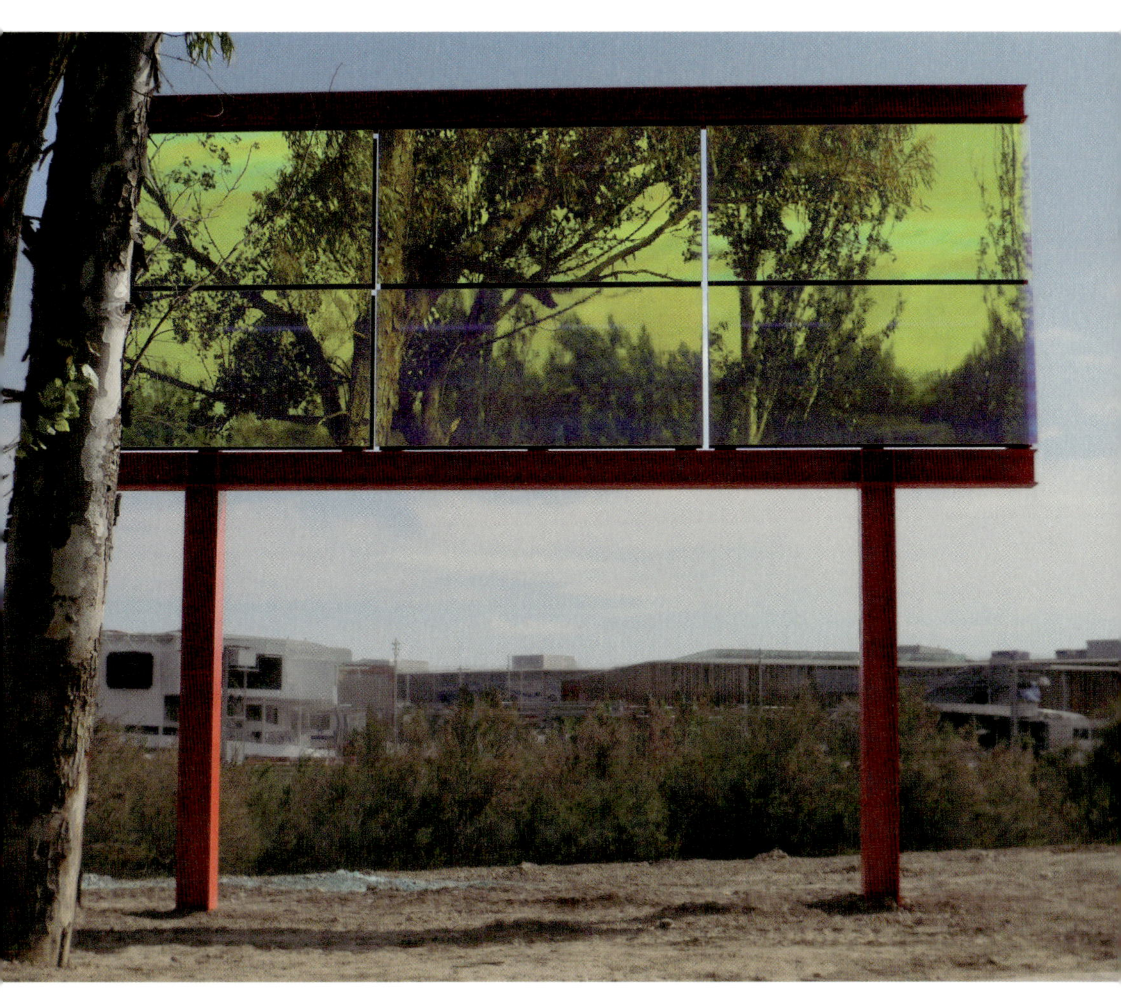

***Pantallas espectrales sobre el Ebro*, Exposición Internacional, Zaragoza, 2008.**

Spectral Screens over the Ebro, International Exposition, Zaragoza, 2008.

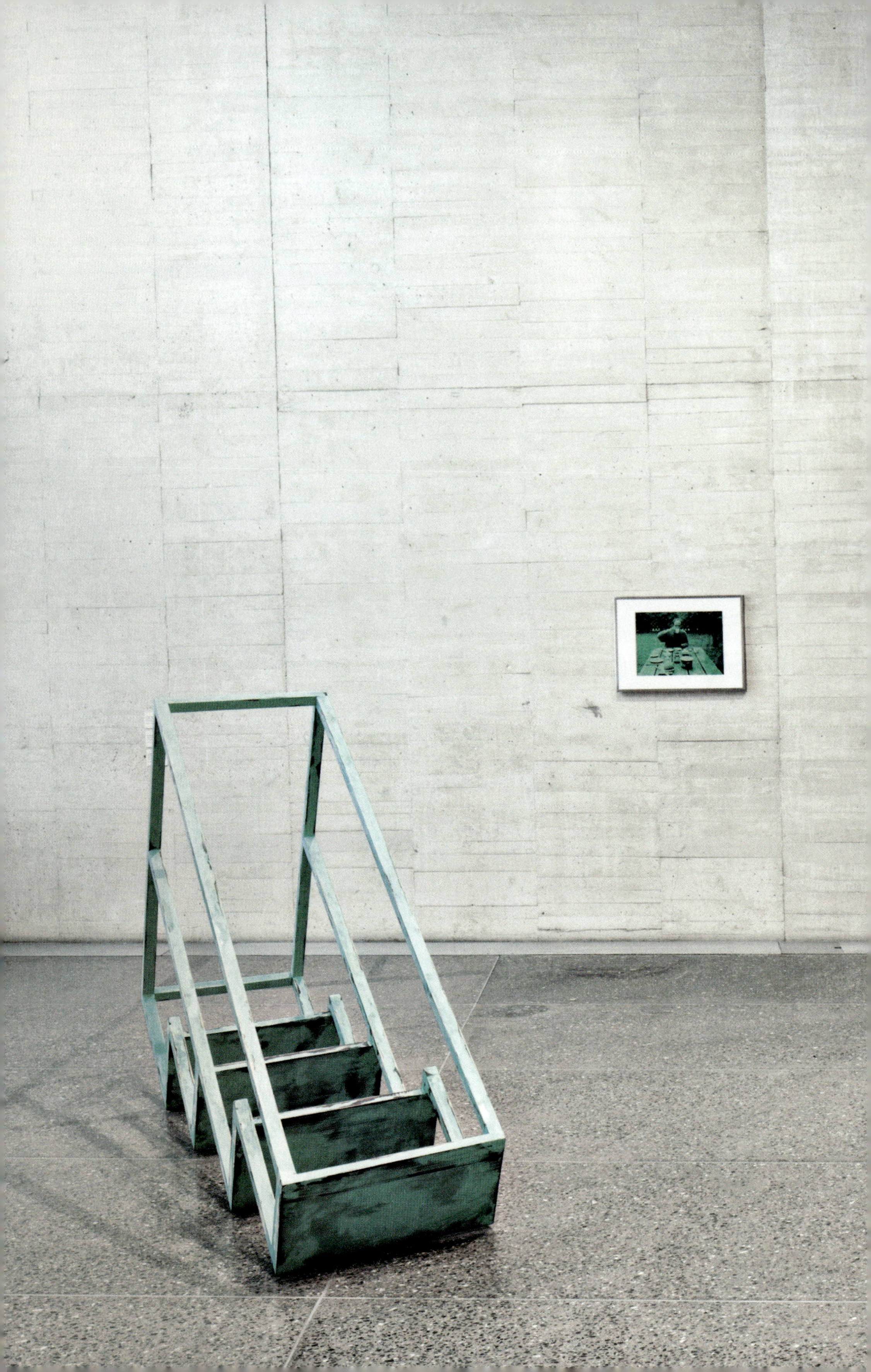

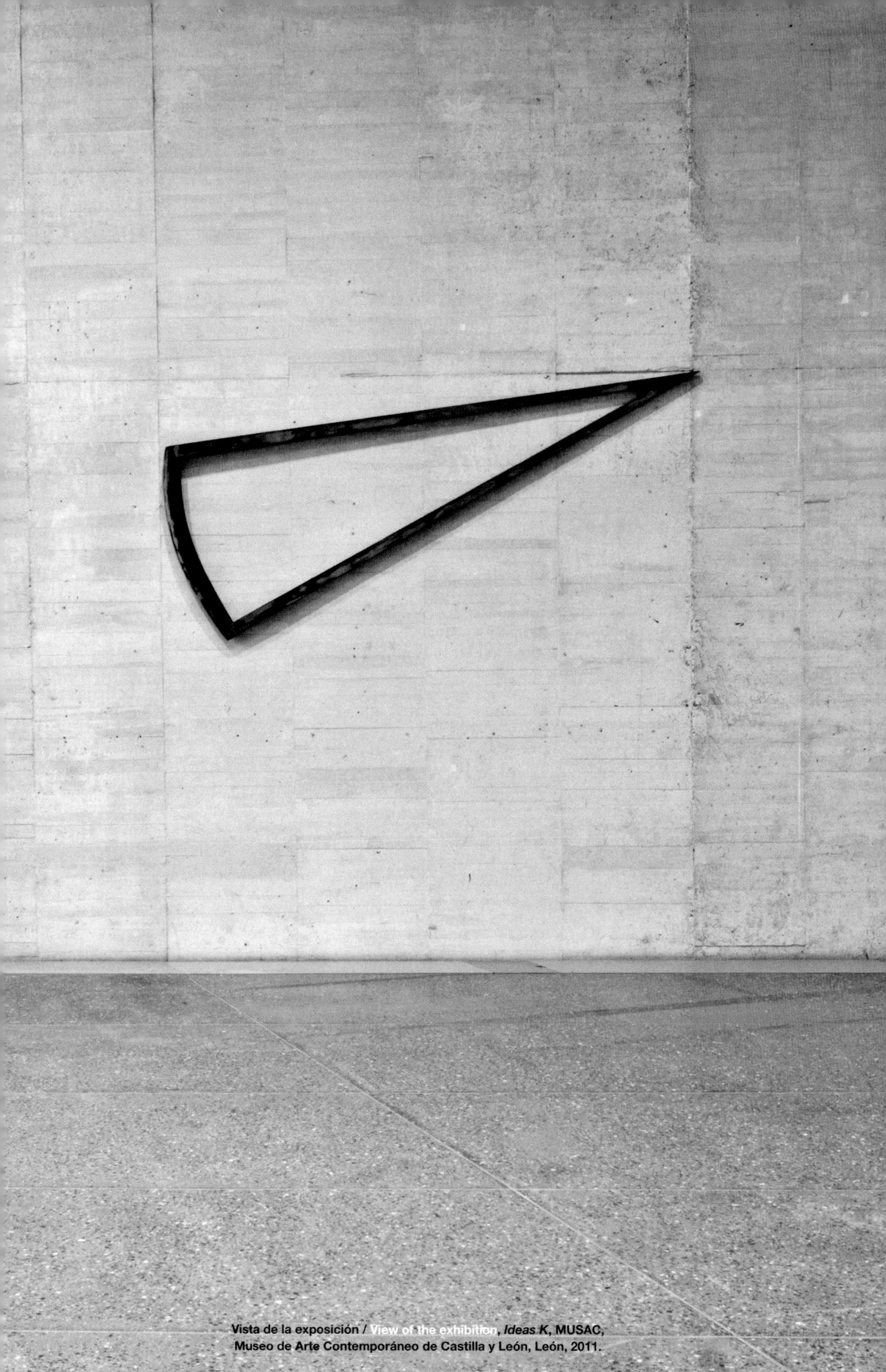

Vista de la exposición / View of the exhibition, *Ideas K*, MUSAC, Museo de Arte Contemporáneo de Castilla y León, León, 2011.

dado» (la realidad) supone la negación del conformismo con esa realidad. Marcuse viene a decir que la autonomía del arte contiene un imperativo categórico: las cosas deben cambiar.

Lo que de un modo clarificador en Adorno como en Marcuse se entiende, esta autonomía del arte también puede leerse, de nuevo, como totalidad o, al menos, su pretensión. «Autonomía» y «totalidad» tienen que ver con la profunda diferencia y discontinuidad del arte con respecto a la realidad, de la que surge la obra de arte, pero a la que regresa transfigurada en una nueva entidad distintiva con respecto al resto de los objetos.[16] Entonces, en esa acepción tan querida para Adorno, el arte es resistencia, o un refugio para la desobediencia. Sinaga escribe que «el arte como totalidad sigue siendo uno de los testigos permanentes de esta unidad en crisis y su conciencia sensible conserva todavía el potencial de advertir sobre los avances y las pérdidas».[17] En este texto de 1989 (de título aclaratorio) también dice que «defender el arte como una manifestación más de la realidad, y no como su representación, es definir su propia unidad estructural y su autonomía, pues hay en el hecho artístico algo más en juego que una mera ilustración de las ideas o una plasmación sociológica del momento, más o menos acertada».[18] Algo que no limita que el contenido social, de denuncia del actual sistema económico dentro del capitalismo tardío se destile en textos como «Take Brasil Easy» y «Comercio total», auténticas cápsulas conceptuales y literarias acerca de cómo el arte puede hoy en día pensar el orden global.

¿Cómo traducir esta autonomía si no es mediante toda una serie de metáforas espaciales o toda una poética del espacio? Entramos en una zona de penumbra donde la luz y la oscuridad devienen en indicadores o demarcadores espaciales. Toda la obra de Sinaga se orienta hacia la concepción abstracta de un lugar, o mejor, de un no-lugar. La suya es una estética que lo predefine como un espacio de tránsito, una estancia inhóspita, o algo que él mismo ha calificado como «zona».[19] Las imágenes que vienen a la mente pensando en esta *zona* pueden hallarse entre algunas figuras espaciales de la modernidad misma, en sus enclaves, desde la autonomía del «santuario» como una mónada a la «cripta» como sitio de lo «críptico». La escultura, la escritura, devienen entonces en cobijo, protección. Habitar esas moradas supondría recordar a Peter Handke, quien en *El chino del dolor* rastreó sobre esa zona liminar que son los umbrales, espacios intermedios a medio camino entre lo interior y lo exterior, donde «la antigua palabra "pórtico", ¿no muestra el umbral como morada, como un ámbito especial? La doctrina actual dice, sin

16. «Totalidad» y «autonomía» son términos que se han prestado a equívocos de tipo ideológico a lo largo del siglo XX, donde apenas existe consenso debido a los múltiples significados de ambos términos. Mientras que el combate contra la totalidad se dio en la historia del arte como un acto reflejo de la influencia del pensamiento posestructuralista que ensalzaba la diferencia y lo fragmentario, y donde el término recordaba demasiado a «totalitarismo», la totalidad en la tradición marxista (y en Adorno) remite a la necesidad orgánica y holística de aprehender y comprender el mundo desde la supremacía del todo sobre las partes. Ver Martin Jay, *Marxism & Totality; The Adventures of a Concept From Lukács to Habermas*, Berkeley y Los Ángeles: University of California Press, 1984. El término «autonomía» ha corrido una suerte similar en boca de Adorno, Marcuse o Clement Greenberg, entre otros.

17. Fernando Sinaga, «Sobre el arte como resistencia», *op. cit.*, p. 55.

18. *Ibid.*, p. 55.

19. *Zona (1990-1995)* es el título de la exposición de Fernando Sinaga en el Domus Artium 2002 de Salamanca (entre enero y marzo de 2006) con motivo de la cual se publicó el volumen *Consideraciones discontinuas y otras conversaciones*.

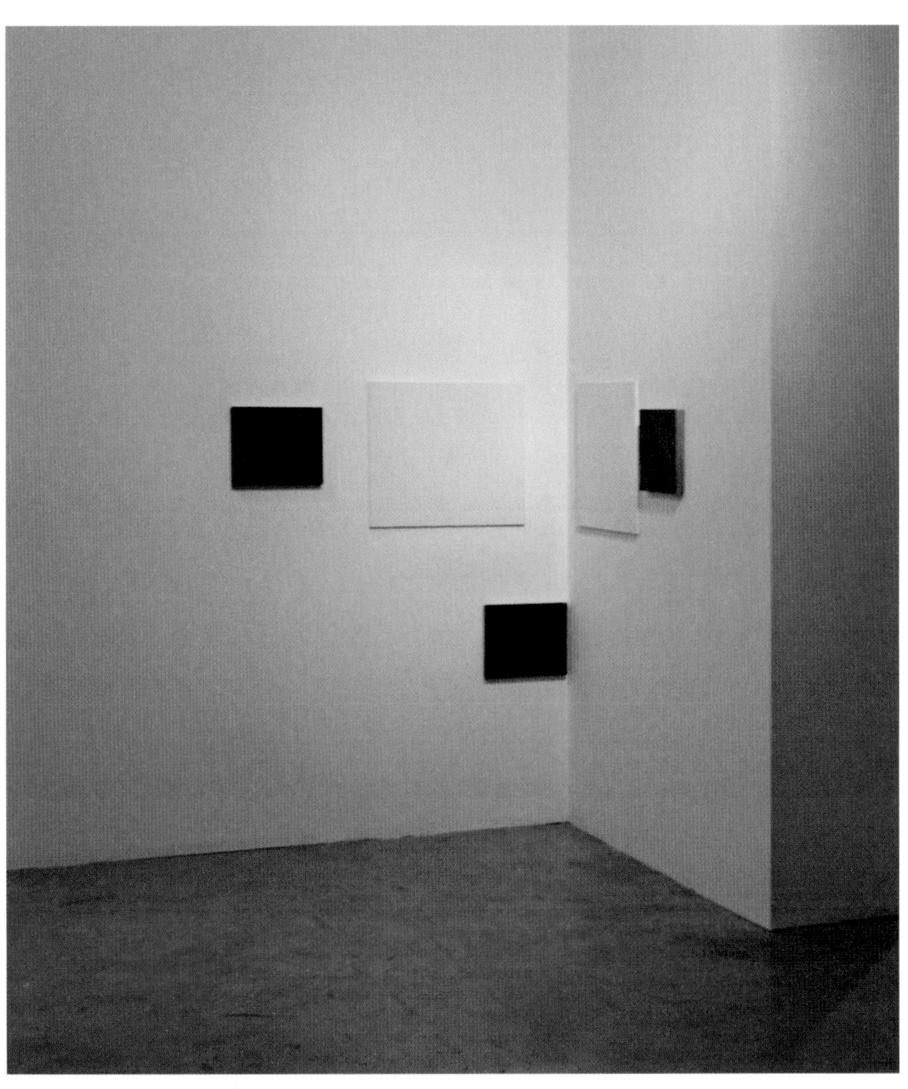

La construcción de la esquina, 1999.
Aluminio pintado, 163,5 × 112 × 3 cm.
Colección del artista, Salamanca.

Construction of the Corner, 1999.
Painted aluminium, 163.5 × 112 × 3 cm.
Artist's collection, Salamanca.

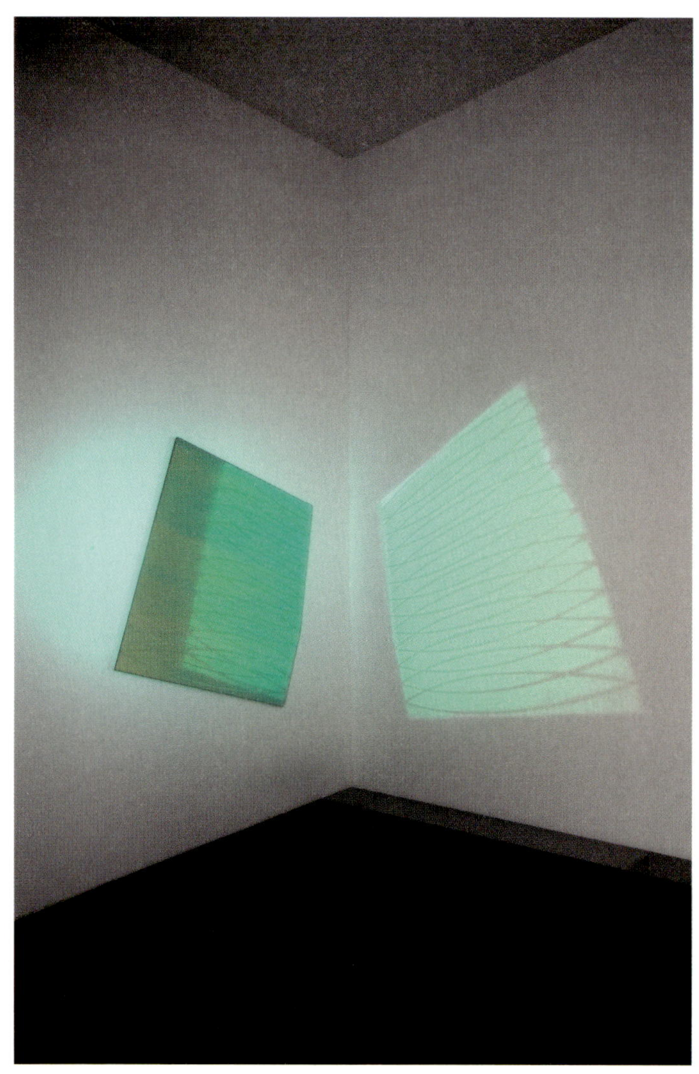

***Deuteroscopia (La segunda vista)*, 2008.**
Instalación. Acero inoxidable, cristal dicroico laminado y 2 lámparas led.
Colección del artista, Salamanca.

Deuteroscopy (Second Sight), 2008.
Installation. Stainless steel, laminated dichroic glass and 2 LED lamps.
Artist's collection, Salamanca.

concrete political function to art. This view is denounced in that Marcuse (a follower of Adorno's *Aesthetic Theory*) recognises that same political potential in art itself as such. Marcuse claims that art is autonomous with respect to those social relations, which are both denounced and transcended by art itself; the aesthetic fact does not represent reality but rather establishes itself as a new (even more real) reality and it is in this autonomy with respect to the world that its critical force lies. His dissection of the revolutionary work revolves around the link between form and content; the aesthetic form is not opposed to content, not even dialectically. In an artwork, form is transformed into content, and vice-versa. He wrote: "Literature can be called revolutionary in a meaningful sense only with reference to itself, as content having become form. The political potential of art lies only in its own aesthetic dimension. Its relation to praxis is inexorably indirect, mediated, and frustrating. The more immediately political the work of art, the more it reduces the power of estrangement and the radical, transcendent goals of change."[15] Art's autonomy with respect to "that which is given" (reality) is the negation of conformism with that reality. Marcuse states that the autonomy of art contains a categorical imperative: things must change.

What is understood by this autonomy of art in a clarifying manner in both Adorno and Marcuse can, once again, also be interpreted as totality, or at least an aim for it. "Autonomy" and "totality" are related to the deep difference and discontinuity of art with respect to reality, from which the work of art emerges, but to which it returns transfigured into a new entity distinct from other objects.[16] Thus, in this meaning so dear to Adorno, art is resistance, or a haven for disobedience. Sinaga writes that "art as a totality continues to be one of the permanent witnesses to this unity in crisis and its sensitive awareness still preserves the potential of warning of advances and losses."[17] In this text of 1989 (with a clarifying title) he also states that "defending art as a further expression of reality and not as its representation amounts to defining its very structural unity and its autonomy, for there is more to artistic creation than merely illustrating ideas or capturing the sociological essence of the moment with varying degrees of success."[18] Something that does prevent the social message—denunciation of the current economic system within late capitalism—from oozing out of texts like "Take Brasil Easy" and "Comercio total" (Total Trade), genuine conceptual and literary capsules concerning how art today can think about the global order.

How can we translate this autonomy if not through a whole series of spatial metaphors or a whole poetics of space? We are entering a twilight zone in which light and darkness become spatial indicators or markers. Sinaga's

15. *Ibid.*, pp. XIII-XIII.

16. "Totality" and "autonomy" are terms which have lent themselves to ideological misunderstandings throughout the twentieth century where there was hardly any consensus owing to the many meanings of both terms. Whereas combating totality was viewed in art history as a reflex action of the influence of post-structuralist thought that praised difference and the fragmentary, and where the term was too reminiscent of "totalitarianism", totality in Marxist tradition (and in Adorno) refers to the organic and holistic need to grasp and understand the world from the supremacy of the whole over the parts. See Martin Jay, *Marxism & Totality; The Adventures of a Concept From Lukács to Habermas*, Berkeley/Los Angeles: University of California Press, 1984. The term "autonomy" has fared similarly when voiced by Adorno, Marcuse or Clement Greenberg, among others.

17. Fernando Sinaga, "Sobre el arte como resistencia", *op. cit.*, p. 55.

18. *Ibid.*, p. 55.

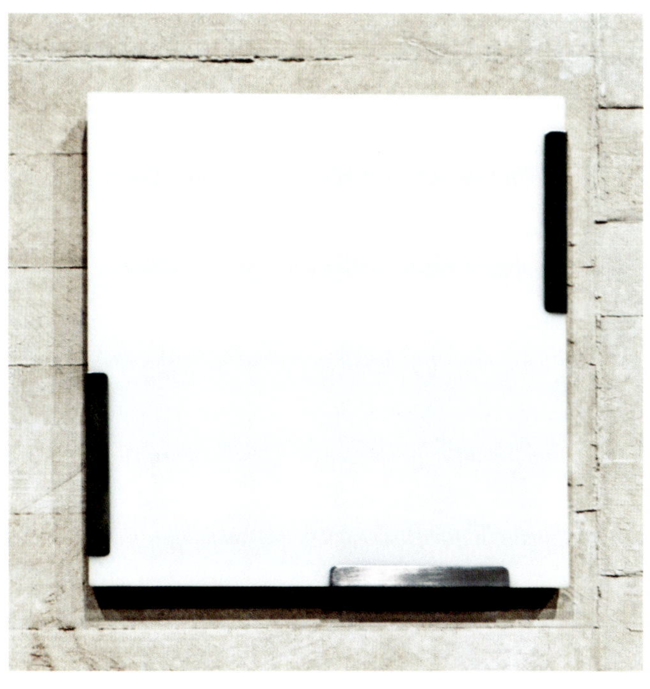

***Demarcación blanca*, 1999.**
Polietileno blanco y acero inoxidable, 32,8 × 33,8 × 2,3 cm.
Colección del artista, Salamanca.

White Demarcation, 1999.
White polyethylene and stainless steel, 32.8 × 33.8 × 2.3 cm.
Artist's collection, Salamanca.

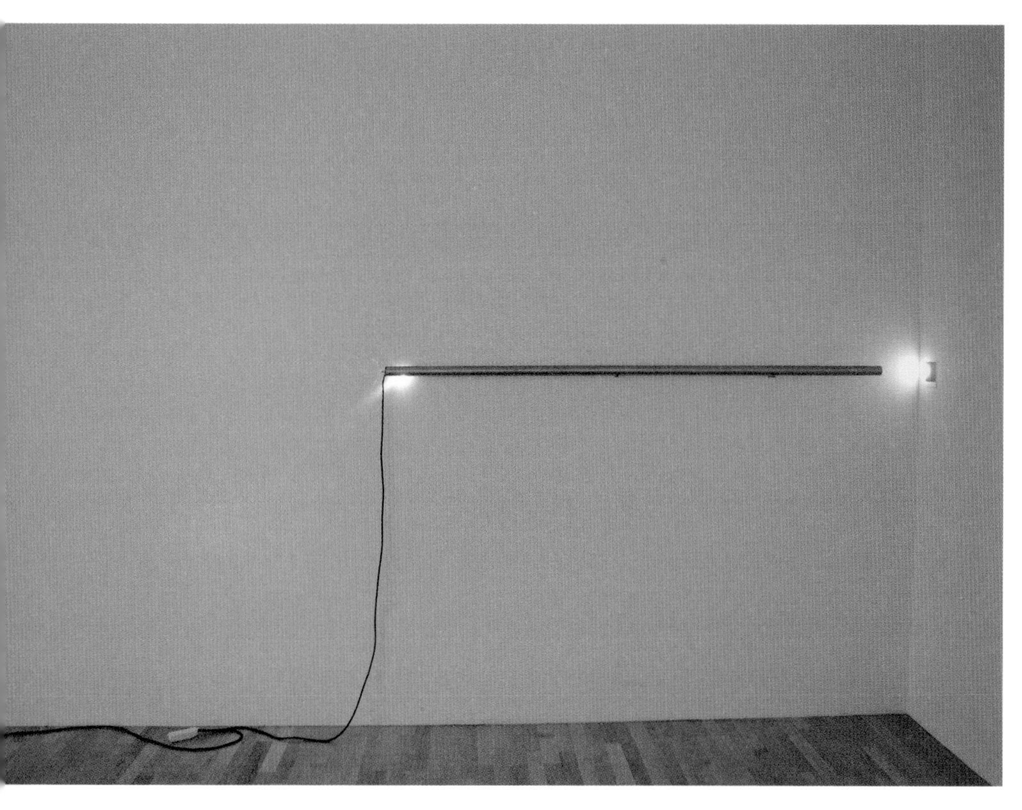

***Furor melancholicus*, 1996.**
Acero inoxidable, luz halógena y polaroid, 156 × 340,1 × 21 cm.
Colección Centro-Museo Vasco de Arte Contemporáneo, Artium, Vitoria-Gasteiz.

Furor Melancholicus, 1996.
Stainless steel, halogen light and Polaroid, 156 × 340.1 × 21 cm.
Collection of the Centro-Museo Vasco de Arte Contemporáneo, Artium, Vitoria-Gasteiz.

embargo, que en este sentido ya no existen umbrales. El único umbral que nos queda hoy, [...] es ése que existe entre el estar despierto y el soñar, y aún esto apenas se percibe».[20] En esta novela, y un poco más adelante, el personaje del sacerdote sintetiza: «la palabra "umbral" contiene transformación, inundaciones, vado, albarda, aprisco (como a modo de cobijo). "El umbral es la fuente", reza un proverbio casi desaparecido».[21] Y esto resuena fuertemente al tratar de agarrar esta escultura y este pensamiento en una forma, o totalidad. Umbrales que no pueden impedir que la palabra que resuene no sea otra que aquélla que designa un lugar, o mejor un no-lugar que parece un lugar: la utopía. Conviene concluir con las palabras de Adorno sobre ella: «El pensamiento no es la reproducción espiritual de lo que ya es. Mientras no se interrumpa, el pensamiento se aferra a la posibilidad. Su insaciabilidad, su aversión a conformarse, rechaza la estúpida sabiduría de la resignación. En él, el momento utópico es más fuerte cuanto menos se objetualiza como utopía (esto es otra forma de regresión) y sabotea la realización de la utopía. [...] Propiamente el pensamiento es antes que cualquier contenido particular la fuerza para resistir».[22]

20. Peter Handke, *El chino del dolor*, Madrid: Alfaguara, 1988, p. 79.

21. *Ibid.*, p. 79.

22. Theodor W. Adorno, "Resignación", *Crítica de la cultura y sociedad II, Obra completa, 10/2*, Madrid: Akal, 2009, p. 711.

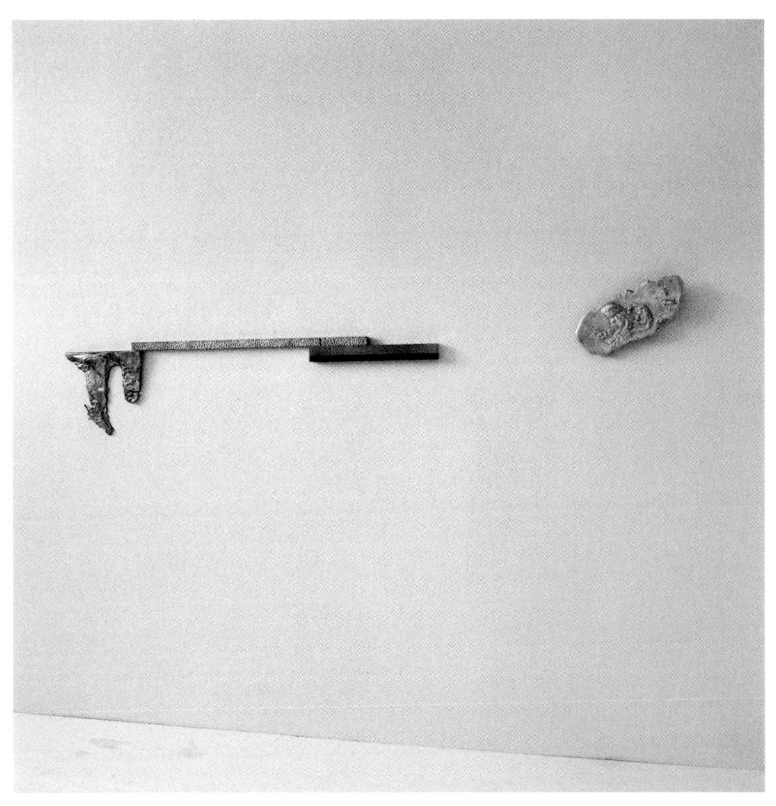

***Coca Coke Coconut*, 1990.**
Estaño, plomo y aluminio,
475 × 220 × 4 cm.
Colección privada, Madrid.

***Coca Coke Coconut*, 1990.**
Tin, lead and aluminium,
475 × 220 × 4 cm.
Private collection, Madrid.

Cuerpo Diamantino, 1998.
Cristal, madera de okumen y pintura de poliuretano, 111 × 628,5 × 13 cm.
Colección Museo Patio Herreriano, Valladolid.

Diamantine Body, 1998.
Glass, Okume and polyurethane paint, 111 × 628.5 × 13 cm.
Collection of the Museo Patio Herreriano, Valladolid.

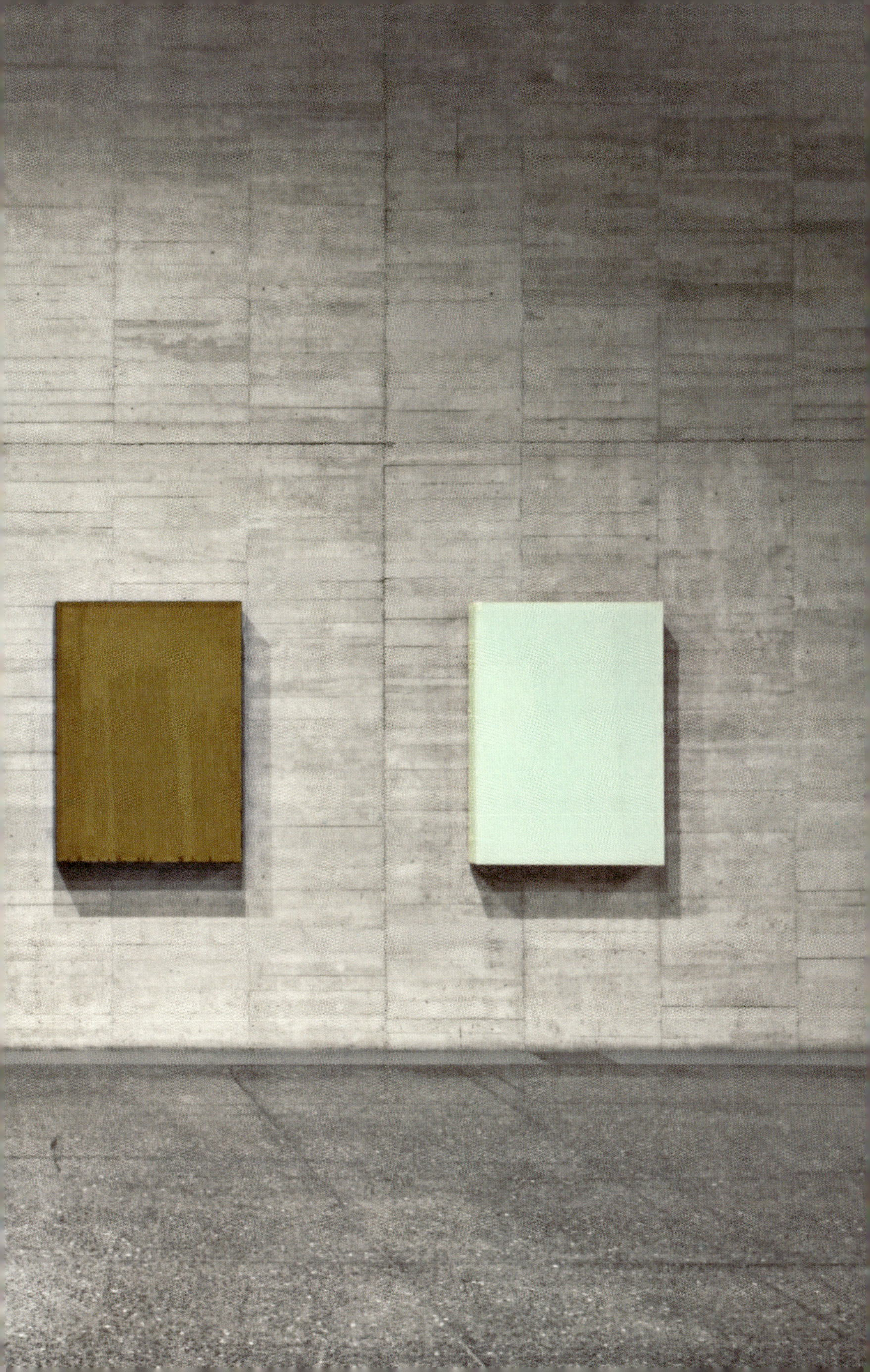

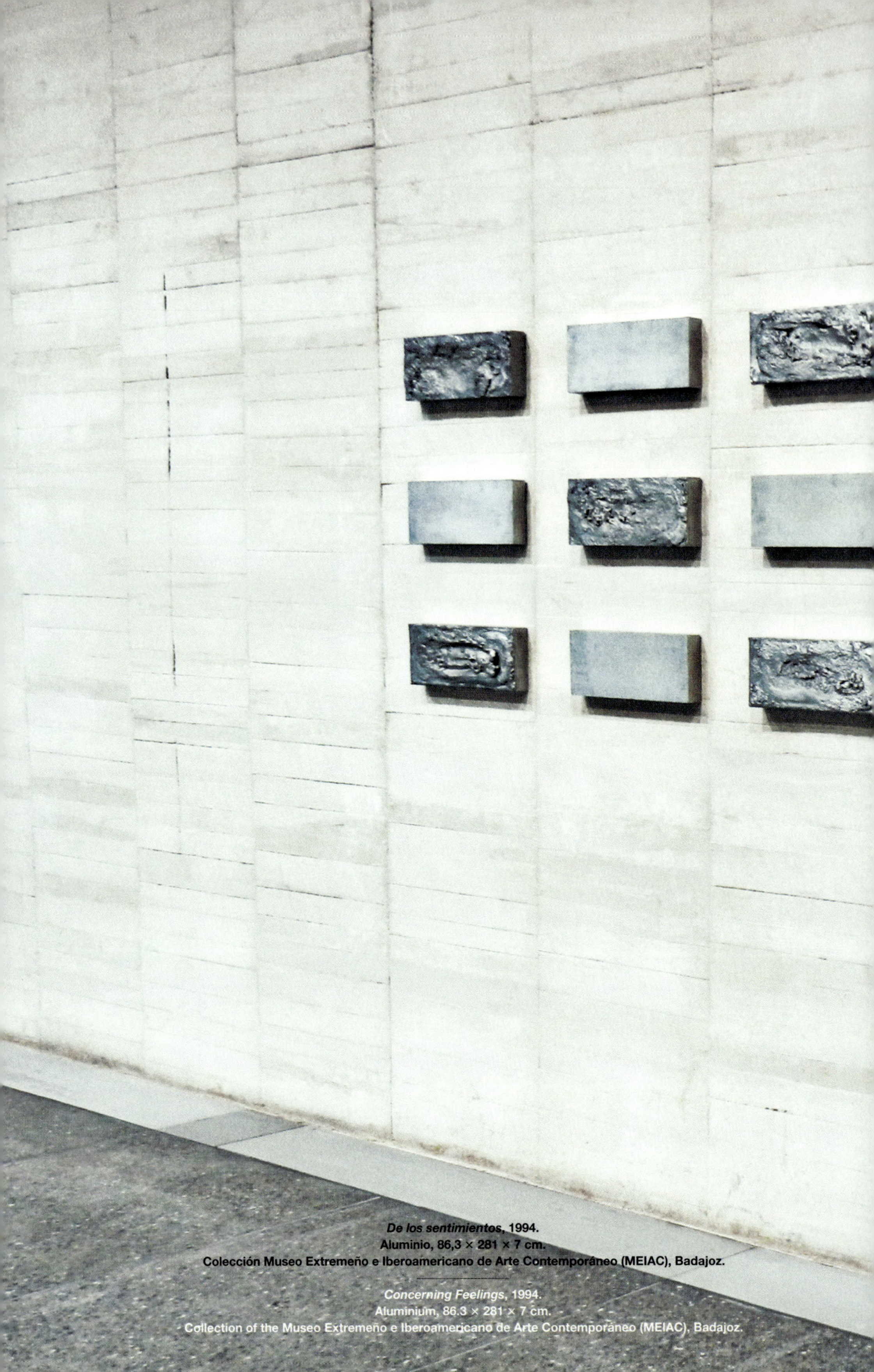

De los sentimientos, 1994.
Aluminio, 86,3 × 281 × 7 cm.
Colección Museo Extremeño e Iberoamericano de Arte Contemporáneo (MEIAC), Badajoz.

Concerning Feelings, 1994.
Aluminium, 86.3 × 281 × 7 cm.
Collection of the Museo Extremeño e Iberoamericano de Arte Contemporáneo (MEIAC), Badajoz.

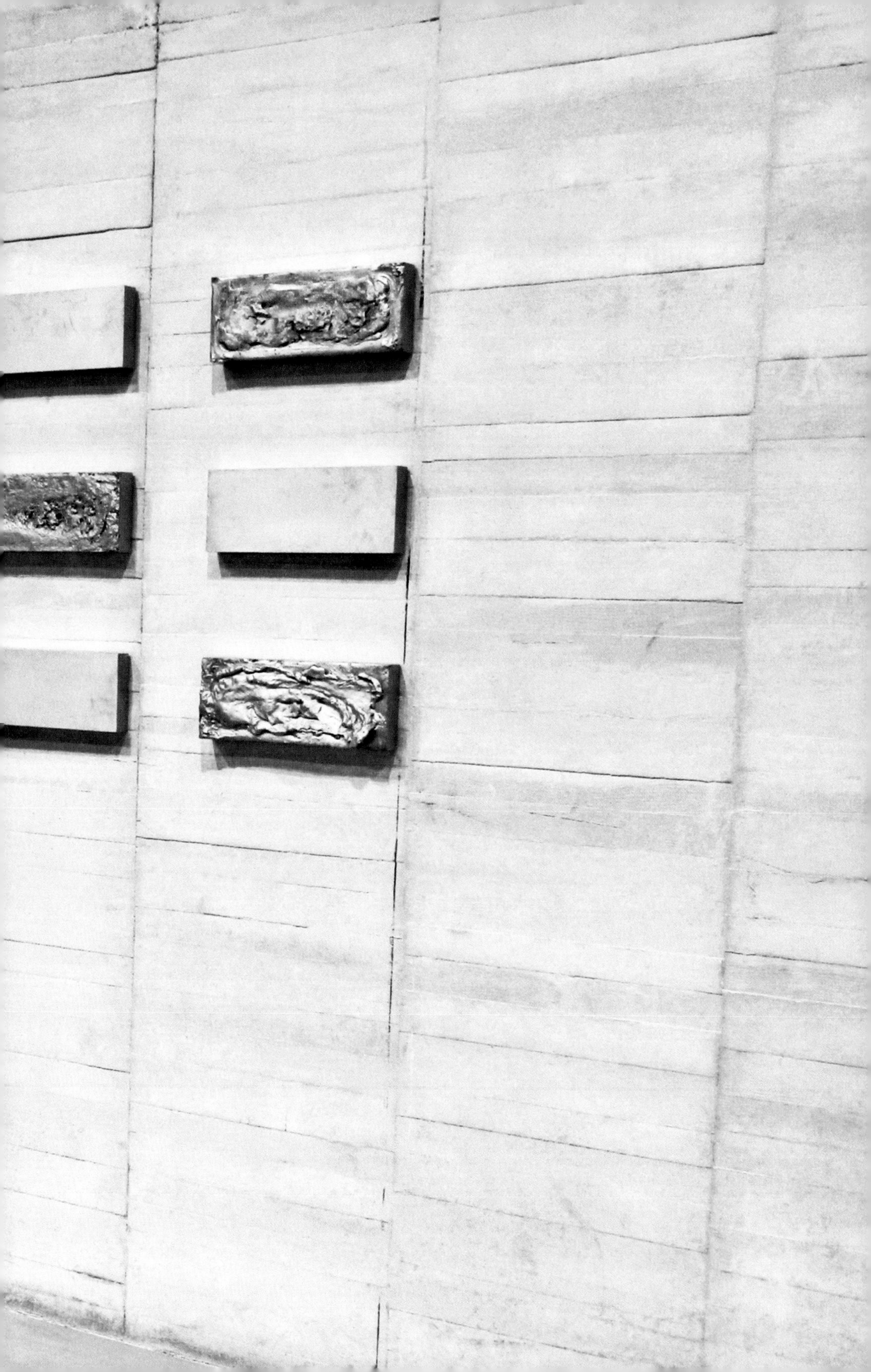

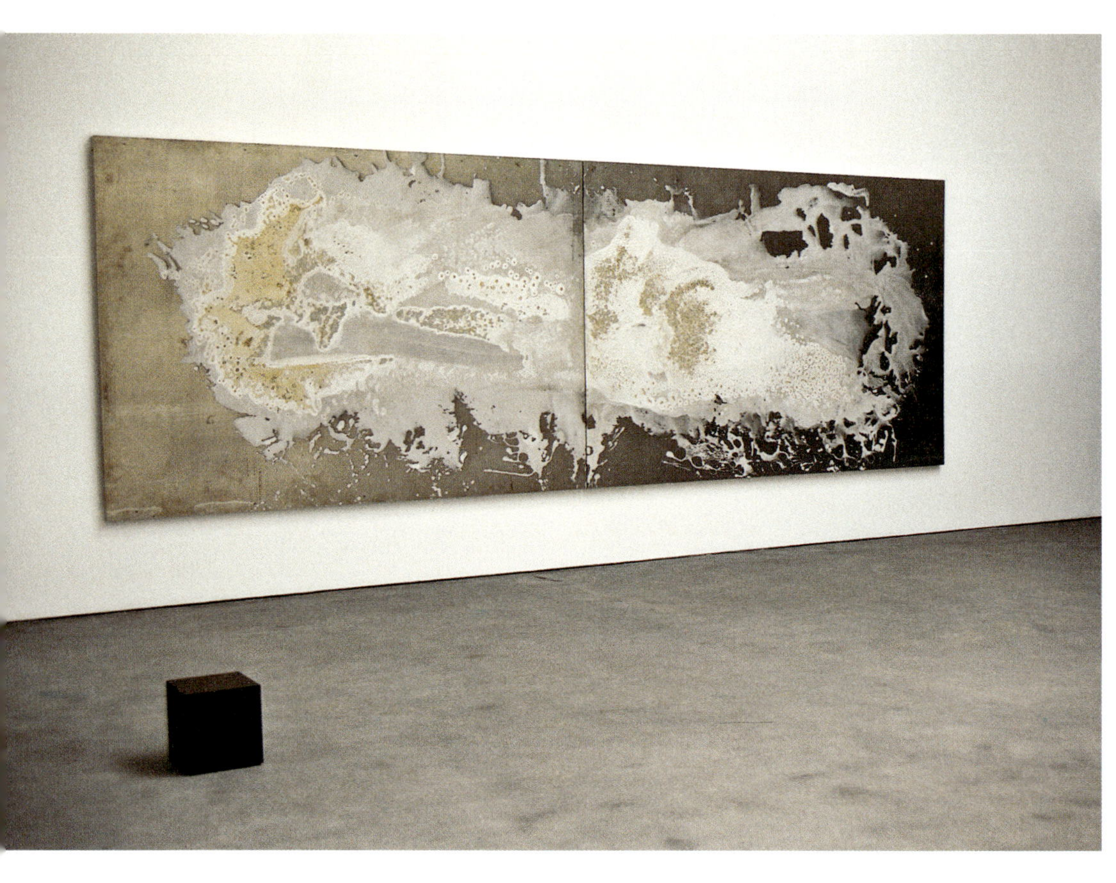

***Solve et Coagula*, 1997.**
Aluminio y sosa cáustica, 200 × 600 × 6 cm.
Colección Salvador Díaz, Madrid.

Solve et Coagula, 1997.
Aluminium and caustic soda, 200 × 600 × 6 cm.
Salvador Díaz collection, Madrid.

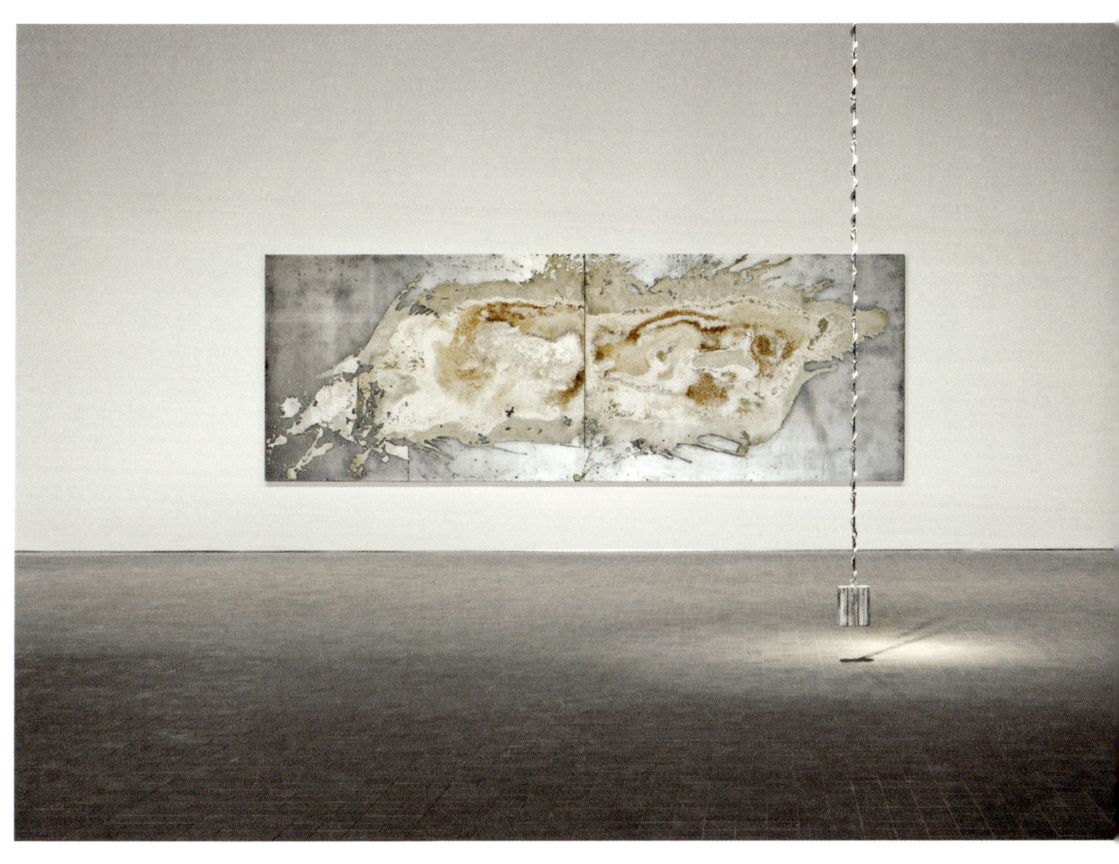

***Solve et Coagula*, 1997; *Oscilum*, 2009-2011.**
Aluminio y sosa cáustica, 200 × 600 × 6 cm, y aluminio y sosa cáustica, 341,4 × 16,1 × 9,7 cm.
Colección Instituto Aragonés de Arte y Cultura Contemporáneos Pablo Serrano (IAACC Pablo Serrano), Zaragoza y colección del artista, Salamanca.

Solve et Coagula, 1997; *Oscilum*, 2009-2011.
Aluminium and caustic soda, 200 × 600 × 6 cm, and aluminium and caustic soda, 341.4 × 16.1 × 9.7 cm.
Collection of the Instituto Aragonés de Arte y Cultura Contemporáneos Pablo Serrano (IAACC Pablo Serrano), Zaragoza and the artist's collection, Salamanca.

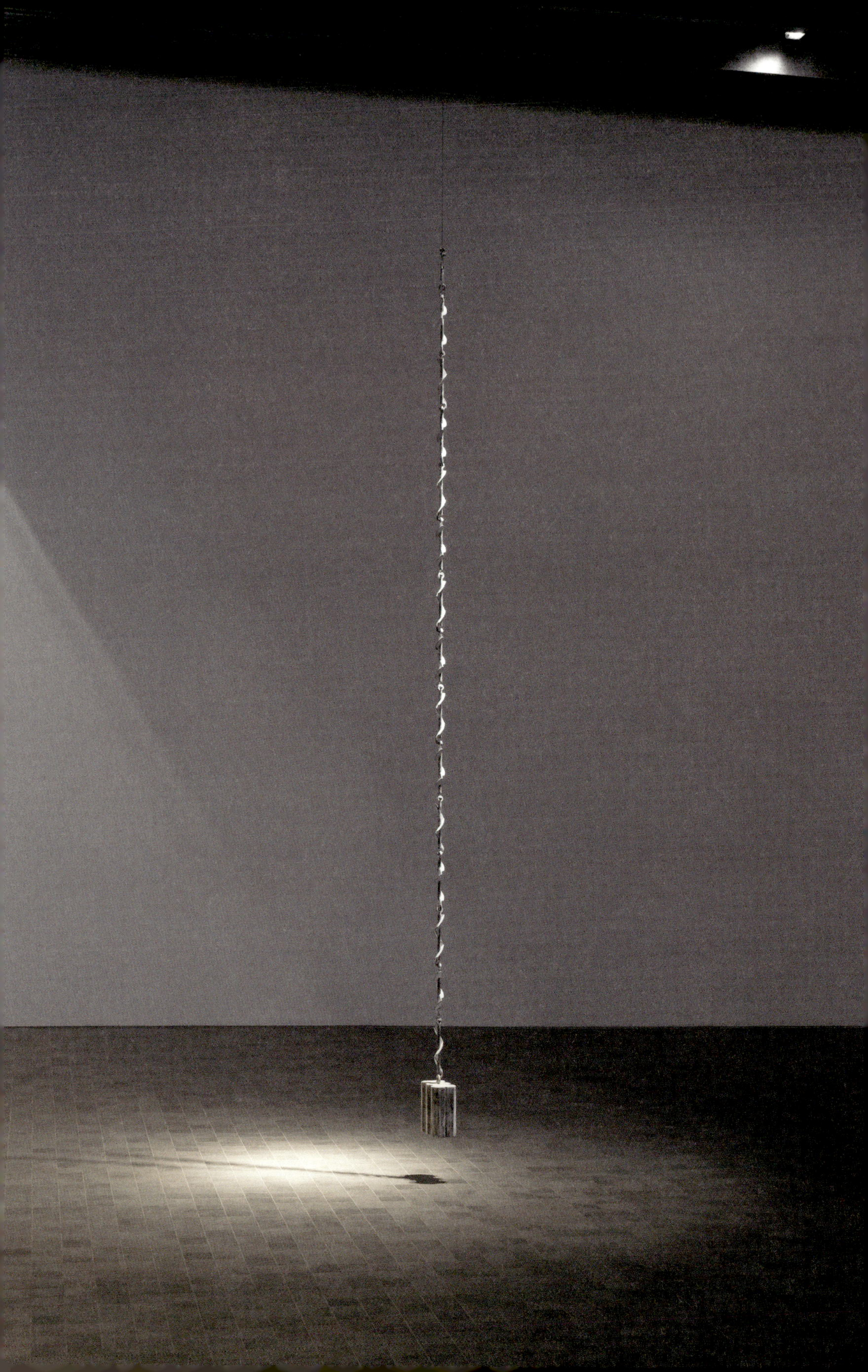

entire oeuvre is oriented to the abstract conception of a place, or rather a non-place. His is an aesthetic which predefines it as a space of transit, an inhospitable stay, or something he himself has described as a "zone".[19] The images that spring to mind when thinking about this *zone* may be among some spatial figures of modernity itself, in its enclaves, from the autonomy of the "sanctuary" as a monad to the "crypt" as a "cryptic" place. Sculpture, writing, thus become shelter, protection. To inhabit these dwellings would entail remembering Peter Handke, who in *Across* searched this limit zone of thresholds, intermediate spaces halfway between the interior and the exterior, where "doesn't the archaic usage of the word 'gate' evoke the threshold as a dwelling place, as a room in its own right? According to modern doctrine, of course, there are no longer any thresholds in this sense. The only threshold still remaining to us [...] is that between waking and dreaming, and nowadays little attention is paid to that."[20] In this novel, and slightly further on, the priest character sums up: "the word 'threshold' embraces transformations, floor, river crossing, mountain pass, enclosure (place of refuge). According to an almost unknown proverb, 'The threshold is the source'."[21] And this echoes loud and clear when attempting to grasp this sculpture and this thought into a form, or totality. Thresholds that do not prevent the word that echoes from not being that which denotes a place, or rather a non-place that seems a place; utopia. It is apt to end with what Adorno has to say about this: "Thinking is not the spiritual reproduction of that which exists. As long as thinking is not interrupted, it has a firm grasp upon possibility. Its insatiable quality, the resistance against petty satiety, rejects the foolish wisdom of recognition. The Utopian impulse in thinking is all the stronger, the less it objectifies as Utopia—a further form of regression—whereby it sabotages its own realisation. [...] Thinking is actually and above all the force of resistance, alienated from resistance only with great effort."[22]

19. *Zona (1990-1995)* is the title of the Fernando Sinaga exhibition at the Domus Artium 2002 in Salamanca (from January to March 2006) in connection with which *Consideraciones discontinuas y otras conversaciones* was published.

20. Peter Handke, *Across*, London: Methuen, 1986 (orig. 1983), pp. 66-67.

21. *Ibid.*, p. 79.

22. Theodor W. Adorno, "Resignation", *The Culture Industry*, London: Routledge, 1991, pp. 174-175.

***Oscillum*, 2009-2011.**
Aluminio y sosa cáustica, 341,4 × 16,1 × 9,7 cm.
Colección del artista, Salamanca.

Oscillum, 2009-2011.
Aluminium and caustic soda, 341.4 × 16.1 × 9.7 cm.
Artist's collection, Salamanca.

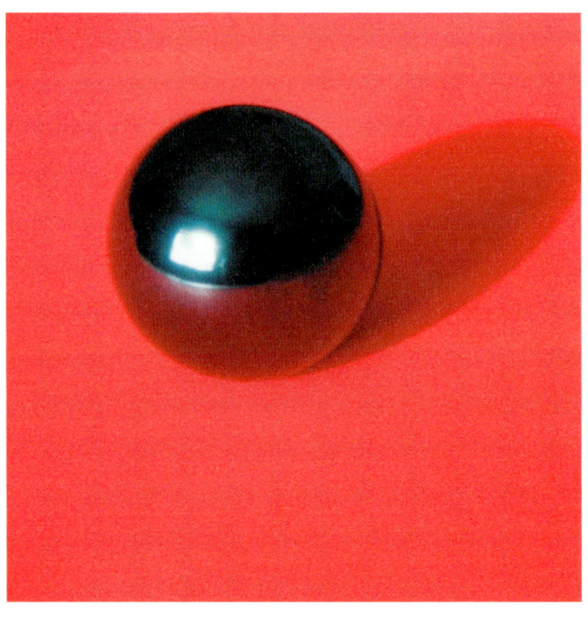

***Bola negra sobre fondo rosa*, 2000.**
Impresión inkjet, 13 × 13 cm.
Colección del artista, Salamanca.

Black Ball on Pink Background, 2000.
Inkjet impression, 13 × 13 cm.
Artist's collection, Salamanca.

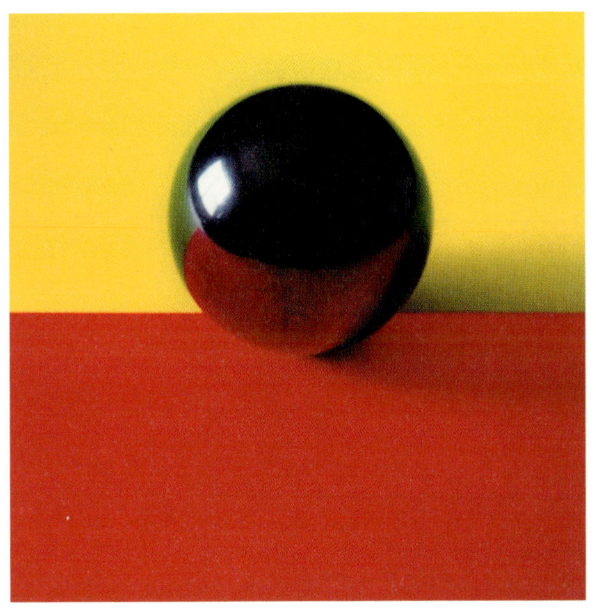

***Bola negra sobre fondo rojo y amarillo*, 2000.**
Impresión inkjet, 13 × 13 cm.
Colección del artista, Salamanca.

Black Ball on Red and Yellow Background, 2000.
Inkjet impression, 13 × 13 cm.
Artist's collection, Salamanca.

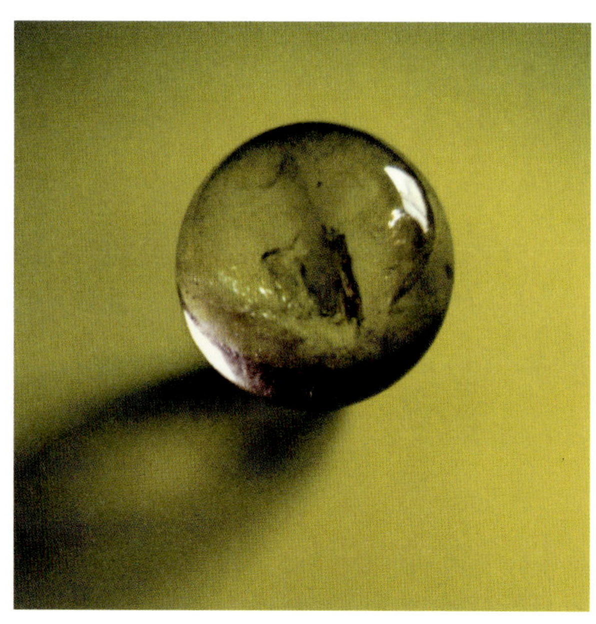

***Bola de cristal de roca sobre fondo verde*, 2000.**
Impresión inkjet, 13 × 13 cm.
Colección del artista, Salamanca.

Rock Crystal Ball on Green Background, 2000.
Inkjet impression, 13 × 13 cm.
Artist's collection, Salamanca.

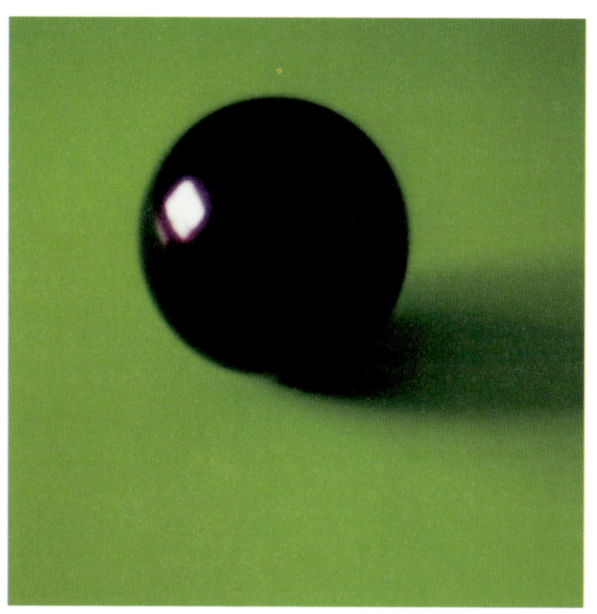

***Bola negra sobre fondo verde*, 2000.**
Impresión inkjet, 13 × 13 cm.
Colección del artista, Salamanca.

Black Ball on Green Background, 2000.
Inkjet impression, 13 × 13 cm.
Artist's collection, Salamanca.

Fernando Sinaga
Escritos
Writings

Ideas K

La posibilidad de que algunos de nuestros pensamientos puedan provenir de otros no parece algo del todo extraño. Su aceptación abre la puerta a pensar en la existencia de un imaginario etérico y telepático que se encuentra encerrado en imágenes que resuenan en nosotros borrosas y deformadas.

Salamanca, 9 de noviembre de 2010.

Ideas K

The possibility that some of our thoughts may come from others does not seem entirely odd. Acceptance of this opens the door to thinking about the existence of an etheric and telepathic imaginary that is enclosed in images which resound in us, blurred and deformed.

Salamanca, 9 November 2010.

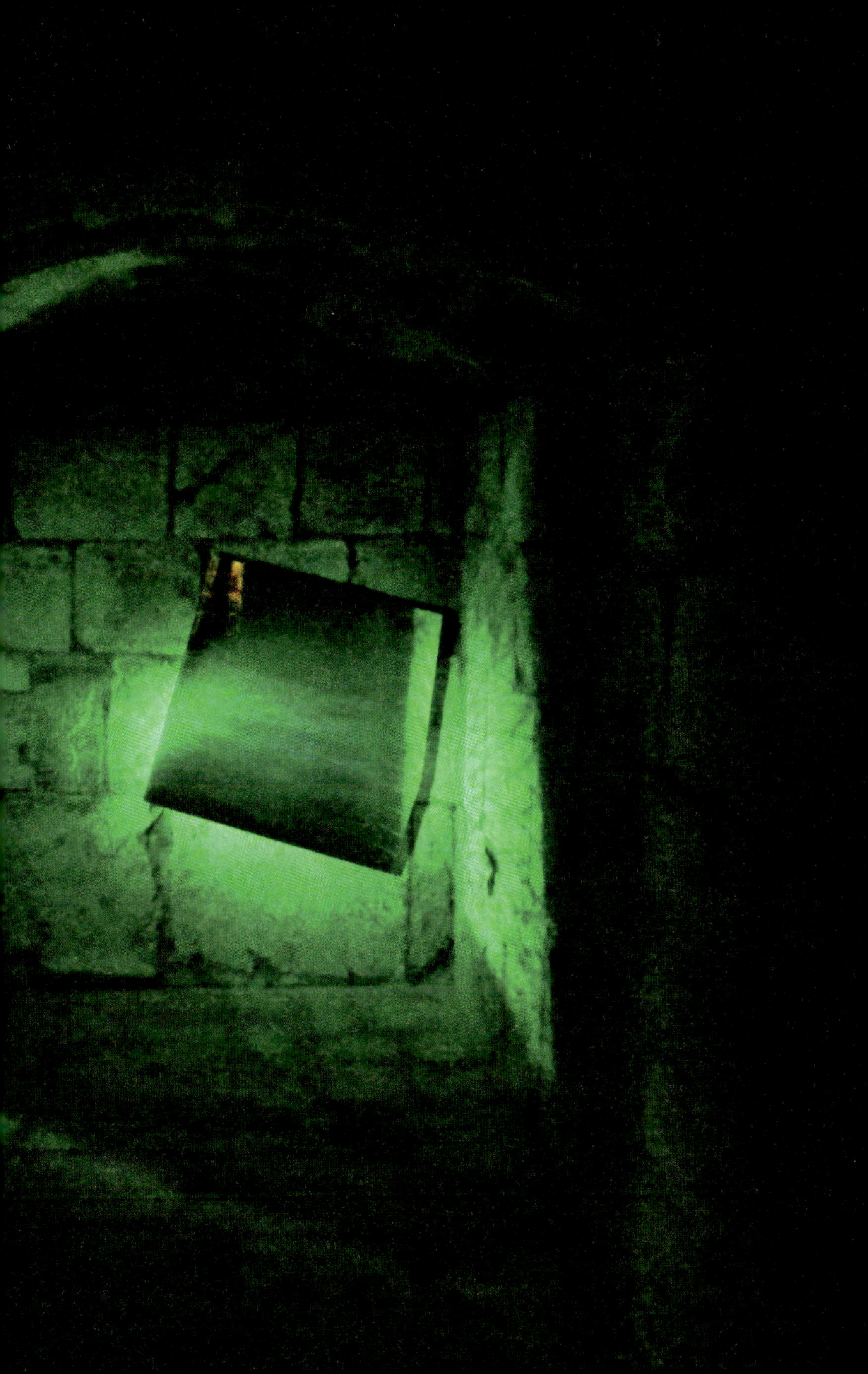

El desayuno alemán

Erich y Edith se encontraban de vacaciones en Rusia. Su casa era un lugar tranquilo, al igual que el resto de la ciudad, y esto nos permitió pasar un tiempo tan inquietante como agradable. En Alemania descubrí que la gente conserva el ruido dentro y que, por lo tanto, para encontrarle sonidos a las situaciones, uno tiene que esforzarse bastante más. *Dreikornbrot*, mermelada de ciruelas, mantequilla, un huevo pasado por agua y un café era nuestro desayuno diario. Nos levantábamos tarde y esto nos hacía felices a Gudrun y a mí. Una comida constructivista es posible que no la hubiera soportado entonces, pero un desayuno, y además a la hora de la comida, es otra cosa. Parece que comes y sin embargo estás empezando el día un poco más tarde que los demás y más ligeramente, con la sensación de desayuno.

Creo que fue la única manera de tomarse las cosas de este norte europeo tan atractivo como ajeno a nuestras formas. Y fue esta identidad la que, sin duda, aquel verano me hizo iniciar un viaje que cambiaría mi vida.

«¡Mira, Fernando, el hombre es un ser en continuo equilibrio inestable!» Agustín Pirella, el psiquiatra italiano con el que compartimos el té y la tarta aquella tarde de septiembre, me definía así, rápidamente en una fisura entre las demás conversaciones, su visión del dinamismo contradictorio de los procesos psíquicos.

Schwitters, el políglota, esta vez desde su ciudad, me hacía descubrir algo relativo a lo nuestro. Los tranvías de Hannover me recuerdan a los ya desaparecidos de Zaragoza.

Escrito en Hanover, septiembre de 1985.
Publicado por primera vez en cat. exp. *Agua Amarga*, Fundació Pilar i Joan Miró, Palma de Mallorca, 1996.

The German Breakfast

Erich and Edith were on holiday in Russia. Their home was a quiet place, like the rest of the town, and this made our stay as unsettling as it was pleasant. I discovered that people in Germany keep noise to themselves and that you have to make considerably more of an effort to find the sound in situations. Our daily breakfast consisted of *Dreikornbrot*, plum jam, butter, a soft-boiled egg and a cup of coffee. We would get up late and this made Gudrun and me happy. It is possible that I might not have tolerated a constructivist lunch then, but breakfast—and, what is more, at lunchtime—is a different matter. It seems like lunch yet you are starting the day a bit later than everyone else and more lightly, with the sensation of having breakfast.

I believe it was the only way of coping with this northern Europe that is as appealing as it is alien to our own ways. And without a doubt it was this identity which led me that summer to set off on a journey that would change my life.

"Look Fernando, man is a being in continuous unstable balance!" That is how Agustín Pirella, the Italian psychiatrist we had tea and cake with that September afternoon, defined his vision of the contradictory dynamism of psychic processes, quickly in a break between other conversations.

Schwitters, the polyglot, this time from his city, led me to discover something about ourselves. The trams of Hanover remind me of those Zaragoza once had.

Written in Hanover, September 1985.
First published in exh. cat. *Agua Amarga*, Fundació Pilar i Joan Miró, Palma de Mallorca, 1996.

Sobre la discontinuidad

Favorecer la inclusión de elementos procedentes de diferentes extracciones supone facilitar la aparición de *simultaneidades* en un mismo plano del discurso, manteniendo a la vez un fuerte sentido de la fragmentación. Esta actitud se basa en un íntimo deseo de formar un nuevo cuerpo que sea el resultado de los diferentes niveles de la experiencia y, por lo tanto, desde ángulos distintos del conocimiento. Algo en sí mismo dividido y global que admita la imposibilidad como límite de lo real y la niegue a su vez como utopía.

La discontinuidad surge como un proceso emergente de puntos críticos y como un salto sobre la continuidad del proceso de equilibrios estables. Y es tan sólo evidenciando estos puntos críticos como lugares de inflexión como podemos situarnos en el origen de los cambios.

La representación nos ha obligado durante siglos al olvido de lo propio y la aplicación ha revestido excesivamente al lenguaje hasta hacerle olvidar su más íntimo sonido, estando ya todo esto irremediablemente en el tiempo y, por consiguiente, en el individuo. De la misma manera, cuando damos a la materia un cierto sentido aplicado, la alejamos de sí misma entrando en la deuda que la representación contrae con todo aquél que decide abordarla. Sin embargo, cuando introducimos un leve sentido narrativo en una substancia específica sin pretender determinarla de una forma absoluta, hacemos de este alejamiento una forma de afirmación-negación de la propia materia creando una imagen dialéctica cuyo sentido narrativo queda ubicado en la superficie de cada substancia sin demasiada literatura, sin anecdotario, ni prédicas morales y le proporcionamos entonces una peculiaridad que la hace momentáneamente olvidarse y recordarse a sí misma. Son estas contracciones, oxidaciones y plegamientos superficiales los que multiplican y contradicen indistintamente las cualidades específicas de algunas substancias hasta los límites de su misma negación, en donde ya otra esencia sustituye a la original. Y es en el límite de esta alienación material, pero sin llegar a ella, cuando es preciso evidenciar esta amalgama de elementos, diferenciarlos y, simultáneamente, establecer sus relaciones consubstanciales.

Encouraging the inclusion of elements of different extraction amounts to facilitating the emergence of *simultaneities* on the same plane of discourse, while maintaining a powerful sense of fragmentation. This attitude is based on an intimate desire to form a new body that is the result of the different levels of experience and, therefore, from different angles of knowledge. Something in itself divided and global which allows of impossibility as a limit of the real and at the same time denies it as a utopia.

Discontinuity arises as an emerging process of critical points and as a leap over the continuity of the process of stable balances. And only by envisioning these critical points as turning places are we able to get to the origin of changes.

For centuries, representation has forced us to forget our own selves and application has cloaked language excessively to the point of causing it to forget its most intimate sound, and all this is irremediably now part of time and, accordingly, part of the individual. Similarly, when we give matter a certain applied sense, we distance it from itself, entering into the debt that representation exacts from anyone who decides to embrace it. However, when we infuse a specific substance with a slight narrative sense without aiming to determine it in an absolute fashion, we make this distancing into a form of affirmation-negation of the very matter by creating a dialectical image whose narrative sense lies on the surface of each substance without too much literature, without anecdote or moral preaching, and we then afford it a particularity that causes it momentarily to forget itself and remember itself. It is these surface contractions, oxidations and folds which multiply and contract indistinctly the specific qualities of some substances to the limits of their very negation, where another essence replaces the original one. And it is on the verge of this material alienation, but without reaching it, that it is necessary to evidence this amalgam of elements, distinguish them and, simultaneously, establish their consubstantial relationships.

La experiencia de la *discontinuidad* nos demuestra cómo por breves momentos algo deja de ser *uno mismo* para ser *otro* y constata cómo únicamente en la memoria perviven estos instantes como un residuo activo de su propio proceso. La discusión entre el *ser* y el *parecer* surge precisamente en aquellas situaciones de interferencia y fusión, en donde cada substancia toma una apariencia nueva que antes no estaba en su propia especificidad. Son influencias recíprocas en base a la proximidad y a la discontinuidad del material empleado.

La pureza de lo específico se trastoca en cada posición y relación nueva, y materias con una determinada densidad y transparencia dejan de serlo para coger otra apariencia. Es como la *amalgama*, en donde el conjunto tiene una unidad nueva y en donde las fronteras se disuelven para dejar paso a un territorio mayor, que ya es una mezcla.

El espacio y el tiempo se constituyen en factores fundamentales en el proceso de elaboración de nuestras imágenes, incluyendo a veces procesos y situaciones diversas y alejadas. El distanciamiento y la proximidad, como un continuo ejercicio de favorecer la inestabilidad del proceso, me hace utilizar materias que se dividen entre la memoria histórica y el tiempo presente. Una indagación sobre las diversas formas de *confrontación* y *contraste simultáneo*, como duda permanente y multiplicación infinita hacia la diversidad.

Cada inmersión me lleva a nuevas huidas y hacia distintos territorios. Es como si en cada reconocimiento se generaran otros cercos que me impulsan nuevamente hacia afuera, pues tan sólo las substancias estables no cambian.

Escrito en Bochum, septiembre de 1989.
Publicado por primera vez en cat. exp. *Agua Amarga*, Fundació Pilar i Joan Miró, Palma de Mallorca, 1996.

The experience of *discontinuity* shows us how, for a few fleeting moments, something ceases to be *itself* in order to become *something else* and evidences how these instants survive only in memory as an active residue of its own process. The discussion between *being* and *seeming* arises precisely in those situations of interference and merging in which each substance takes on a new appearance not formerly part of its own specificity. They are reciprocal influences based on the proximity and discontinuity of the material used.

The purity of the specific is altered in each position and new relationship, and types of matter with a particular density and transparency cease to be what they are and take on another appearance. It is like the *amalgam*, in which the whole forms a new unity and in which the boundaries dissolve to give way to a larger territory, which is now a mixture.

Space and time are fundamental factors in the process of shaping our images, sometimes including diverse and very distant processes and situations. Distancing and proximity, as a continuous exercise in fostering the instability of the process, spurs me to use types of matter that are divided between historical memory and the present time. An exploration of the diverse forms of *confrontation* and *simultaneous contrast*, as a permanent doubt and infinite multiplication towards diversity.

Each immersion leads me to new flights and towards different territories. It is as if each reconnaissance were to give rise to new boundaries that again impel me to head outwards, for only stable substances do not change.

Written in Bochum, September 1989.
First published in exh. cat. *Agua Amarga,* Fundació Pilar i Joan Miró, Palma de Mallorca, 1996.

Take Brasil Easy

Cada fragmento se convierte en un nuevo dato para discernir la imagen final y todos se organizan de una manera aparentemente desconectada y aislada pero, una vez confrontados en nuestro espacio mental, se relacionan con una lógica casi preestablecida e inevitable. Las secuencias temporales se aglutinan con las siguientes y juntas narran el verdadero suceso. Y es como si los acontecimientos inconexos de un minuto, una hora o un día se explicaran en un tiempo y un espacio mayor y en ciclos más específicos.

Brasil es ahora la imagen viva de nuestros conflictos y algo o alguien se empeña en que miremos a otro lugar. ¡Disfruta chico y no te preocupes, todo va bien! Ésta es sin duda la mejor forma de que otros tomen vuestras propias decisiones.

Como las hojas de té que caen en el fondo del vaso, *Take Brasil Easy* trata de saber cuál es el significado de la imagen última.

Nuestra libertad se está perdiendo en Sierra Pelada mientras el cansancio aumenta frente a las repetidas lecturas a bajo nivel y crece la resistencia sobre los límites de la interpretación.

Escrito en São Paulo, octubre de 1989.
Publicado por primera vez en cat. exp. *Agua Amarga*, Fundació Pilar i Joan Miró, Palma de Mallorca, 1996.

Take Brasil Easy

Every fragment becomes a new piece of data that helps discern the final image and they are all arranged in an apparently disconnected and isolated manner but, once face-to-face in our mental space, they relate to each other with an almost pre-established and inevitable logic. Time sequences gel with the following ones and together narrate the true happening. And it is as if unconnected one-minute, one-hour or one-day events could be explained in a larger time and space and in more specific cycles.

Brazil is now the living image of our conflicts and something or someone is intent on us looking elsewhere. Enjoy yourself and don't worry, everything is fine! No doubt this is the best way of getting others to make your decisions for you.

Like tealeaves that settle in the bottom of the cup, *Take Brasil Easy* attempts to find out the meaning of the last image.

Our freedom is being lost in Sierra Pelada, while weariness increases from repeated reading at a low level and resistance to the limits of interpretation grows.

Written in São Paulo, October 1989.
First published in exh. cat. *Agua Amarga*, Fundació Pilar i Joan Miró, Palma de Mallorca, 1996.

Sobre el arte como resistencia

Defender el arte como una manifestación más de la realidad, y no como su representación, es definir su propia unidad estructural y su autonomía, pues hay en el hecho artístico algo más en juego que una mera ilustración de las ideas o una plasmación sociológica del momento, más o menos acertada. De nuevo, nuestras acciones son una manifestación más de la propia vida, y el tan debatido problema de la relación entre el arte y la sociedad no deja de ser algo que se suma al eterno problema de la comunicación.

Cada acontecimiento tiene un lugar y tiempo adecuado, y situarse en donde esto sucede implica estar en sincronía con el verdadero suceso. Esto ahora es una cuestión de actitud, riesgo y posicionamiento.

La realidad se manifiesta simultáneamente en cada uno de sus diferentes planos y así en cada instante y lugar una totalidad se conmueve. Escuchar sus *resonancias* y dejar que surjan sin que nada quede fuera, con la conciencia de *ser realidad*, es uno de los azarosos rasgos de la actitud artística.

El actual desgajamiento de nuestro pensamiento, sentimiento y voluntad hacen que, una vez perdida la unidad estructural individual, dejemos de existir como tales para pasar a ser una enajenación indefensa y afirmativa, y esta pérdida del campo de decisión es la que hace que ya tan sólo desde espacios críticos autónomos y lugares específicos se pueda definir la disidencia.

El arte como totalidad sigue siendo uno de los testigos permanentes de esta unidad en crisis y su conciencia sensible conserva todavía el potencial de advertir sobre los avances y las pérdidas.

Escrito en Salamanca, diciembre de 1989.

Publicado por primera vez en cat. exp. *Agua Amarga*, Fundació Pilar i Joan Miró, Palma de Mallorca, 1996.

Defending art as a further expression of reality and not as its representation amounts to defining its very structural unity and its autonomy, for there is more to artistic creation than merely illustrating ideas or capturing the sociological essence of the moment with varying degrees of success. Once again, our actions are a further expression of life itself, and the often debated problem of the relationship between art and society is a further aspect of the eternal problem of communication.

Every event has an appropriate place and time and to position ourselves where this happens is to be in sync with the real happening. This is now a question of attitude, risk and positioning.

Reality manifests itself simultaneously on each of its different planes and so a totality is shaken in each instant and place. Listening to its *resonances* and allowing them to arise without leaving anything out, with the awareness of *being reality*, is one of the eventful features of artistic activity.

The current fragmentation of our thought, feelings and will causes us, having lost individual structural unity, to cease to exist as such and become a defenceless and affirmative alienation, and it is because of this loss in the field of decision-making that only from autonomous critical spaces and specific places can dissidence now be defined.

Art as a totality continues to be one of the permanent witnesses to this unity in crisis and its sensitive awareness still preserves the potential to warn of advances and losses.

Written in Salamanca, December 1989.
First published in exh. cat. *Agua Amarga*, Fundació Pilar i Joan Miró, Palma de Mallorca, 1996.

En la permanente búsqueda del sentido íntimo, la escultura como *método* ha actuado en mí como si de una aparición se tratara. Ha sido y sigue siendo un hecho automático e incontrolado, una forma de posesión y algo en lo cual no han sido mediadoras ni la conciencia ni la voluntad. Su aparición ha estado siempre llena de un *efluvio violento* de aquello de lo que ha recibido su ser. Como imagen ha sido algo espontáneo e inmediato que ha brotado de lo real y, como acción, algo donde la primera y la última decisión ha consistido en sentirte recipiente de la totalidad.

La escultura, de esta forma, se ha ido configurando con los años en la experiencia sensible final de todo lo que para mí ha sido desconocido y oculto, y también en una forma de unir pensamiento, sentimiento y voluntad en una unidad interior.

Un estado contradictorio en permanente percepción confusa y oscura de lo real, a la vez que quizás algo superior al entendimiento mismo. Son este tipo de consideraciones las que me han hecho ver el arte como una forma del saber y es esta condición la que, a mi parecer, le otorga su carácter revelador, haciéndola a su vez influyente en la conciencia reflexiva del presente. El arte no existe ya por sí mismo, ni está para sí mismo, sino que pertenece a aquello cuya imagen es.

Escrito en Zaragoza, enero de 1995.
Publicado por primera vez en cat. exp., Galería Fernando Latorre, Zaragoza, 1995.

Ûzuluz

In the constant pursuit of inner meaning, sculpture as a *method* has acted in me as if an apparition. It has been and continues to be an automatic and uncontrolled fact, a form of possession and something which has involved neither conscience nor will. Its appearance has always been full of a *violent outburst* of that which its being has received. As an image it has been something spontaneous and immediate that has stemmed from the real and, as an action, something where the first and final decision has consisted in feeling yourself to be the receptacle of a totality.

Sculpture has thus progressively taken shape over the years in the final sensitive experience of everything that has been unknown and hidden to me, and also a manner of uniting thought, feeling and will in an inner unity.

A contradictory state in a constant confused and obscure perception of the real, that is at the same time perhaps somewhat superior to understanding itself. It is considerations of this kind that have made me see art as a form of knowledge and it is this condition which, in my opinion, affords it its revealing nature, making it in turn influential in the reflexive awareness of the present. Art no longer exists in its own right or for its own sake; rather, it belongs to that whose image it is.

Written in Zaragoza, January 1995.
First published in exh. cat., Galería Fernando Latorre, Zaragoza, 1995.

Agua Amarga

La transparencia abismal que nos lleva al eterno fluir negro, blanco y rojo y que nos impulsa simultáneamente desde significados que ignoramos, es la materia primordial desde donde buscar una orientación y sentido. Esta disolución y su desbordamiento nos acercan a ese lugar, carente de forma, en donde la emanación de lo que «es» conlleva la catástrofe de lo real y la ruptura temporal.

Agua Amarga es el *esperma del sinsentido*, la inundación traslúcida y el discurso del ahogado. Tan sólo desde el *agua* y en su inmersión profunda es posible un bautismo. Sin este agua nada existe.

Escrito en Palma de Mallorca, marzo de 1996.
Publicado por primera vez en cat. exp. *Agua Amarga*, Fundació Pilar i Joan Miró, Palma de Mallorca, 1996.

Bitter Water

The abysmal transparency that leads us to the eternal black, white and red flow that drives us simultaneously from meanings of which we are unaware is the primordial matter from which to seek an orientation and sense. This dissolution and its overflowing bring us closer to that formless place where the emanation of that which "is" entails the catastrophe of the real and temporal rupture.

Agua Amarga is the *sperm of senselessness*, the translucent flood and the discourse of the drowned. Only from *water* and in deep immersion is baptism possible. Without this water nothing exists.

Written in Palma de Mallorca, March 1996.
First published in exh. cat. *Agua Amarga*, Fundació Pilar i Joan Miró, Palma de Mallorca, 1996.

De la forma y su disolución

La disolución como metáfora de la *desaparición* y de la *transfiguración de la materia* ha ocupado un lugar definido dentro del grupo de inquietudes que han alimentado mi trabajo a lo largo de los últimos diez años, siendo esta inquietud el preámbulo de mis preocupaciones acerca de lo informe.

Disolución (1985), *La percepción de la sombra* (1986), *Los estados preconscientes* (1986), *Desde el lugar de la sangre* (1986), *La estructura de la memoria* (1986), *El último significado* (1995), *De la forma y su disolución* (1995) y *De los sentimientos* (1995) son algunas de las esculturas en las que se encuentra esta obsesiva inquietud por los estados materiales diluidos como la argamasa o informes como el magma, materias que se mueven al límite de una concreción formal o de una desaparición amorfa o disgregada.

Estructuras relacionadas con circuitos y conducciones de sentido, estados preformales que recuerdan la inconsistencia de todo lo vivo y permanente de la existencia, y sentimientos que explican lo visible como algo accidental y efímero que nos constata tan sólo con su existencia su propia desaparición. Lo amorfo y lo informal como una anticipación de lo inmaterial y de su visibilidad.

Escrito en Salamanca, 10 de julio de 1996.
Publicado por primera vez en *Fernando Sinaga, Doble Inverso*, Diputación de Granada, Granada, 1998.

Concerning Form and Its Dissolution

Dissolution as a metaphor of the *disappearance* and *transfiguration of matter* has occupied a particular place within the group of concerns that have fuelled my work over the past ten years, and this concern is the preamble of my interest in the formless.

Dissolution (1985), *The Perception of Shadow* (1986), *Pre-Conscious States* (1986), *From the Place of Blood* (1986), *The Structure of Memory* (1986), *The Ultimate Significance* (1995), *Concerning Form and Its Dissolution* (1995) and *Concerning Feelings* (1995) are some of the sculptures where we find this obsessive concern for material states that are diluted, such as mortar, or formless like magma—types of matter that exist at the limits of formal concretion or of an amorphous or disintegrated disappearance.

Structures related to circuits and conducts of meaning, pre-formal states which recall the inconsistency of all the living and permanent aspects of existence, and feelings which explain the visible as something accidental and fleeting that proves to us their own disappearance with their existence alone. The amorphous and formless as a harbinger of the immaterial and its visibility.

Written in Salamanca, 10 July 1996.
First published in *Fernando Sinaga, Doble Inverso*, Diputación de Granada, Granada, 1998.

Sincronicidad

Tan sólo en ciertos momentos el azar y la providencia establecen los vínculos que construyen una teoría de lo inexplicable.

El enigma de la sincronicidad es una coincidencia impregnada de significado que, careciendo de una causa, demuestra la existencia de una prefiguración y de un ritmo común. Nexos acausales que, como conjuros y correspondencias, nos asaltan la conciencia para explicarnos algo acerca de lo que somos. Fenómenos simultáneos como gemelos y afectos como arquetipos que mueven el tiempo y el espacio a su voluntad, ligando la realidad y cristalizando el inconsciente de lo impersonal.

La sincronicidad es el pánico de la conciencia frente a una evidencia indescifrable que, como una predicción, se manifiesta en series.

Escrito en Salamanca, 15 de septiembre de 1996.
Publicado por primera vez en *Fernando Sinaga, Doble Inverso*, Diputación de Granada, Granada, 1998.

Synchronicity

Only at certain moments do chance and providence establish the links that build a theory of the inexplicable.

The enigma of synchronicity is a coincidence infused with meaning which, lacking a cause, demonstrates the existence of a prefiguration and of a common rhythm. Acausal links which, like pleas and correspondences, assail our awareness to explain to us something about what we are. Simultaneous phenomena like twins and affections like archetypes which move time and space at their will, binding reality and crystallising the unconscious of the impersonal.

Synchronicity is the panic of awareness of indecipherable evidence which, like a prediction, manifests itself in series.

Written in Salamanca, 15 September 1996.
First published in *Fernando Sinaga, Doble Inverso*, Diputación de Granada, Granada, 1998.

Lenguaje y origen

San Juan de la Cruz nos dice que para venir a lo que no sabes has de ir a donde no sabes.

Los valores antitéticos que han venido definiendo el espacio interior son los mismos que han marcado la ambivalencia desde donde desarrollar una relación significativa de valores opuestos, de tal forma que el silencio ha dado finalmente sentido al lenguaje, al igual que el espacio ha posibilitado la experiencia tridimensional de la escultura.

A mi entender, la innovación no actúa persiguiendo un objetivo sino que trata tan sólo de averiguar que es lo que se persigue, por lo cual explorar trasciende en consecuencia el viejo sentido de finalidad. Cada acto creativo diseña nuevos *códigos* y, por lo tanto, cada innovación tiene algo *indescifrable*.

Lo creativo es como una rotura, una disolución que sintetiza, relaciona y crea inestabilidad poniendo siempre en duda las propias convicciones. Es además el mejor antídoto para que una teoría no pueda convertirse en dogma, pues lo creativo sucumbe cuando se establece un *código de barras* para la interpretación de lo real. Lo original busca en el ensayo y la hipótesis la respuesta, integra el azar y el desorden y da en todo momento una respuesta no programada.

En el bosque de los lenguajes y los *códigos*, y en ausencia de una contestación, éstos acaban determinando nuestros comportamientos. Por lo cual, distinguir lo que no es un disfraz, ni un arquetipo o, al contrario, sabiendo cómo reconocerlos, es como podremos saber algo acerca de lo que somos y dónde están los bordes sobre los que nos movemos. Cada vez que buscamos la fisura entre lo innato y lo adquirido estamos realizando una averiguación sobre los orígenes. Distinguir entonces aquello que no es *código*, ni aprendizaje, es la mejor forma de reconocer lo *inédito*.

Crear es atreverse a *nombrar* aquello que se encuentra en la grieta de la diferencia, evidenciando así lo que ya no nos representa.

Escrito en Salamanca, 4 de febrero de 1997.
Publicado por primera vez en *Fernando Sinaga, Doble Inverso*, Diputación de Granada, Granada, 1998.

Language and Origin

Saint John of the Cross tells us that in order to arrive at what you do not know you must go where you do not know.

The antithetic values that have progressively defined inner space are the same ones which have marked out the ambivalence from which to develop a meaningful relationship of opposite values, so that silence has finally given language a sense, just as space had made possible the three-dimensional experience of sculpture.

In my view, innovation does not act by pursuing an objective but attempts only to find out what is pursued, and exploration therefore transcends the old sense of purpose. Every act of creation designs new *codes*, and therefore every innovation has something *undecipherable* about it.

Creativity is like a breakage, a dissolution that synthesises, relates and creates instability, always shedding doubt on one's own convictions. It is furthermore the best antidote for preventing a theory from becoming dogma, as creativity succumbs when a *barcode* is established for interpreting the real. The original seeks the answer in trial and hypothesis, incorporates change and disorder and provides an unplanned response at all times.

In the forest of languages and *codes*, and in the absence of an answer, these codes end up determining our conduct. Therefore, distinguishing what is not a disguise or archetype or, on the contrary, knowing how to recognise them, is how we can know something about what we are and where the edges along which we move are. Whenever we seek the fissure between the innate and the acquired we are exploring origins. Distinguishing that which is neither *code* nor learning is thus the best manner of recognising the *unprecedented*.

To create is to dare to *name* that which lies in the crack of difference, evidencing that which no longer represents us.

Written in Salamanca, 4 February 1997.
First published in *Fernando Sinaga, Doble Inverso*, Diputación de Granada, Granada, 1998.

Solve et Coagula

Disolver lo sustancial, volatilizar regularmente lo fijo y coagular lo incorpóreo son ejercicios necesarios de licuación, pérdida de peso y cristalización como algo que puede ser conjugado en una misma operación mental y material a la vez.

Existe, sin embargo, la permanente sospecha en nosotros de que la acción de construir puede ser también un miedo afirmativo que actúa como conjuro contra la disolución y la muerte. Y así, para escapar de nuestra propia desaparición, edificamos en lo permanente y eso nos ayuda a soportar la existencia mediante la simulación de nuestra inmortalidad. En los intersticios surge el filo inverso de lo real como una duda sobre lo conocido y un resquicio de lo posible. Hacer es deshacerse, *Solve et Coagula* separa lo que subyace informe y extrae la esencia volátil, sin que esto suponga un olvido del difícil método de hacer sólido lo etéreo sin pasar por el estado líquido.

La plancha metálica se hace pantalla de proyección, muro, reflejo, arquitectura y recorrido. Desde su origen horizontal emerge erguida frente al ojo, haciendo visual lo que tan sólo fue en su origen un recipiente, un depósito y una acción. Un proceso constructivo en donde no ha existido apenas acción gestual, ni manual en ello, tan sólo un juego de dados sobre el tablero, un derramarse sin trazo y una acción química reactiva y azarosa. La temperatura, la humedad del ambiente y el tiempo han realizado su fijación. Es una pulsión contradictoria, una fragilidad e inseguridad permanente unida a la estética de lo consistente, de lo corpóreo, de las decisiones necesarias y de la inútil afirmación de eternidad. Un aura que surge y permanece más allá de nosotros.

Es la escultura entendida como un sistema regulador de operaciones materiales y un principio correlativo de obediencias y correspondencias. Una especie de *simetría invisible* que establece un orden y una medida en lo visible y que hace que las cosas sean perfectas por su semejanza con los elementos de identificación que la expresan.

Solve et Coagula es la muerte conviviendo con la vida misma, una imagen doble que advierte de la fisura y la separación, y

Dissolving the substantial, regularly volatising the fixed and coagulating the incorporeal are necessary exercises in liquation, weight loss and crystallisation as something that can be combined in the same operation that is both mental and material.

We harbour, however, a permanent suspicion that the action of constructing may also be an affirmative fear which acts as a spell against dissolution and death. And so, in order to escape from our own despair, we build on the permanent and that helps us endure existence by simulating our immortality. The opposite edge of the real emerges in the interstices as a doubt about that which is known and a glimmer of that which is possible. Doing is undoing oneself, *Solve et Coagula* separates the underlying formlessness and extracts the volatile essence, without forgetting the difficult method of making the ethereal solid without passing through a liquid state.

The metal plate becomes a protective screen, wall, reflection, architecture and route. It rises erect before the eyes from its horizontal origin, making visual that which was originally only a receptacle, a deposit and an action. A constructive process in which scarcely any gestural or manual action has been involved, only a game of dice on the board, a spillage without trace and a reactive, random chemical action. Temperature, atmospheric humidity and time have brought about its fixation. It is a contradictory urge, a permanent fragility and insecurity tied to the aesthetic of the consistent, of the corporeal, of necessary decisions and of the futile affirmation of eternity. An aura which arises and remains beyond us.

It is sculpture understood as a system that regulates material operations and a correlative principle of obediences and correspondences. A sort of *invisible symmetry* which establishes an order and a measure in the visible and which causes things to be perfect owing to their similarity with the identifying elements which express it.

Solve et Coagula is death coexisting with life itself, a double image which warns of fissure and separation, and which evidences the

que evidencia la desaparición de lo visible y su ser temporal. Es la mirada dirigiéndose hacia su final y su origen divergente como un numero de dos cifras que se invierte, multiplica y divide en una progresión que se hace reductiva, y que nos muestra el vértigo de nuestra existencia desde su doble alineamiento horizontal.

Una acción que diluye los componentes de un proceso y realiza una unidad confusa que nos representa y nos origina. Una sublimación semejante al águila que arrebata al sapo por el aire.

Disolver, desmaterializar, percibir lo fluido y visualizar aquello para lo que no tenemos recipiente ni cauce por donde conducirlo, es concebir la conciencia como el final de un largo proceso de destilación.

Solve et Coagula es la trasformación permanente de lo informe mediante el seco ejercicio de hacer *lo visible*. Una operación del cuerpo que niega el ojo y su visión, un vómito corrosivo incontenible, una eyaculación, una fractura y un escupir, derramándose sobre lo real y salpicando realidad.

Escrito en Salamanca, 5 de mayo de 1997.
Publicado por primera vez en folleto exp., Galería Salvador Díaz, Madrid, 1997.

disappearance of the visible and its temporal being. It is the gaze directing itself towards its end and its divergent origin like a two-figure number that is inverted, multiplied and divided in a progression that becomes reductive, and which shows us the vertigo of our existence from its double horizontal alignment.

An action which dilutes the components of a process and produces a confusing unity which represents and gives rise to us. A sublimation similar to the eagle which sweeps up the toad into the air.

To dissolve, dematerialise, perceive that which is fluid and visualise that for which we have neither a receptacle nor a channel through which to lead it, is to conceive awareness as the end of a long process of distillation.

Solve et Coagula is the permanent transformation of the formless through the dry route of making *the visible*. An operation of the body which denies the eye and its vision, an uncontainable corrosive vomiting, an ejaculation, a fracture and a spitting, spilling over that which is real and spattering reality.

Written in Salamanca, 5 May 1997.
First published in exh. leaflet, Galería Salvador Díaz, Madrid, 1997.

Del discernimiento

Mirar no es ver. Sin visión, la mirada se desliza perdida, sin establecer relaciones ni vínculos entre las cosas, descargada de sentido por el sistema de los objetos y de los lugares. Una mirada así es una mirada fragmentada, dividida y desvinculada del mundo.

La escultura surge y se estructura desde una visión que establece hipótesis, conjeturas y suposiciones frente a lo nuevo y lo desconocido. Nuestras representaciones son una forma de pronóstico y una parte de nuestras proyecciones inconscientes. Sin estas proyecciones no podemos reconocer nada y, paradójicamente, son ellas mismas nuestro principal obstáculo para alcanzar un esclarecimiento.

Algunas intuiciones y suposiciones iniciales se ven descartadas o confirmadas posteriormente con nuevos datos que vienen a ampliar el conocimiento que tenemos de un objeto, un lugar, una situación o una persona. Pero sin *proyección* no hay *ligazón* alguna, por lo cual hemos de ser también capaces de distanciarnos de ellas y mirarlas de forma que podamos distinguir su sombra.

Los procesos de configuración de la escultura son el lugar donde lo impremeditado y lo automático sigue siempre un *modelo interno*. Einstein decía que el hecho de que un modelo construido por la mente humana en una situación de fuerte introversión, concuerde con los hechos externos, es un milagro y debe de ser tomado como tal. Planck, sin embargo, pensaba que concebimos un modelo que luego *verificamos* mediante experimentos, tras lo cual revisamos el modelo inicial, de forma que hay una especie de *fricción dialéctica* entre el experimento y el *modelo* y, como resultado de esta fricción, llegamos a un hecho explicativo final. Las relaciones entre el inconsciente y la materia siguen siendo todavía algo indescifrable, un lugar donde el discernimiento actúa como el destello que irrumpe en nuestras vidas sin la participación de nuestro esfuerzo y voluntad.

Escrito en Granada, 4 de junio de 1997.
Publicado por primera vez en *Fernando Sinaga, Doble Inverso*, Diputación de Granada, Granada, 1998.

Concerning Discernment

Looking is not seeing. Without vision, the gaze strays without establishing relationships or links between things, stripped of meaning by the system of objects and places. Such a gaze is a fragmented gaze, divided and cut off from the world.

Sculpture emerges and is structured from a vision which establishes hypotheses, conjectures and assumptions with respect to the new and the unknown. Our representations are a form of prognosis and part of our unconscious projections. Without these projections we cannot recognise anything and, paradoxically, they themselves are our chief hindrance to attaining a clarification.

Some intuitions and initial suppositions are subsequently discarded or confirmed by new information that broadens the knowledge we have of an object, a place, a situation or a person. But without *projection* there is no *bond* at all, and we must therefore also be capable of distancing ourselves from them and looking at them so that we can make out their shadow.

The processes of shaping sculpture are the place where the unpremeditated and automatic always follows an *internal model*. Einstein stated that the fact that a model built by the human mind in a situation of great introversion should coincide with external events is a miracle and should be taken as such. Planck, however, thought that we conceive a model which we then *verify* through experiments, after which we revise the initial model, so that there is a sort of *dialectical friction* between the experiment and the *model* and, as a result of this friction, we arrive at a final explanatory fact. The relationship between the unconscious and matter continues to be something indecipherable, a place where discernment acts as a glimmer that bursts into our lives without the involvement of our effort and will.

Written in Granada, 4 June 1997.
First published in *Fernando Sinaga, Doble Inverso*, Diputación de Granada, Granada, 1998.

Pensar el momento

Como si de un estado en suspensión se tratara y sin saber cómo, la experiencia del mundo señala la existencia de un espacio y un tiempo precisos para cada hecho. Si ignoramos esto, es posible que ciertas operaciones no pudieran nunca ser realizadas. En cualquier exploración no programática, reconocer el momento adecuado es aceptar incluirlo como un ingrediente más del proceso y, en muchas ocasiones, esto llega incluso a ser lo más determinante de un resultado.

El tiempo *signa* cada proceso experimental al enmarcarlo dentro de un tiempo real, siendo tan sólo en esos precisos momentos cuando se insertan determinadas relaciones, analogías y correspondencias, que lo hacen ser lo que es. Jacques Coeur sabía que el fuego debía de estar presente en cada una de las habitaciones cuando construyó su casa.

Desentrañar el sujeto, abriéndolo al espacio y al tiempo y escuchar las palabras que sin pensar decimos, es oír nuestro cuerpo como la caja de resonancia de una conciencia que se describe a sí misma.

Escrito en Bourges, 7 de octubre de 1997.
Publicado por primera vez en *Fernando Sinaga, Doble Inverso*, Diputación de Granada, Granada, 1998.

Thinking Through the Moment

As if it were a state of suspension and not knowing how, experience of the world points to the existence of a specific space and time for each event. If we ignore this, it is possible that certain operations could never be performed. In any non-programmatic exploration, recognising the right moment amounts to agreeing to include it as a further ingredient in the process and on many occasions this even becomes the most determining factor of a result.

Time *signs* each experimental process by framing it within a real time, and it is only in those precise moments when certain relationships, analogies and correspondences which make it what it is are inserted. Jacques Coeur knew that fire needed to be present in each of the rooms when he built his house.

To disentangle the subject, opening it up to space and time and listening to the words we say without thinking, is to hear our body like the sounding board of a conscience that describes itself.

Written in Bourges, 7 October 1997.
First published in *Fernando Sinaga, Doble Inverso*, Diputación de Granada, Granada, 1998.

El distanciamiento de los hechos

La distancia, como espacio-tiempo interpuesto, nos permite observar los acontecimientos que se adelantaron a nuestra comprensión y que sólo se entienden desde la visión del que se aparta como acción urgente que trata de medir el tiempo interno. En ese proceso de alejamiento contemplamos el punto de partida moviéndose hacia un paisaje divergente que huye sin detenerse, con la única certeza de que vagar y alejarse es el sentido.

En ese viaje, la incertidumbre nos acompaña hasta allí donde la memoria se desgasta y muestra un pasado reencarnado en un fantasma velado. Es entonces cuando debemos injertar con urgencia esa imagen en nosotros, antes de que la amnesia del devenir nos desaloje el recuerdo y nos impida seguir el trayecto donde ya tan sólo atendemos al ordenamiento de las correspondencias.

Una vez más, un sentimiento de muerte se filtra dentro de ese impulso, como una fuerza irreversible que disuelve la costumbre y obliga a reordenar los hábitos. Finalmente, lo vivido ocupa su lugar dentro de la existencia y manifiesta su sentido. Al volver de nuevo al punto de partida, una nueva anticipación presagia la necesidad de alejarnos de nuevo.

Escrito en Tilburgo, 15 de octubre de 1997.
Publicado por primera vez en *Fernando Sinaga, Doble Inverso*, Diputación de Granada, Granada, 1998.

The Distancing of Events

Distance, as interposed space-time, allows us to observe the events which are ahead of our understanding and can only be understood from the viewpoint of somebody who moves away as an urgent action that attempts to measure internal time. In this process of distancing we contemplate the point of departure moving towards a divergent landscape that flees without stopping, with the only certainty that wandering and moving away is the sense.

In this journey, uncertainty accompanies us to where memory is worn and shows a past reincarnated in a veiled phantom. It is then that we must urgently graft that image onto ourselves before the amnesia of the future dislodges the memory and prevents us from following the path where we are only concerned with the ordering of correspondences.

Once again, a feeling of death seeps into that impulse, like an irreversible force that dissolves custom and forces us to reorder habits. In the end, the experiences lived through occupy their place in existence and show their meaning. On returning once again to the point of departure, a fresh anticipation heralds our need to move away again.

Written in Tilburg, 15 October 1997.
First published in *Fernando Sinaga, Doble Inverso*, Diputación de Granada, Granada, 1998.

Cuerpo Diamantino

Si la *ilusión* de la *conciencia* se desplomara a causa del reconocimiento del *inconsciente*, desvelaríamos en nuestra naturaleza un *doble ser,* engastado en un «no vivo yo, me vive», produciéndose bajo esa conmoción una sustitución esencial y un *desligamiento* definitivo de esa superioridad histórica. Sólo en ese instante, su afianzada posición como pedestal del espíritu sería demolida definitivamente.

En la subordinación a ese destino que *es por sí mismo* es donde construimos una *respiración* que es el hálito de un cuerpo imputrescible, cuya eternidad y significado todavía nos es desconocido.

Cuerpo Diamantino es una configuración suprapersonal, fuera de cuya participación no podemos definir un alojamiento futuro, ni discernir un sentido y una expectativa. Su ser nace en el espacio de una pulgada cuadrada, y es en esa *nada* desde donde surge algo que se oculta y conduce los asuntos de la vida.

Escrito en Oporto, 12 de septiembre de 1998.
Publicado por primera vez en la tarjeta de invitación de la Galería Fernando Latorre, Zaragoza, 1998 y en *Fernando Sinaga, Consideraciones discontinuas, 1985-1999*, Galería Bores & Mallo, Cáceres, 1999.

Diamantine Body

If the *illusion* of *consciousness* were to collapse owing to acknowledgement of the *unconscious*, we would reveal in our nature a *dual being,* set inside an "I do not live, it lives me", with an essential substitution and definitive *detachment* of this historical superiority taking place beneath this commotion. Only in this instant will its secure position as a pedestal of the spirit be demolished for good.

It is in subordination to that destiny, which is *in itself*, that we build a *respiration* that is the breath of a rot-proof body, whose eternity and meaning is still unknown to us.

Diamantine Body is a supra-personal configuration beyond whose participation we cannot define a future accommodation, or discern a meaning and an expectation. Its being is born in the space of a square inch, and it is this *nothing* that gives rise to something which conceals itself and conducts the affairs of life.

Written in Porto, 12 September 1998.
First published in invitation card exh. Galería Fernando Latorre, Zaragoza, 1998, and in *Fernando Sinaga, Consideraciones discontinuas, 1985-1999*, Galería Bores & Mallo, Cáceres, 1999.

La hipnosis del agua son los paisajes marinos. Y es esta visión absoluta del mar la que ha organizado la forma urbana de las poblaciones costeras y la que ha inventado el mirador como el lugar específico para la amnesia profunda del tiempo. Es esta pulsión de la mirada hacia el infinito la que ha construido la urbanística turística mediterránea como si fuera un inmenso e incontrolado balneario costero, sedante de la mente profunda y terraza desde donde poder resecar el alma de sus humedades.

En el mar encontramos también el paisaje del mundo reducido a la presencia del agua, el aire y la luz, y es solamente en esta *visión marina* donde admiramos en su máxima extensión el espectáculo de la evaporación, como la imagen más extensa de la circulación de los fluidos.

La escasez de agua, como consecuencia de esta excesiva concentración de población entorno a las costas, se ha convertido ahora en un nuevo mito, pues hemos agotado el objeto del deseo a través del exceso.

Escrito en Xàbia, 1 de agosto de 1999.
Publicado por primera vez en *Llocs Lliures VII*, Ajuntament de Xàbia, 1999.

Dry Route / Wet Circulation

The hypnosis of water is marine landscapes. And it is this absolute vision of the sea that has organised the urban form of coastal population centres and has invented the vantage point as a specific place for the deep amnesia of time. It is this impulse of the gaze towards the infinite which has shaped Mediterranean tourist resort planning as if it were a huge, sprawling coastal spa, a sedative of the profound mind and a terrace from which to dry out the damp of the soul.

In the sea we also find the world's landscape reduced to the presence of water, air and light and it is only in this *marine vision* that we admire in its full extent the spectacle of evaporation, as the most extensive image of the circulation of fluids.

Scarcity of water as a result of this excessive concentration of the population around coasts has now become a new myth, as we have exhausted the object of desire through excess.

Written in Xàbia, 1 August 1999.
First published in *Llocs Lliures VII*, Ajuntament de Xàbia, 1999.

Cauterizar, quemar para curar

Curar cauterizando la herida es una de las experiencias del fuego y de su capacidad sanadora. Y es, sin duda, esta terapia el procedimiento violento que mejor ha demostrado su eficacia a la hora de cerrar las heridas.

Podar es amputar, ejercer el arte de controlar el crecimiento tomando decisiones que conducen la energía que desarrolla nuestro *cuerpo mental*. Es una actividad radical que nos ha exigido la violencia interior de una castración y que nos ha llevado a la irritación profunda de un dolor irreparable. Un arrancamiento de cuajo y una extirpación definitiva. Una tortura y un sufrimiento central que nos determina ya definitivamente. Un saber interiormente que algo se ha roto y que no existe ni reparación, ni reconciliación posible y que no tenemos excusa alguna que justifique tal destrucción. Su realidad y evidencia es la amargura de un sinsentido y la tortura de una impotencia.

El *dolor* finalmente ha venido para liberarnos del *formalismo* y de la banalidad. La escultura de nuestro tiempo se ha entremezclado con ese dolor como un *exorcismo* formalizador del sufrimiento y de las frustraciones, y sus manos han modelado los sentimientos y las pasiones con la rabia y el calor corporal amasado de las vísceras de un asesinato.

Quizá sean éstos los comportamientos rituales de un tránsito hacia la muerte y las *metáforas terminales* de ciertas pulsiones que surgen desde nuestra infancia. Algo que ha dado una estructura biográfica a nuestro *hacer* y que, a la vez, ha convertido nuestras obras en jalones de un recorrido, y en marcas del territorio que da finalmente sentido y valor a nuestro destino.

Escrito en Salamanca, 13 de septiembre de 1999.
Publicado por primera vez en *Arte y Parte*, nº 23, octubre–noviembre, 1999.

Cauterise, Burn to Heal

Healing a wound by cauterising is one of the experiences of fire and its healing ability. And this therapy is, without a doubt, the violent procedure that has best proven its effectiveness at closing wounds.

To prune is to amputate, to exercise the art of controlling growth by making decisions that conduct the energy developed by our *mental body*. It is a radical activity which has demanded of us the inner violence of a castration and which has led us to the deep irritation of an irreparable pain. A tearing out by the roots, a permanent removal. A torture and central suffering that determines us definitively. A knowing deep down inside that something has broken and that there is no possible repair or reconciliation and that there is no excuse for such destruction. Its reality and evidence is the bitterness of senselessness and the torture of powerlessness.

In the end *pain* has come to free us from *formalism* and banality. The sculpture of our time has mingled with this pain like an *exorcism* that formalises suffering and frustrations, and its hands have modelled feelings and passions with the anger and amassed bodily warmth of the entrails of a murder.

Perhaps these are the ritual behaviours of a transition towards death and the *terminal metaphors* of certain impulses which emerge from our childhood. Something which has given a biographical structure to our *doing* and which, at the same time, has turned our works into milestones along a path, and into marks on the territory which ultimately gives meaning and value to our destination.

Written in Salamanca, 13 September 1999.
First published in *Arte y Parte*, no. 23, October–November, 1999.

El pulso

La domesticación es un pulso que muestra la fuerza para doblegar y mandar. Dominar y encauzar al contrario en la dirección deseada es un ejercicio de poder semejante a doblar una plancha y torcer un hierro. Son ejercicios de fuerza que muestran la resistencia y flexibilidad del material.

Alguien nos está echando un pulso y lo hemos descubierto de repente y sin aviso. Inesperadamente, el interlocutor habitual se convierte en oponente y, en la misma mesa, y en el mismo lugar donde vives, su brazo se tensa para doblarte. Creías compartir una cama y en realidad era una pista de tenis, un partido. El socio se hace contrincante pero su voz le delata en un descuido. La mirada y la búsqueda no eran la misma y su elegante traje hoy sólo es un disfraz.

Al final, sólo somos una barca que ha ayudado a pasar a la otra orilla al contrario, en una travesía que nos *revela*. Remabas a fondo, sin ver que tu esfuerzo movía también su cuerpo.

Escrito en Salamanca, 20 de septiembre de 1999.
Publicado por primera vez en *Fernando Sinaga, Consideraciones discontinuas, 1985-1999*, Galería Bores & Mallo, Cáceres, 1999.

The Trial of Strength

Domestication is a trial of strength which shows the power to subjugate and rule. Dominating and steering the opponent in the desired direction is an exercise of power similar to bending sheet metal and twisting iron. They are exercises in strength which show the resistance and flexibility of the material.

Somebody is challenging us and we have discovered this suddenly and without warning. Unexpectedly, the usual interlocutor becomes an opponent and, at the same table, and in the same place where you live, his arm tenses to break you down. You believed that you were sharing a bed and in fact it was a tennis court, a match. The partner becomes a rival but his voice gives him away when he is careless. The gaze and pursuit were not the same and today his elegant suit is just a disguise.

In the end, we are just a ferry has helped our opponent get to the other side, in a crossing that *reveals* us. You were rowing full out, without realising that your effort was also moving his body.

Written in Salamanca, 20 September 1999.
First published in *Fernando Sinaga, Consideraciones discontinuas, 1985-1999*, Galería Bores & Mallo, Cáceres, 1999.

Spaesamento

Sin alejamiento no hay reencuentro, pues lo que sabemos de nosotros mismos debe avanzar más allá del territorio desde donde emergen los recuerdos. Es un espacio donde hemos de encontrarnos con nuestra mirada errática como el que tropieza con sus propios pasos en la línea del horizonte y la inmensidad del mundo. Paraje amnésico e hipnótico el de esta visión arrojada. Lugar adormecedor y somnoliento que nos descubre la geografía inabarcable del universo como un imparable deslizamiento sin retroceso posible.

Adentrarnos en esa geometría de recorridos que nos abisman en lo otro y que ciegan lo propio, es el vaivén del desacorde y la afinación del ser, una rotura permanente de la identidad anterior. Casa inundada, anegada por la emboscadura y desorden esencial que desde su miedo inventa el jardín.

La mirada oblicua es el desvío hacia otras potencialidades. Concupiscencia y perversión en vez de seguir fijezas y emigración hacia lo extraño como el anverso enrevesado de lo conocido. El mal entendido como incumplimiento esencial, deslizamiento aniquilador hacia lo ajeno y potente disolvente de las huellas, obsesiones y fijezas. Su atemorizado remedio trata de acotar el espacio y logra tan sólo anegarlo. Desligar se convierte entonces en la acción que nos permite cicatrizar el corte y reanudar el antiguo ritual del anudamiento, pues únicamente ciertos entrelazamientos iluminan algún reflejo.

Traicionar lo dado y alejarse es reunirse más allá de lo real para habitar por un momento lo propio como una forma de extrañamiento que rehace el retorno. Dolor, lamento, dislocación, espaciamiento silencioso y desorden del sentido de las cosas. Nos alejamos cada vez más rápido y sólo esa huida nos hará volver.

Deriva extraña la de esta pulsión sin deseo que abandona la pasión y se aquieta hacia el centro. Retiro definitivo hacia la sequedad y el desierto como el lugar donde ya no estamos, horizonte negativo y abismo del recuerdo.

Escrito en Madrid, 20 de agosto de 2000.
Publicado por primera vez en tarjeta exp., Galería Max Estrella, Madrid, 2001.

Spaesamento

Without distancing there is no reencounter, for what we know about ourselves must advance beyond the territory from which memories emerge. It is a space where we must come across our wandering gaze like someone who stumbles over his own steps in the horizon line and the immensity of the world. An amnesic and hypnotic spot is that of this reckless vision. A sleep-inducing and somnolent place that reveals to us the vast geography of the universe as an unstoppable drift without any possible return.

Penetrating into that geometry of routes which plunge us into otherness and blind the self is the backward and forward motion of discordance and the refining of being, a permanent shattering of the previous identity. A house flooded, overwhelmed by the retreat into the forest and essential disorder which the garden invents out of its fear.

A sidelong glance is a detour towards other potentialities. Concupiscence and perversion instead of following fixities, and emigration towards the strange, like the complex obverse of that which is known. Evil taken to be essential failure to comply, an annihilating drift towards the alien and a powerful remover of traces, obsessions and fixities. Its terrified remedy tries to set bounds in space and succeeds only in overwhelming it. Disentangling then becomes the action which enables us to heal the cut and resume the ancient ritual of knotting, for only certain intertwinings illuminate some reflection.

To betray what is given to us and move away is to be reunited beyond the real world in order to inhabit the self momentarily as a form of estrangement which brings about the return. Pain, lamentation, dislocation, silent spacing and disorderliness of the meaning of things. We move away increasingly quickly and only this flight will cause us to return.

This impulse without desire which abandons passion and becomes still towards the centre is an odd sort of drifting. A definitive withdrawal towards drought and the wilderness as the place we are no longer at, negative horizon and abyss of memory.

Written in Madrid, 20 August 2000.
First published in exh. card, Galería Max Estrella, Madrid, 2001.

Erosión erótica

El tiempo se deshace y su erosión ha desintegrado el deseo. Desamor, cansancio y un erotismo inadvertido que surge entremezclado como una brisa. Hálito que se nos da para salir del *sí mismo* en la búsqueda del beso mítico. Encuentro del desencuentro y error de lo errático, propuesta sin respuesta y la nada como fondo.

El aliento y el ánimo se rehacen siguiendo ese reflejo y aparece de nuevo la visión sesgada hacia la otra mirada. ¿Cuál es tu herida, *qherida*? Ninguna. Mi vida es transparente.

El disfraz es ahora nuestra nueva piel. Reencarnada protección que nos viste y protege del *encuentro* haciéndonos vivir nuestras vidas a destiempo, sin orden real, sólo como una ensoñación, un baile y un cruzamiento de proyecciones. La nada sin nada. Desde ese desánimo la alteridad es el *fantasma*, la última aventura frente a un retorno imposible. Desahuciado de convicción, destemplado, recorro el momento como ese lugar abrasivo que ha sido desgastado por una nada. ¿Es todo irrelevante y en cada nuevo encuentro se repite la transacción?

El intercambio ya no es posible y la erosión queda como el rastro de una comunicación fracasada. Rozamientos, fricciones, desacuerdos ácidos, respuestas cáusticas y rechazos integrados adornados de buenas maneras. Nuestra erosión química y mecánica se ha fundido finalmente en la mixtión erótica del ropaje y el barniz.

La respuesta no solicitada es tarea inútil y la mancha ácida sin pintura se hace de nuevo contraescultura.

Escrito en Madrid, 21 de septiembre de 2000.
Publicado por primera vez en tarjeta exp., Galería Max Estrella, Madrid, 2001.

Erotic Erosion

Time is crumbling and its erosion has caused desire to disintegrate. Indifference, weariness and an unnoticed eroticism that emerges, intermingled like a breeze. A breath that is given to us to come out of itself in pursuit of the mythical kiss. An encounter with disagreement and error of the erratic, a proposal without response and nothingness as a backdrop.

Breath and spirit recover following this reflection and the biased view of the other gaze reappears once again. What is your wound, darling?[1] None. My life is transparent.

Disguise is now our new skin. A reincarnated protection that clothes us and protects us from the *encounter* by causing us to live our lives out of sync, without proper order, only as if a dream, a dance and a crossing of projections. Nothing without anything. In this state of despondency otherness is the *phantom*, the last adventure vis-à-vis an impossible return. Emptied of conviction, feverish, I go over the moment as that abrasive place which has been worn down by a nothing. Is everything irrelevant and the transaction repeated in each new encounter?

Exchange is no longer possible and erosion remains as the trace of failed communication. Chafing, friction, acid disagreements, caustic replies and integrated rejections adorned with good manners. Our chemical and mechanical erosion has finally blended into the erotic mixture of clothing and varnish.

The unsolicited reply is a futile task and the acid stain without paint again becomes counter-sculpture.

Written in Madrid, 21 September 2000.
First published in exh. card, Galería Max Estrella, Madrid, 2001.

Translator's note: In the original Spanish, "Cuál es tu herida, qherida", Sinaga combines the words "herida" (wound) and "querida" (darling) in *qherida*.

Comercio total

El neoliberalismo creciente trata de convencernos de la necesidad de abrir los diferentes mercados al libre comercio y a las inversiones de las grandes corporaciones como única forma de expandir el progreso y combatir la pobreza. El comercio es para el pensamiento neoliberal una especie de lugar terminal del internacionalismo de izquierdas, pues sólo por el crecimiento económico el desempleo podrá ser vencido, lo que es igual al crecimiento cada vez mayor de las grandes multinacionales, unido al deterioro creciente de nuestro ecosistema. La Organización Mundial de Comercio se esfuerza por convencer a los diferentes gobiernos que favorezcan las negociaciones sobre el *libre comercio*, un caballo de Troya que el mundo comercial está introduciendo para tener sujeta la política mundial.

La OMC y el Fondo Monetario Internacional son hoy considerados por los que protestan, los máximos responsables del declive político de los Estados y de las instituciones democráticas en favor de los grandes grupos de presión económicos y financieros. Frente al llamado *poder blando* —influencia cultural de la ideología dominante—, las minorías del mundo entero se sienten hoy asaltadas en su cultura y medios de vida por las multinacionales que se desplazan oliendo la pobreza y buscando la mano de obra más barata a fin de mejorar sus beneficios. Los sindicatos de EE.UU. se oponen, a su vez, a una liberalización de las inversiones que permita a las empresas trasladarse en busca de la mano de obra más barata y exigen un acuerdo previo que garantice unos salarios dignos mínimos en todos los países.

Las reglas han cambiado y muchos se han quedado *fuera de juego* sin darse cuenta y tratan ahora de reaccionar, rompiendo al menos parte del juego establecido. La bola negra se aquieta y mira su entorno.

El mundo se encamina hacia una forma de progreso basado en un engrandecimiento material sin límites y en formas de vida cada vez más absorbidas por las necesidades de la vida práctica. Esta pulsión arquetípica no es algo casual y no ha carecido de defensores y promotores sino que, por el contrario, se ha visto favorecida sobre todo por los avances y ventajas que el desarro-

Growing neoliberalism is trying to convince us of the need to open up different markets to free trade and investments of major corporations as the only way of expanding progress and combating poverty. Trade is to neoliberal thought a sort of terminal of leftist internationalism, as only through economic growth can unemployment be defeated, which is tantamount to the increasing growth of the major multinationals coupled with the growing deterioration of our ecosystem. The World Trade Organization endeavours to convince the different governments to foster negotiations on *free trade*, a Trojan horse which the business world is bringing in to keep world politics under control.

The WTO and the International Monetary Fund are today considered by those who protest to be the main culprits of the political decline of states and democratic institutions in favour of the major economic and financial pressure groups. In contrast to the so-called *soft power*—cultural influence of the dominant ideology—minorities the world over feel nowadays that their culture and means of life are under attack from multinationals, which relocate, sniffing poverty and seeking out the cheapest labour in order to up their profits. The US trade unions, in turn, oppose a liberalisation of investments that would allow companies to relocate in search of cheaper labour and call for a prior agreement to guarantee a decent minimum wage in all countries.

The rules have changed and many of them have been left *out of the game* without realising and are now trying to react by breaking up at least part of the established play. The black ball grows still and gazes at its surroundings.

The world is heading towards a form of progress based on boundless material growth and on ways of life that are increasingly absorbed by the needs of practical life. This archetypical impulse is no coincidence and has not lacked its advocates and champions; on the contrary, it has been favoured above all by the advances and advantages brought by technological and scientific development. A narcotic formula clothed in progress which conceals its mercantile ambitions by granting a few

llo tecno-científico ha producido. Fórmula narcótica revestida de progreso que oculta sus ambiciones mercantiles otorgando algunas ventajas a sus víctimas. Es un desarrollo desigual que ha cosido fatalmente nuestro destino a los avances del mundo y nos ha hecho seres dependientes de los objetos.

Es un mundo enmarañado en cosas que se desechan sin reparación posible y que se renuevan incesantemente desde una evolución tan frenética como imparable hacia la eficacia. Un exceso que ha desplazado al hombre, sustituyendo el mundo laboral tradicional por el trabajo robotizado. Hoy el sueño franciscano de *ser* en un mundo desnudos y despojados de las cosas temporales se desvanece, siendo por contrario las cosas las que nos definen, haciéndonos ser lo que somos, naturaleza protésica y sin retorno. Nos alejamos cada vez más rápido de las concepciones eremíticas de la *pobreza* y de la *caridad* como las únicas actitudes vitales que pueden solucionar realmente las luchas materiales y las diferencias de clase a través de la enseñanza de la desposesión, el reparto y la participación. Pero el peligro mayor sólo ha mostrado una parte de su rostro, pues el cinismo actual del comercio es presentarse como algo que carece de política e ideología determinada, algo neutro que sólo procura extender la riqueza dando posibilidades al que no las tiene y distribuyendo el progreso en el mundo. Almas caritativas que distribuyen la riqueza y el trabajo. Maya moderna e ilusión del pobre que cree en la generosidad del rico e ignora su codicia infinita. La reunión en Davos de este año se inauguró recordando que se calcula que unos 1.200 millones de personas en el mundo viven con menos de un dólar diario. El capital cada vez está en menos manos, vencedor de la fracasada utopía comunista es hoy el que reparte palomitas mientras se apodera de los recursos naturales, de los sistemas de transformación y de los países que se alquilan al mejor postor.

La conciencia social se ha adormecido entretenida en un show, un espectáculo televisivo divertido que construye atracción y audiencia. Es precisamente este mecanismo del entretenimiento el que teje la manipulación fundamental, favoreciendo los hábitos que nos hacen *estar descuidados*. Un disfraz relleno de

advantages to its victims. It is an uneven development which has fatally tied our destiny to the advances of the world and has made us beings dependent on objects.

It is a world entangled in things which are discarded without possible repair and are renewed incessantly from an evolution that is heading as frantically as it is unstoppably towards efficacy. An excess which has displaced man, replacing the traditional world of human labour with robotised work. Today the Franciscan dream of *being* in a world, naked and stripped of temporal things, is fading; on the contrary it is things which define us, making us what we are, prosthetic nature and without return. We are increasingly distancing ourselves from the hermits' conceptions of *poverty* and *charity* as the sole attitudes to life which can truly solve material struggles and class differences through the teaching of dispossession, sharing and participation. But the biggest danger has shown only part of its face, as the current cynicism of trade lies in the fact that it presents itself as something that is lacking in a particular political and ideological stance, something neutral that only endeavours to spread wealth by providing possibilities to those who lack them and distributing progress in the world. Charitable souls who distribute wealth and work. Modern *maya* and illusion of the poor man who believes in the generosity of the rich man and is unaware of his infinite greed. This year's meeting at Davos began with a reminder that some 1.2 billion people in the world are reckoned to live on less than a dollar a day. Capital is in increasingly fewer hands, the victor of the failed communist utopia today is he who gives out popcorn while taking over natural resources, processing systems and countries that hire themselves out to the highest bidder.

Social awareness has grown numb, entertained by a performance, an amusing television show that builds appeal and audience. It is precisely this entertainment mechanism which weaves the fundamental manipulation, favouring habits which cause us *to be careless*. A disguise full of appeal that makes the salesman a deceitful spirit, as his *power* will only be visible when

simpatía que hace del comercial un espíritu engañoso, pues su *poder* sólo se hará visible cuando la vida quede absolutamente invadida de mercaderes y ya no dispongamos de ningún Nazareno dispuesto a sacarlos a latigazos y a desvelar finalmente la vida real olvidada.

En un mundo sin convicciones políticas, sin ideologías, ni creencias, el ciudadano-consumidor es *pato a la naranja* para el capital. *Take Brasil Easy*, disfruta, chico, y descansa en los sillones de relajación de Toyo Ito. ¡Que sufran los perdedores!

Forzar a la riqueza al reparto es hoy una revolución fracasada. Tan sólo nos queda predicar la *compasión* hacia los débiles, la lucha activa de nuestras actitudes personales y una no participación en un mundo de esas características. Contra la riqueza de unos pocos sólo es posible la redistribución compasiva de la misma y el reparto del trabajo entre los demás. Pero sin esta modificación ética substancial y un cambio en nuestro comportamiento, no será posible salir de ese marasmo en el que nos movemos. Es imprescindible un nuevo enfoque, pues no ver que la pobreza en el mundo es el permanente testigo de nuestra infamia y que la injusticia la estamos estableciendo como un defecto menor del sistema, es seguir colaborando con el estado de las cosas.

Un mundo donde el que no es un pragmático, es un profeta o un predicador molesto de catástrofes imaginarias. Pero aunque sabemos que nuestro sistema no puede sostener un modelo de desarrollo como el actual, damos la espalda a la evidencia y votamos al candidato que proponen las empresas. La visión de la vida como una *mercancía* ha deshumanizado la existencia, siendo éste el colofón final de la vida utilitarista y la sustitución fundamental de cualquier *relación* por transacción, y del *vínculo* por el uso del otro. Una *nada* significativa que se ha legitimado. Un trueque generalizado que nos ha hecho saldos de una rebaja, captadores del cliente, buscadores de oro y traficantes de esclavos de un mundo laboral en precario.

Hoy, la mirada del otro esta mediatizada por el uso y la utilidad. Todo es un truco para apoderarse de la *pasta* y la desideologiza-

life is totally invaded by merchants and we no longer have any Nazarene willing to send them away with cracks of the whip and finally reveal the forgotten real life.

In a world without political convictions, without ideologies or beliefs, the citizen-consumer is *duck à l'orange* for capital. *Take Brasil easy*, enjoy yourself and rest in the easy chairs of Toyo Ito. Let losers suffer!

To force riches to be shared out is a failed revolution today. All that remains is for us to preach *compassion* towards the weak, the active struggle of our personal attitudes and non-participation in a world of these characteristics. Against the wealth of a few all that is possible is compassionate redistribution and the sharing of work among the rest. But without this substantial ethical modification and a change in our behaviour, there is no way out of this quagmire in which we are immersed. A new approach is essential, as failure to see that the poverty in the world is the permanent witness to our infamy and that we are establishing injustice as a lesser flaw in the system amounts to continuing to collaborate with the status quo.

A world in which anyone who is not pragmatic is a prophet or a bothersome preacher of imaginary disasters. But although we know that our system cannot sustain a development model such as the current one, we turn our back on the evidence and vote for the candidate proposed by companies. The vision of the world as *merchandise* has dehumanised existence, and this is the culmination of utilitarian life and the basic replacement of any *relationship* with transaction, and of *bonds* with use of other people. A significant *nothing* which has been legitimised. A generalised barter which has made us sale bargains, recruiters of customers, gold seekers and slaves of a precarious world of employment.

Today, the gaze of the other is influenced by use and utility. Everything is a trick to take possession of *dough* and stripping art of ideology is the final consequence of this practice. Art is an unprotected witness that has been left at the mercy of the

ción del arte es la consecuencia final de esta práctica. El arte es un testigo desprotegido que ha quedado a la intemperie, sujeto a los intereses del mercado y de la política. Un cuchillo desafilado y una mirada desactivada que se ha hundido en la *extrañeza,* al quedar inmerso en la esfera de lo económico.

Por lo tanto, una estrategia que defienda hoy lo público es más que nunca esencial para la defensa de aquellos valores que pertenecen a la sociedad y que hemos de proteger frente a la rapiña de un *comercio* salvaje e indiscriminado.

Escrito en Salamanca, 10 de febrero de 2001.
Publicado por primera vez en *Liberalt?: Cultura y Globalización*, Galería Trayecto, Vitoria-Gasteiz, 2001.

elements, subject to market and political interests. A blunt knife and deactivated gaze which has sunk into *estrangement,* becoming immersed in the economic sphere.

Therefore, a strategy which today defends the public sector is more essential than ever to defending the values that belong to society and which we must protect against the thieving hands of savage and indiscriminate *trade.*

Written in Salamanca, 10 February 2001.
First published in *Liberalt?: Cultura y Globalización*, Galería Trayecto, Vitoria-Gasteiz, 2001.

Viomvo

Los falsos sentimientos se parecen a las fugaces percepciones cristalinas, invenciones espectrales que el alma produce para paliar el dolor y poder así olvidar. Visiones entrañables que no se sustentan en lo real ni en el propósito de las cosas. Falsas emociones —como proyecciones ocultas—, ensayos de una restitución y simulacros de un rescate.

Un diálogo sesgado contra el tiempo real y una escenificación que hace del imaginario necesidad fundamental, palanca, cortina de lo impenetrable, biombo traslúcido y espejismo separador que construye un paisaje mental desde un *fantasma* decisivo. Su suspensión vertiginosa irrumpe sesgadamente para aliviar el peso de tanta realidad y ensaya la terapia incestuosa de los parecidos, introduciendo el reflejo, el deslumbramiento, la ceguera y la pantalla de proyección. Un espacio que es a la vez estancia, cerramiento, área de descanso y visión rellena de angustia. Mirador del enigma, enreda las emociones entre sus zarzas y te introduce en el laberinto como el asiento abismal del conocimiento.

Viomvo es el acompañamiento de la mirada que nos descubre e inventa, pues el ojo ve más que lo que siente el corazón.

Escrito en Salamanca, 13 de febrero de 2001.
Texto vinculado al proyecto *Viomvo* realizado para el Jardín Botánico de Gijón, 2002.
Publicado por primera vez en *Fernando Sinaga, Consideraciones discontinuas y otras conversaciones*, Fundación Salamanca, Salamanca, 2006.

Viomvo

False feelings are like fleeting crystalline perceptions, spectral inventions which the soul produces to ease pain and be able to forget. Cherished visions which are not based on reality or on the purpose of things. False emotions—like hidden projections—rehearsals of restitution and rescue drills.

A dialogue that is biased against real time and a mise-en-scene that makes the imaginary a basic necessity, lever, curtain of the impenetrable, translucent screen and separating mirage that builds a mental landscape from a decisive *phantom*. Its vertiginous suspension bursts in biasedly to ease the weight of so much reality and rehearses the incestuous therapy of resemblances, introducing reflection, bedazzlement, blindness and the projector screen. A space which is both a room, enclosure, rest area and a vision filled with anguish. Vantage point of enigma, it entangles emotions among its brambles and introduces you to the labyrinth as the abysmal seat of knowledge.

Viomvo is the accompaniment to the gaze that discloses and invents us, as the eye sees more than the heart feels.

Written in Salamanca, 13 February 2001.
Text related to the project *Viomvo* for the Jardín Botánico, Gijón, 2002.
First published in *Fernando Sinaga, Consideraciones discontinuas y otras conversaciones*, Fundación Salamanca, Salamanca, 2006.

Lazos y nudos

A veces las cosas se atan solas y se desatan sin que haya dado tiempo de correr el lazo, ni tensar los cabos. Quizá esos lazos eran sólo leves entrelazamientos de afinidades y transferencias que se desvanecieron cuando se acabó el tiempo.

Conexiones acausales que nunca tuvieron la intención de crear una atadura ni tan siquiera un trenzado, por lo que desatarse era tarea fácil para el que dejó el nudo suelto, pues lo hizo a sabiendas de que bastaría con tirar del cabo en el momento oportuno.

Momentáneas correspondencias transformadas en donaciones perdidas, sin segunda vez. Hechos para precipitar destino y provocar desenlaces, pues el que nunca quiere unirse a nada, no hace nunca un nudo.

Escrito en Salamanca, 4 de junio de 2001.
Publicado por primera vez en *Fernando Sinaga, Consideraciones discontinuas y otras conversaciones*, Fundación Salamanca, Salamanca, 2006.

Loops and Knots

Sometimes things tie and untie themselves without there being time to make a loop or tighten it by pulling the ends. Perhaps those loops were only slight intertwinings of affinities and transfers which vanished when time was up.

Acausal connections that never had the intention of creating a tie or even plaiting, and therefore untying was an easy task for the person who left the knot loose, as he did so knowing that it would be sufficient to tug the end when appropriate.

Momentary correspondences transformed into lost gifts, with no second time. Events to rush destiny and trigger outcomes, as anyone who never wishes to be tied to anything never makes a knot.

Written in Salamanca, 4 June 2001.
First published in *Fernando Sinaga, Consideraciones discontinuas y otras conversaciones,* Fundación Salamanca, Salamanca, 2006.

La utilidad que buscas te utilizará de la misma forma.

El finalismo que persigues y la estrategia que esgrimes te impiden improvisar.

La excesiva protección te desprotege.

La falta de riesgo te atemoriza.

La mentira construye realidad pero no resiste el tiempo.

Si diste un paso, arrepentirse y negarlo no lo hará desaparecer.

Saliéndote de la escena, has conseguido casi hacernos olvidar tu actuación.

Tu ambición despierta la avaricia y tu generosidad la compasión. Elige.

Los caminos que no llevan a ninguna parte, nos permiten al menos olvidarnos del trazado.

Escrito en Salamanca, 15 de septiembre de 2001.
Publicado por primera vez en *Fernando Sinaga, Consideraciones discontinuas y otras conversaciones*, Fundación Salamanca, Salamanca, 2006.

The utility you seek will use you in the same way.

The finalism you pursue and the strategy you employ prevent you from improvising.

Excessive protection leaves you unprotected.

Lack of risk terrifies you.

Lies build reality but do not withstand time.

If you took a step, repenting and denying it will not make it go away.

By going off the stage you have nearly made us forget your performance.

Your ambition kindles avarice and your generosity compassion. Choose.

Paths which lead nowhere at least allow us to forget about the way.

Written in Salamanca, 15 September 2001.
First published in *Fernando Sinaga, Consideraciones discontinuas y otras conversaciones*, Fundación Salamanca, Salamanca, 2006.

Ocular Spectra

«La fugacidad de los colores fisiológicos hizo que Boyle los denominara colores *adventicii*, Rizetti *imaginarii* y *phantastici*; Buffon *couleurs accidentelles*, y Scherffer *colores aparentes;* algunos los califican de *ilusión óptica* y *engaño visual*; Hamberger los llama *vitia fuggitiva*, y Darwin *ocular spectra*.»

Esta condición real e irreal a la vez es lo que me permite inventar una presencia que se materializa y desvanece simultáneamente, haciendo que su existencia física y cromática sea tan sólo una realidad suspendida, vibrante, epidérmica y cosmética.

Escrito en Turín, 6 de noviembre de 2001.
Publicado por primera vez en *Fernando Sinaga, Consideraciones discontinuas y otras conversaciones*, Fundación Salamanca, Salamanca, 2006.

Ocular Spectra

"The fleetingness of physiological colours led Boyle to call them colours *adventicii*, Rizetti *imaginarii* and *phantastici*; Buffon *couleurs accidentelles* and Scherffer *apparent colours*; some describe them as *optical illusion* and *visual deceit*; Hamberger calls them *vitia fuggitiva*, and Darwin *ocular spectra*."

This condition both real and unreal is what allows me to invent a presence that materialises and fades away simultaneously, making its physical and chromatic existence only a suspended, vibrant, epidermal and cosmetic reality.

Written in Turin, 6 November 2001.
First published in *Fernando Sinaga, Consideraciones discontinuas y otras conversaciones*, Fundación Salamanca, Salamanca, 2006.

Bal + Samo

La tortuosa geografía de la herida es el enigmático emblema de un reanudado escenario mítico y la causa de un aquietamiento interior que ha permitido hallar remedios y cartografiar recorridos que buscan cómo transformar la dolencia en curación.

El oscuro período de convalecencia, la indefensión esencial, el abatimiento profundo y el reposo son estados del náufrago en su intento por reconstituir la coraza anímica y encontrar finalmente el consuelo a un hondo desánimo. Corazón velado por el rayo, dolencia incurable que separa del mundo al que la padece, anegado por la ensoñación y el delirio que aleja la lengua ardiente que humedece los párpados.

Insondable dolencia que sólo se adquiere por el desmesurado *deseo de ver*. Deseo semejante al que condujo a Acteón a la visión *fuera de sí* y que le trajo simultáneamente el milagro y la maldición. Una epifanía desatada en abrasiva salpicadura que hizo ciervo al cazador, al ser llevado por pasos que seguían un trazado geométrico indescifrable.

Visión estriada del que mira más allá de *sí mismo* hasta abismarse al perseguir la pulsión de una sangre obstinada que sólo desea convertirse en lo que *es*. Locura del que no duda en ascender hasta cegarse *en lo que hiere, corre veloz y mata*. Desmembramiento y aniquilación por adoración hipnótica de una eternidad reflejada en un círculo ensimismado. La muerte en los ojos es el oscuro reflejo del deseo del otro, llaga y combustión implacable de la que se desprende un humo que aromatiza aquello en lo que finalmente nos convertimos.

Escrito en Salamanca, 31 de diciembre de 2001.
Publicado por primera vez en tarjeta de invitación de la Galería Fernando Latorre, Zaragoza, 2002.

The tortuous geography of a wound is the enigmatic emblem of a renewed mythical setting and the cause of an inner calm that has made it possible to find remedies and map out routes which seek to transform pain into healing.

The dark period of convalescence, essential defencelessness, deep depression and rest are states of the castaway in his attempt to rebuild his mental shield and finally find consolation for deep despondency. Heart veiled by a ray, incurable ailment which separates the sufferer from the world, overwhelmed by the fantasy and delirium which drives away the burning tongue that moistens the eyelids.

Unfathomable ailment which is only acquired by the disproportionate *desire to see*. A desire similar to that which drove Actaeon to a vision *beside himself* and which brought him miracle and damnation simultaneously. An epiphany unleashed in an abrasive spattering which turned the hunter into the deer, led by stags following an indecipherable geometrical path.

Striated vision of he who looks beyond *himself* to the point of abandoning himself in pursuing the impulse of an obstinate blood which only wishes to convert itself in what it *is*. Madness of he who does not hesitate to ascend until blinding himself *in what wounds, runs fast and kills.* Dismemberment and annihilation through hypnotic adoration of an eternity reflected in a self-engrossed circle. Death in the eyes is the dark reflection of the other's desire, sore and implacable combustion that gives off a smoke which scents that in which we are finally converted.

Written in Salamanca, 31 December 2001.
First published in exh. card, Galería Fernando Latorre, Zaragoza, 2002.

V.I.T.R.I.O.L

(Visita Interiorem Terrae Rectificando Invenies Operae Lapidem)

Detrás de las imágenes que se muestran están las imágenes que se ocultan.
Gaston Bachelard

Hundirse en el lugar donde reaparecen los emblemas es aceptar las imágenes imparables que rehacen la circulación interior.

Su esférica construcción simbólica se asemeja a aquellos fluidos que no pueden ser guardados por recipiente alguno, pues su destino es discurrir sin control hacia su propio centro.

De nuevo, lo imparable atrapa el momento como un sinsentido que diluye la vieja y dominante conciencia yoica. *V.I.T.R.I.O.L.* pertenece a un estado donde ya sólo atendemos a lo que es.

Escrito en Cáceres, 15 de enero de 2003.
Publicado por primera vez en *Fernando Sinaga, Consideraciones discontinuas y otras conversaciones*, Fundación Salamanca, Salamanca, 2006.

V.I.T.R.I.O.L.

(Visita Interiorem Terrae Rectificando Invenies Operae Lapidem)

Behind the images which are shown are the images which are hidden.
Gaston Bachelard

To be plunged into the place where emblems reappear is to accept the unstoppable images which reshape the inner circulation.

Its symbolic spherical construction resembles those fluids which cannot be retained by any receptacle, as its destiny is to flow uncontrolledly towards its own centre.

Once again, the unstoppable traps the moment as senselessness which dilutes the old, dominant awareness of the self. *V.I.T.R.I.O.L.* belongs to a state where we are now only concerned with that which is.

Written in Cáceres, 15 January 2003.
First published in *Fernando Sinaga, Consideraciones discontinuas y otras conversaciones*, Fundación Salamanca, Salamanca, 2006.

Creatio ex nihilo

Se acaba el aislamiento y el silencio al caer las palabras sobre mi cabeza como gotera en un sueño. Al despertar, mi somnolienta atención disgrega mis ideas y su mirada desenfocada no distingue, ni reconoce, tan sólo mira. Se ha roto el flujo de la quietud y el murmullo incesante rellena su hueco, acabando con la inacción y sellando el vacío y la nada; la clausura desaparece y la vida vuelve.

Tiempo atrás, el deseo aniquilado por el deseo nos mantuvo sujetos a la noria y atrapados en sus giros. Hoy, quieto de deseo y desactivado, reúno mi experiencia e imagino su figura. Nada de lo que ha sucedido existe y, sin embargo, he sido.

Escrito en Salamanca, 31 de diciembre de 2003.
Publicado por primera vez en *Fernando Sinaga, Consideraciones discontinuas y otras conversaciones*, Fundación Salamanca, Salamanca, 2006.

Creatio ex Nihilo

The isolation and silence come to an end when the words fall onto my head like drips in a dream. On awakening, my slumbering attention disperses my ideas and its out-of-focus gaze neither distinguishes nor recognises, only looks. The flow of calm has been disrupted and the incessant murmur fills its gap, putting an end to the inaction and sealing the vacuum and the nothing; the closing disappears and life returns.

Long ago, desire annihilated by desire kept us attached to the waterwheel and trapped to its turns. Today, calm of desire and deactivated, I bring together my experience and imagine its figure. Nothing of what has happened exists, and yet I have been.

Written in Salamanca, 31 December 2003.
First published in *Fernando Sinaga, Consideraciones discontinuas y otras conversaciones*, Fundación Salamanca, Salamanca, 2006.

Zona

Lo que sabemos vive en una zona que está conectada a lo que no vemos, ni oímos; un subsuelo que dirige aquello que somos y que favorece o impide que ciertos hechos sucedan. Nada de lo que nos ocurra podrá entenderse sin remover este amasijo y sin separar lo que nos define y decide. *Zona* es el espacio intermedio que impregna nuestra realidad de irrealidad y llena nuestras representaciones de extrañamiento y sinrazón.

Escrito en Salamanca, 3 de diciembre de 2005.
Publicado por primera vez en Fernando Sinaga, *Consideraciones discontinuas y otras conversaciones*, Fundación Salamanca, Salamanca, 2006.

Zone

What we know inhabits a zone which is connected to what we do not see or hear; a subsoil which directs that which we are and which favours or prevents certain events from occurring. Nothing of what occurs can be understood without stirring up this mixture and without separating that which defines and decides us. *Zone* is the intermediate space which steeps our reality in unreality and fills our representations with estrangement and absurdity.

Written in Salamanca, 3 December 2005.
First published in *Consideraciones discontinuas y otras conversaciones*, Fundación Salamanca, Salamanca, 2006.

Neocortext

El mundo se organiza y constituye en una estructura donde pensamos lo visible como una mirada que se disipa si no es observada. Es por ello por lo que a la manera de Paul Valéry, debemos tratar de reunir y rechazar lo observado, fundiendo opciones contrapuestas que activen la dialéctica existente entre las decisiones y las indecisiones. Sabemos además que finalmente nuestro comportamiento se modifica y determina en cada elección y que en cada decisión se abre una percepción subjetiva del mundo y una nueva implicación desde donde se producirán nuevas elecciones.

Tenemos, por tanto, la certeza de saber que en cada momento los objetos se desplazan ante nosotros como seres aquietados y mudos que se ocultan a nuestra visión de forma irreconocible y que sólo cuando nos hablan directamente logramos distinguirlos. Lo insignificante será entonces lo equivalente a lo no percibido.

La creación artística implica aceptar la aplicación de un sistema de decisiones permanente. Una pertenencia a un cuerpo de afinidades electivas que terminan por formar eso que llamamos sujeto. Un proceso de reconocimiento donde lo que somos depende de un complejo sistema especular que nos guía tanto como nos confunde y es quizá por eso por lo que la idea de percepción es utilizada aquí en un sentido más amplio que el de percepción visual, pues se dirige hacia una comprensión de la realidad que incorpora tanto los datos objetivos de la misma como las imágenes involuntarias o los pensamientos no conscientes.

Neocortext utiliza la teoría como una práctica artística capaz de crear una *segunda visión* donde se contiene el imaginario constructivo y visual que subyace tras cada decisión.

Escrito en Salamanca, 1 de enero de 2008.
Publicado por primera vez en *Conparada01. dispositivos. Disposiciones (1982-1992). derrota, no futuro y cambio (de nada),* Vital Kutzaren Gizarte Ekintza, Vitoria-Gasteiz, 2008. Texto vinculado al taller *Deuteroscopia. La segunda visión* realizado en el Museo Thyssen-Bornemisza, Madrid, 2008, al taller *Neocortext. La visión alterada,* Krea, Vitoria-Gasteiz, 2009, y al proyecto editorial *Pantallas espectrales sobre el Ebro,* Universidad de Zaragoza, Zaragoza, 2009.

Neocortext

The world organises and shapes itself into a structure where we conceive the visible as a gaze that vanishes if it is not observed. That is why, in the manner of Paul Valéry, we must attempt to assemble and reject that which is observed, merging opposite options which activate the existing dialectic between decisions and indecisions. We furthermore know that in the end our conduct is modified and determined in each choice and that each decision opens up a subjective perception of the world and a new implication from which new choices will be made.

We therefore know for certain that at each moment objects are displaced before us like quietened and dumb beings that conceal themselves from our sight unrecognisably and that only when they speak to us directly do we manage to distinguish them. The insignificant will then be the equivalent to the non-perceived.

Artistic creation implies accepting the application of a permanent system of decisions. A belonging to a body of elective affinities which end up forming that which we call subject. A process of recognition where what we are depends on a complex specular system which guides us as much as it confuses us and perhaps this is why the idea of perception is used here in a broader sense than visual perception, as it is directed at an understanding of reality which incorporates both the objective information and involuntary images or unconscious thoughts.

Neocortext uses theory as an artistic practice capable of creating a *second vision* which contains the constructive and visual imaginary that underlies every decision.

Written in Salamanca, 1 January 2008.
First published in *Conparada01. dispositivos. Disposiciones (1982-1992). derrota, no futuro y cambio (de nada)*, Vital Kutzaren Gizarte Ekintza, Vitoria-Gasteiz, 2008. Text related to the workshop *Deuteroscopia. La segunda visión* held in the Museo Thyssen-Bornemisza, Madrid, 2008, the workshop *Neocortext. La visión alterada*, Krea, Vitoria-Gasteiz, 2009, and to the editorial project *Pantallas espectrales sobre el Ebro*, Universidad de Zaragoza, Zaragoza, 2009.

Espacio R.S.I. / S.I.R. (La visión alterada)

La idea del arte como naturaleza muerta me hace recordar el artículo «El fetichismo: lo simbólico, lo imaginario y lo real», que Wladimir Granoff y Jacques Lacan produjeron en 1954 como un fetiche y que Granoff amplió, al comentar que en todo pasado hay una parte que es agua estancada. Con el paso del tiempo he observado que esta singular ideación tiene la capacidad de actuar como un modificador perceptivo de la realidad, pues nos incita a entender lo vivido como si los hechos del pasado pudieran quedarse en un determinado momento aquietados e inmóviles, ya que pertenecen a experiencias sin cauce que subsisten contenidas en algún lugar de la mente. Es precisamente esta conceptualización la que me lleva a reimaginar ese espacio como un vacío atrapado que sólo puede visibilizarse si es atravesado por la luz.

Así que nuestras imágenes deberán producir una reverberación aquietada próxima a la afirmación de Granoff sobre el tiempo suspendido. Una visión que pueda llenarse de la profunda melancolía que emerge de nuestros recuerdos y un signo que señale el carácter inquietante de la vida muerta como el espacio retenido donde se difuminan las refracciones y las reflexiones de luz.

Escrito en Salamanca, 8 de enero de 2009.
Publicado por primera vez en cat. exp. *Objeto sin Objeto, Fernando Sinaga, Susana Solano y Gustavo Torner*.
Texto vinculado a la intervención artística *Espacio R.S.I. / S.I.R. (La visión alterada)* en los escaparates de El Corte Inglés (calle Preciados), Madrid, 2009, y al proyecto *Naturalezas muertas en blanco y negro* del programa Asomarse al interior 01 del CDAN, Centro de Arte y Naturaleza, Huesca, 2007.

Space R.S.I / S.I.R (Altered Vision)

The idea of art as still-life reminds me of the article "Fetishism: the symbolic, the imaginary and the real" which Wladimir Granoff and Jacques Lacan produced in 1954 as a fetish and which W. Granoff extended when he commented that in every past there is a part which is stagnant water. Over time I have noticed that this singular ideation has the ability to act as a perceptive modifier of reality, as it incites us to understand what we have experienced, as if past events could be kept calm and motionless at a particular moment, as they belong to directionless experiences that subsist, contained in some part of the mind. It is precisely this conceptualisation which leads me to reimagine this space as a trapped vacuum that can only become visible if light passes through it.

And so our images should bring about a calmed reverberation close to Granoff's statement about suspended time. A vision which can be filled with the deep melancholy that emerges from our memories and a sign that signals the unsettling nature of still-life as the retained space where refractions and reflections of light are blurred.

Written in Salamanca, 8 January 2009.
First published in exh. cat. *Objeto sin Objeto, Fernando Sinaga, Susana Solano y Gustavo Torner*. Text related to the artistic intervention *Espacio R.S.I. / S.I.R. (La visión alterada)* for the windows of El Corte Inglés (Preciados street), Madrid, 2009, and to the project *Naturalezas muertas en blanco y negro* of the program Asomarse al interior 01 of the CDAN, Centro de Arte y Naturaleza, Huesca, 2007.

Algunas de la ideas de Bachelard nos explican cómo la imaginación termina por *deformar* las copias pragmáticas que nos suministra la percepción. Es por tanto necesario habitar el espesor semántico donde termina por entrelazarse todo con todo hasta producir una amalgama desdiferenciada que se ordena como un enjambre de imágenes. S.I.R. / R.S.I. es el espacio donde los objetos se disuelven en un campo magnético indiscernible. A este respecto, André Bretón en su *Segundo manifiesto del Surrealismo,* nos dice: «todo nos induce a creer que existe un punto del espíritu en el que la vida y la muerte, lo real y lo imaginario, lo pasado y lo futuro, lo comunicable y lo no comunicable, lo alto y lo bajo, dejan de ser percibidos como contradictorios».

Hemos de hallar el lugar desde donde crear una situación que modifique la visión y muestre la nada como un vacío que desvía lo visible hacia lo simbólico y lo imaginal. Lo simétrico entendido como un emblema de proporción y armonía donde se inventa un trenzado que encierra el secreto. Una catróptica para catalizar los últimos reflejos de lo visible.

En este mismo sentido, Marc Augué nos ha proporcionado el marco cognitivo desde donde entender el fetiche como una fuerza donde confluyen dos realidades: una referida a lo que representa y la otra a lo que pone en relación. Una conciencia que rebasa los significados desde una construcción que abandona al autor, para volver a él desde un lugar que explica el carácter convulso e incontenible de toda creación.

Escrito en Salamanca, 11 de enero de 2009.
Publicado por primera vez en cat. exp. *Objeto sin Objeto, Fernando Sinaga, Susana Solano y Gustavo Torner*.
Texto vinculado a la intervención artística *Espacio R.S.I. / S.I.R. (La visión alterada)* en los escaparates de El Corte Inglés (calle Preciados), Madrid, 2009.

Some of Bachelard's ideas explain how the imagination ends up *deforming* the pragmatic copies with which perception provides us. It is therefore necessary to inhabit the semantic thicket where everything ends up intermingling with everything to produce a de-differentiated amalgam arranged into a jumble of images. S.I.R. / R.S.I. is the space where objects dissolve into an indiscernible magnetic field. In this respect, André Breton states in his *Second Manifesto of Surrealism*: "Everything tends to make us believe that there exists a certain point of the mind at which life and death, the real and the imagined, past and future, the communicable and the incommunicable, high and low, cease to be perceived as contradictions."

We must find the place from which to create a situation that modifies vision and shows nothing to be a vacuum which diverts the visible towards the symbolic and the imaginal. The symmetrical taken to mean an emblem of proportion and harmony where a plait is invented to enclose the secret. A catoptric for catalysing the last reflections of that which is visible.

In this respect, Marc Augué has provided the cognitive framework for understanding the fetish as a force where two realities converge: one referring to that which represents and the other to that which relates. An awareness that exceeds meanings from a construction that abandons the maker only to return to him from a place which explains the convulsive and uncontainable nature of every creation.

Written in Salamanca, 11 January 2009.
First published in exh. cat. *Objeto sin Objeto, Fernando Sinaga, Susana Solano y Gustavo Torner*.
Text related to the artistic intervention *Espacio R.S.I. / S.I.R. (la visión alterada)* for the windows of El Corte Inglés (Preciados street), Madrid, 2009.

Synesthésie

La naturaleza automática de la experiencia sinestésica en sus más variadas formas nos ha permitido conocer mejor el complejo funcionamiento perceptivo del sistema que une las sensaciones de forma cruzada e involuntaria. Sabemos que la respuesta de nuestra mente a determinados estímulos puede multiplicarse repentinamente si logran filtrarse las impressiones hacia esa zona donde el significado de los objetos, imágenes y palabras está conectado. La sinestesia diluye por consiguiente el modelo cognitivo basado en registros separados, ya que consigue precipitar sensaciones diferentes en una confusa mezcla que amplía nuestra percepción del mundo. Una experiencia fugaz y aleatoria, desde donde podemos sentir con precisión cómo el tiempo y el espacio se comprimen bajo la acción de una intensa sobrecarga sensorial que facilita la aparición del imaginario enterrado. Un saber indefinido y borroso, conformado en una *enálage* que retuerce la visión hacia un campo fosfénico donde todo lo indescifrable se magnetiza. Lo gliscromorfo como una viscosidad en fuga que induce significados, a sabiendas que las adherencias que produce pertenecen a un campo cromático flotante donde se ordenan y transfieren respuestas sobre el aparente sinsentido de lo sucedido.

Escrito el 23 de enero de 2010.
Publicado por primera vez en la tarjeta de invitación de la Galería Trayecto, Vitoria-Gasteiz, 2010.

Synesthésie

The automatic nature of a synaesthesic experience in its most varied forms has given us a better knowledge of the complex perceptive functioning of the system that unites sensations in a crossed and involuntary manner. We know that our mind's response to certain stimuli can suddenly multiply itself if impressions manage to seep towards this zone where the meaning of objects, images and words is connected. Synaesthesia therefore dissolves the cognitive model based on separate registers, as it succeeds in precipitating different sensations in a confusing mixture that broadens our perception of the world. A fleeting and random experience, from which we can feel with precision how time and space are compressed beneath the action of an intense sensorial overload that facilitates the appearance of the buried imaginary. An undefined, vague knowledge formed in an *enallage* that twists vision towards a phosphenic field where everything undecipherable is magnetised. The glischromorphic as a fleeing viscosity which induces meanings, knowing that the adherences it produces belong to a floating chromatic field where responses to the apparent senselessness of what has occurred are ordered and transferred.

Written on 23 January 2010.
First published in invitation card exh., Galería Trayecto, Vitoria-Gasteiz, 2010.

La estructura ha perdido su función

Si me siento obligado a comentar algo sobre algunos de los vacíos e imprecisiones que se han vertido en torno a mi trabajo, es para aclarar que ignoro por qué he realizado gran parte de las cosas que he hecho en mi vida.

Lo que puede ser importante de una afirmación que se refiere al aparente sinsentido de todo lo real es que, cuando te atreves a hacerla, ya no te queda más camino que volverte a lo único que te queda, los hechos como síntomas del ser en sí, pues sólo en ellos encontramos apoyo, aunque sabemos que una interpretación acertada de los mismos en el momento en que se producen es casi imposible. Por eso hoy me atrevo a decir que no estoy seguro si ciertos acontecimientos de mi vida se han producido por influencias externas o han procedido tan sólo de mí mismo. Esta última afirmación, en tiempos donde la fuerza del contexto determina cualquier realidad, es algo arriesgada y, sin embargo, es una preocupación que no ha desaparecido sino que, por el contrario, ha permanecido inquietando mi vida y haciendo que el desconocimiento de esa procedencia sea el motivo más importante de mi trabajo, pues sólo el paso del tiempo nos permite saber algo acerca de lo sucedido, ya que, según mi experiencia, el artista es en gran medida un sonámbulo al que hay que despertar tan sólo cuando corre peligro su vida.

La duda y la incertidumbre ha llenado, por tanto, gran parte de mi existencia, más que las seguridades y certezas, hasta el punto de ver cómo aún hoy, cuando comienzo una nueva obra, tengo todavía la impresión de no saber cómo ni por dónde empezar, pues no me valen estilos ni hallazgos y lo que ya sé a menudo no me sirve.

Y sin embargo, algo me dice que debo ir al fondo, partir de otras bases. Entonces preparo algún viaje, leo, escribo y espero. Es como si la respuesta no viniera tan sólo de mi esfuerzo y como si algo tuviera que suceder a mi alrededor. Una situación llena de inquietud, padecimiento y desasosiego donde das vueltas a ciegas con la impresión de que estás pisando en falso. En ese preciso momento, la atmósfera se llena de tensión y el vacío interior actúa como un sumidero donde descienden señales equívocas y

If I ever feel forced to make any comment on some of the imprecisions voiced in connection with my work, it is to clarify that I do not know why I have done a great deal of the things I have done in my life.

What might be important about a statement that refers to the apparent senselessness of everything real is that, when you dare to make it, you then have no choice but to return to the only thing you have left, events as symptoms of being in itself, as only in them do we find support, even though we know that a correct interpretation of them at the time they occur is almost impossible. That is why I venture to state today that I am not sure if certain events in my life took place owing to external influence or stemmed only from me. This latter statement, in an age where the strength of the context determines any reality, is rather risky and, yet, it is a concern which has not disappeared; on the contrary, it has continued to unsettle my life and made my ignorance of this provenance the most important theme in my work, as only the passage of time allows us to know something about what has happened for, in my experience, the artist is largely a sleepwalker who should be woken only when his life is in danger.

Doubt and uncertainty have therefore filled much of my existence, more than assurances and certainties, to the point of not knowing how or where to begin, as neither styles nor finds are valuable to me and what I already know is often of no use.

And yet something tells me that I should delve deep, start from other bases. And so I prepare some trip, read, write and wait. It is as if the answer did not come solely from my effort and as if something had to happen around me. A situation full of unrest, suffering and unease where you grope around with the impression that you are about to stumble. At that precise moment the atmosphere is filled with tension and the inner vacuum acts as a drain into which sink the wrong signals and false emotions which upset you, confusing you even more if such a thing is possible. It is disorder tied to the creation of an order. In an instant you lose control of yourself and yet you have to pull

emociones falsas que te trastornan, confundiéndote aún más si cabe. Es el desorden anudado a la creación de un orden. En un instante pierdes el control de ti mismo y sin embargo tienes que sobreponerte. Es entonces cuando descubres que el arte no es un juego ni una diversión.

Ahora sé que ha sido esa carencia de certezas y ese no saber, lo que me ha llevado a buscar una salida a tanta inseguridad y desorden. La respuesta en mi caso es clara. El arte es una acción en busca de las imágenes que explican su procedencia. *El desayuno alemán* y *La estructura ha perdido su función* hablan del comienzo y de la necesidad de dar un vuelco a las cosas, ya que hemos de cambiar las situaciones hasta conseguir hacer algo más acorde a nuestro momento. A veces revolver las cosas y componerlas de nuevo pueden dar un nuevo sentido a nuestra realidad, ya que la vida que llevamos finalmente no nos sirve, ha perdido su sentido y tenemos que empezar de nuevo.

Escrito en Salamanca, 26 de diciembre de 2010.
Publicado por primera vez en folleto, Galería A del Arte, Zaragoza, 2011.

yourself together. It is then that you discover that art is neither a game nor entertainment.

Now I know that it has been that lack of certainty and that not knowing which has led me to seek a way out of so much insecurity and disorder. In my case the answer is clear. Art is an action in pursuit of the images which explain its provenance. *German Breakfast* and *Structure Has Lost Its Function* speak of the need to turn things around, as we must change situations until we manage to do something that is more consonant with our moment. Sometimes mixing up things and composing them again can give a new meaning to our reality, as the life we lead is of no use to us in the end, it has lost its sense and we have to start all over again.

Written in Salamanca, 26 December 2001.
First published in leaflet, Galería A del Arte, Zaragoza, 2011.

Oscillum

Vivimos en la esperanza de que nada cambie nuestras vidas.

Como un *axis mundi* sin caída, el balanceo del mundo se aquieta por un instante a la espera de cambios que cuelgan del árbol donde hemos crecido. Una prefiguración de la pesada ingravidez de las cosas, de lo que existe en el aire a ras de suelo y sin raíz, y de lo que está sujeto a inesperados movimientos que nos hacen olvidar lo que somos: seres suspendidos en el vacío.

Un anclaje que nos impide tocar el suelo y nos conecta a un mundo situado tras los ojos.

Escrito el 1 de marzo de 2011.
Publicado por primera vez en cat. exp., IAACC, Pablo Serrano, Instituto Aragonés de Arte y Cultura Contemporáneos, Zaragoza, 2011.

Oscillum

We live in hope that nothing will change our lives.

Like an *axis mundi* without fall, the swaying of the world is calmed for an instant awaiting changes that hang from the tree where we have grown. A prefiguration of the heavy weightlessness of things, of what exists in the air at ground level and without roots and of what is subject to unexpected movements that make us forget what we are: beings suspended in a vacuum.

An anchorage that prevents us from touching the ground and connects us to a world located behind the eyes.

Written on 1 March 2011.
First published in exh. cat., IAACC, Pablo Serrano, Instituto Aragonés de Arte y Cultura Contemporáneos, Zaragoza, 2011.

A ras de suelo

Descender a toda costa hasta ver el fondo. Nada más. Eso es todo lo que se puede hacer en un contexto roto. Ahondar en la creciente miseria, mezquindad e incertidumbre, hasta ascender descendiendo en las sombras chinescas de un juego de manos desde donde se muestra la luz infrarroja que atraviesa un suelo abierto al precipitarse el cielo, a ras de suelo y sin aviso.

Escrito en Salamanca, 31 de octubre de 2011.
Publicado por primera vez en la hoja de sala y en el sitio web de la exposición en el Casal Solleric, Mallorca, 2011-2012.

At Ground Level

Descend until the bottom is visible no matter what. Nothing more. That is all that can be done in a broken context. Delve into the growing misery, wretchedness and uncertainty, until you ascend by descending into the Chinese shadows of a game of hands from which the infrared light is visible that crosses a floor split open by the falling heaven, at ground level and without warning.

Written in Salamanca, 31 October 2011.
First published in the exhibition information sheet and on the web site of the exhibition at Casal Solleric, Mallorca, 2011-2012.

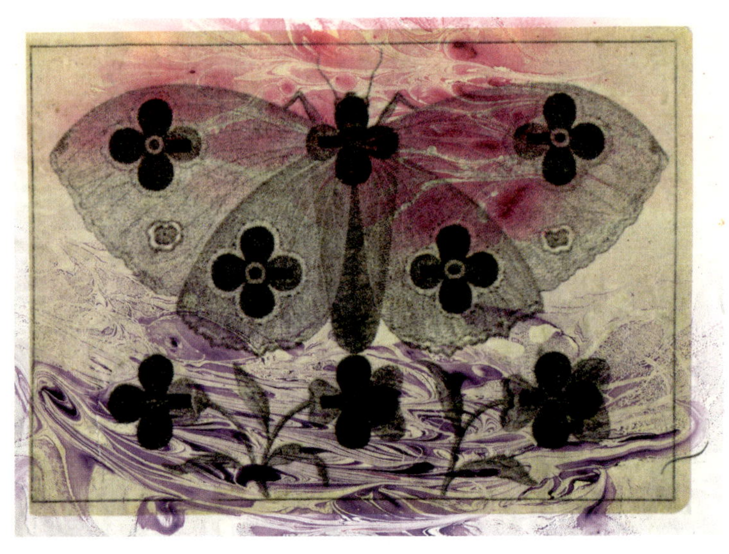

***Suerte de muerte*, 2009.**
Jaspeado al óleo sobre impresión inkjet, 20,6 × 28,9 cm.
Colección del artista, Salamanca.

Fate of Death, 2009.
Oil-marbled on inkjet impression, 20.6 × 28.9 cm.
Artist's collection, Salamanca.

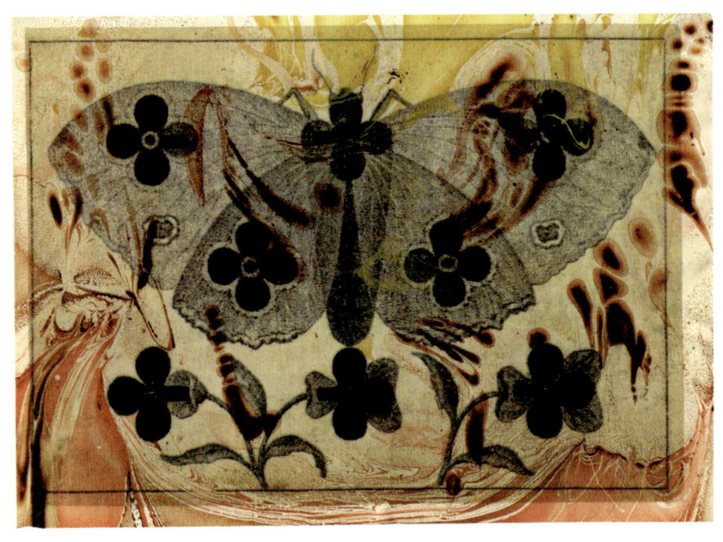

***Suerte de muerte*, 2009.**
Jaspeado al óleo sobre impresión inkjet, 20,6 × 28,9 cm.
Colección del artista, Salamanca.

Fate of Death, 2009.
Oil-marbled on inkjet impression, 20.6 × 28.9 cm.
Artist's collection, Salamanca.

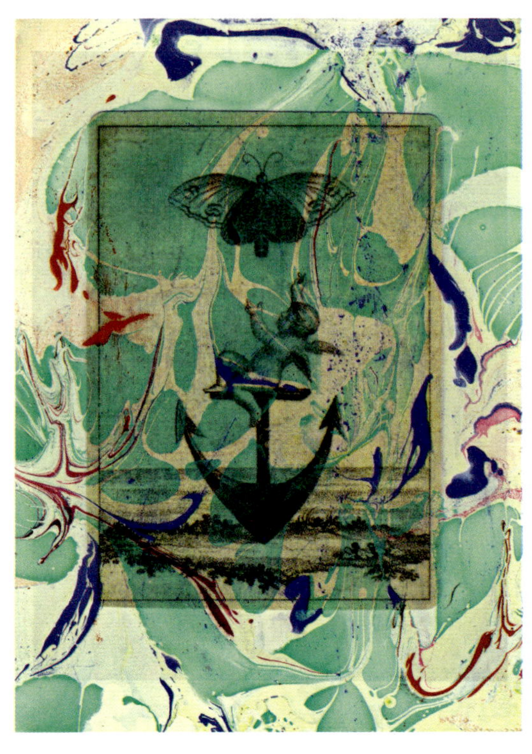

***Fournier Synesthésie*, 2009.**
Jaspeado al óleo sobre impresión inkjet, 28,9 × 20,6 cm.
Colección del artista, Salamanca.

Fournier Synesthésie, 2009.
Oil-marbled on inkjet impression, 28.9 × 20.6 cm.
Artist's collection, Salamanca.

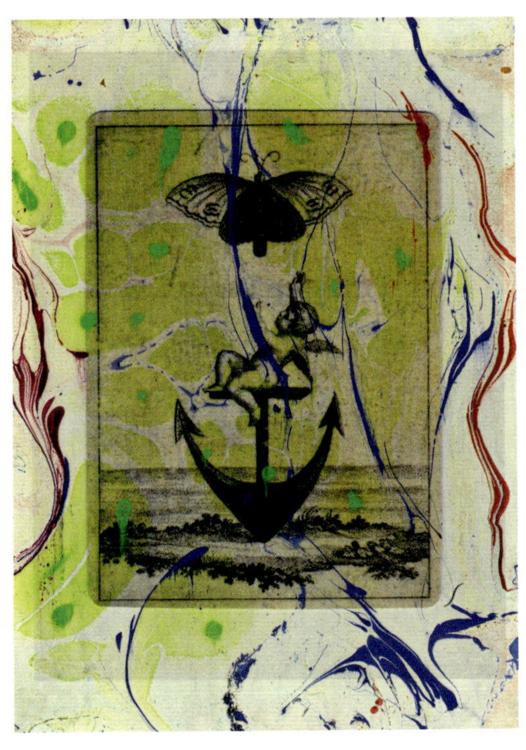

***Fournier Synesthésie*, 2009.**
Jaspeado al óleo sobre impresión inkjet, 28,9 × 20,6 cm.
Colección del artista, Salamanca.

Fournier Synesthésie, 2009.
Oil-marbled on inkjet impression, 28.9 × 20.6 cm.
Artist's collection, Salamanca.

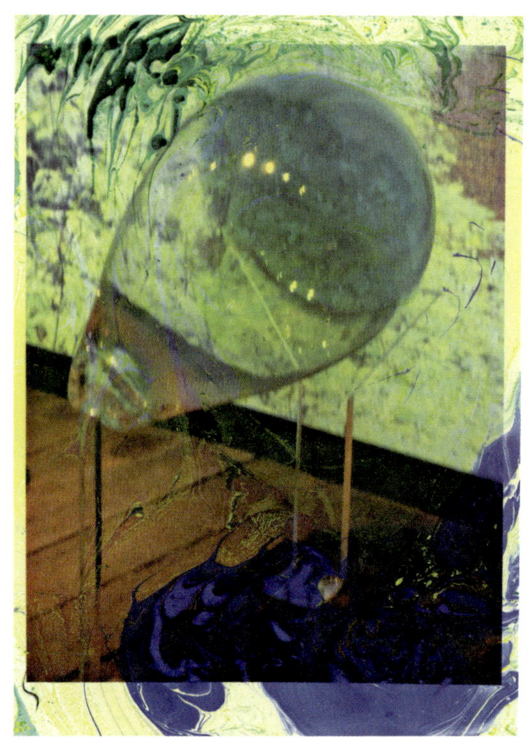

***Ampulla*, 2009.**
Impresión inkjet sobre papel, 28,9 × 20,6 cm.
Colección del artista, Salamanca.

Ampulla, 2009.
Oil-marbled on inkjet impression, 28.9 × 20.6 cm.
Artist's collection, Salamanca.

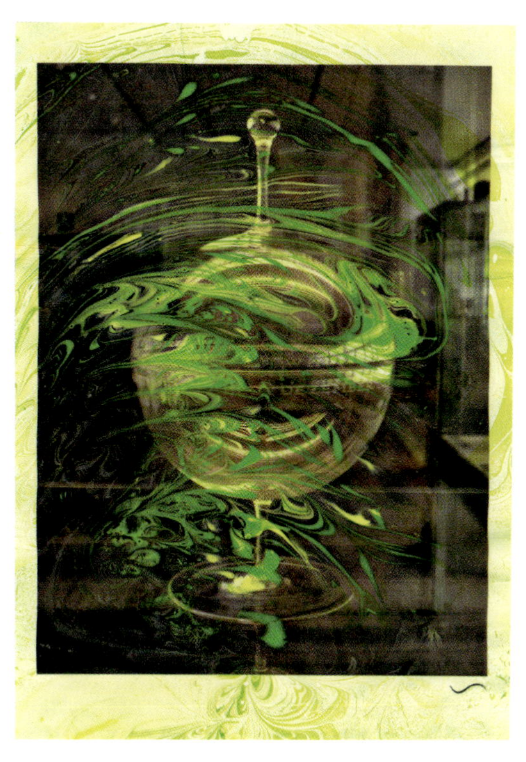

***Suminagashi berlinés*, 2009.**
Jaspeado al óleo sobre impresión inkjet, 28,9 × 20,6 cm.
Colección del artista, Salamanca.

Berlinese Suminagashi, 2009.
Oil-marbled on inkjet impression, 28.9 × 20.6 cm.
Artist's collection, Salamanca.

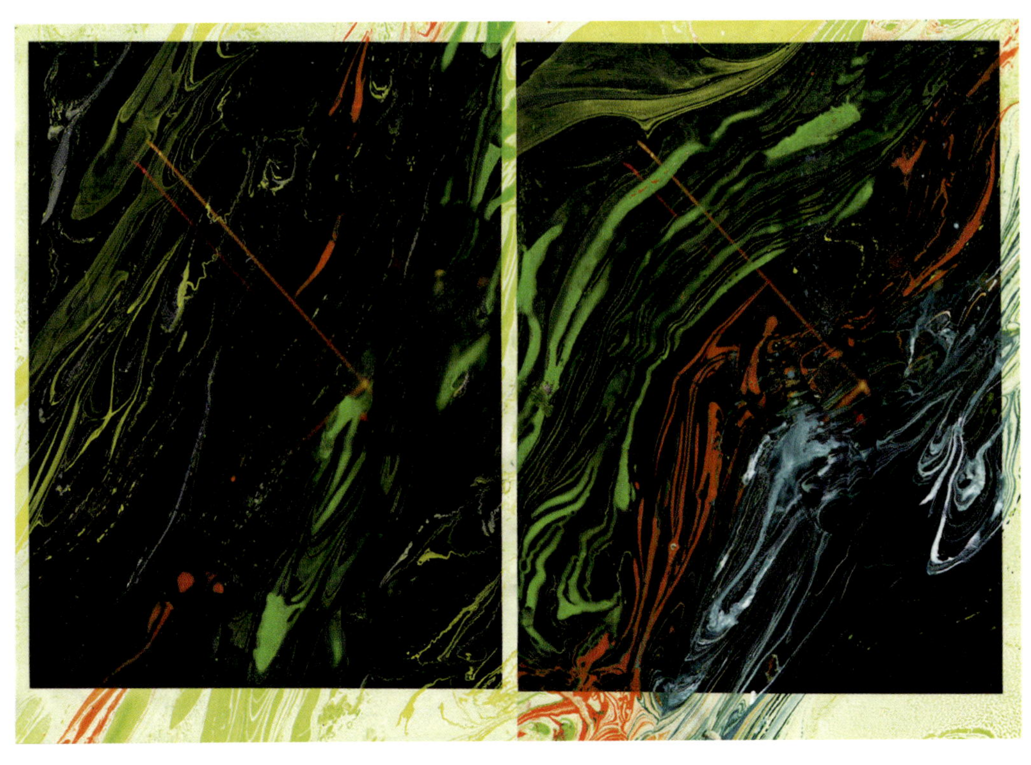

***RYB1 Synesthésie*, 2009.**
Jaspeado al óleo sobre impresión inkjet, 28,9 × 41,6 cm.
Colección del artista, Salamanca.

RYB1 Synesthésie, 2009.
Oil-marbled on inkjet impression, 28.9 × 41.6 cm.
Artist's collection, Salamanca.

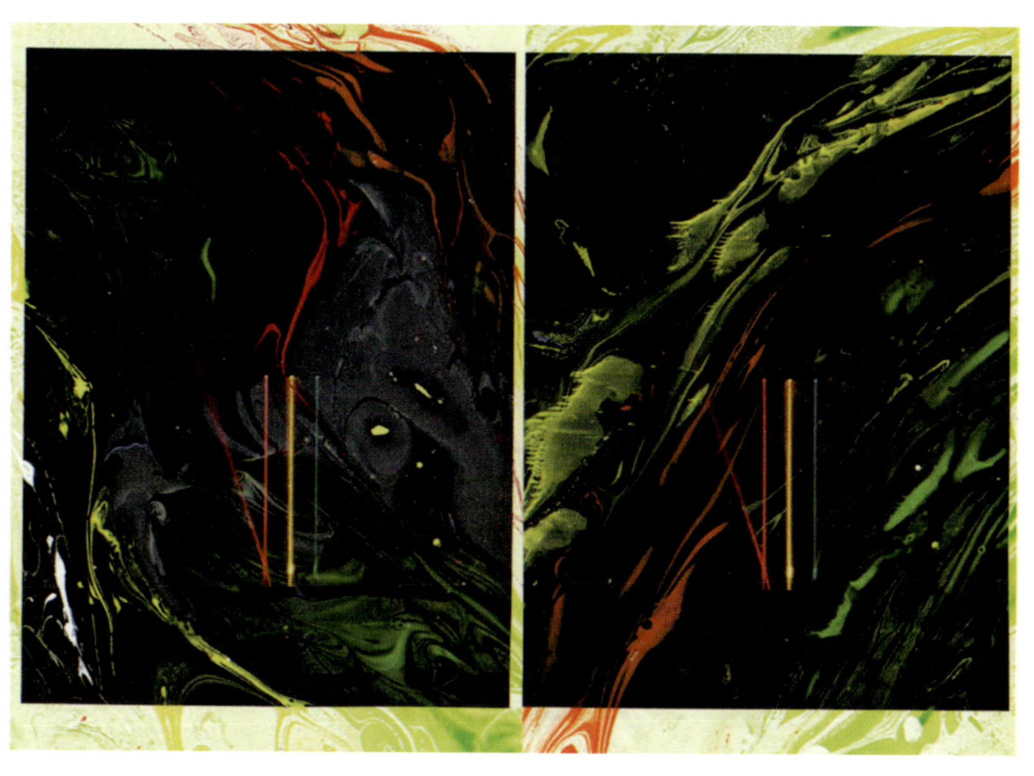

***RYB2 Synesthésie*, 2009.**
Jaspeado al óleo sobre impresión inkjet, 28,9 × 41,6 cm.
Colección del artista, Salamanca.

RYB2 Synesthésie, 2009.
Oil-marbled on inkjet impression, 28.9 × 41.6 cm.
Artist's collection, Salamanca.

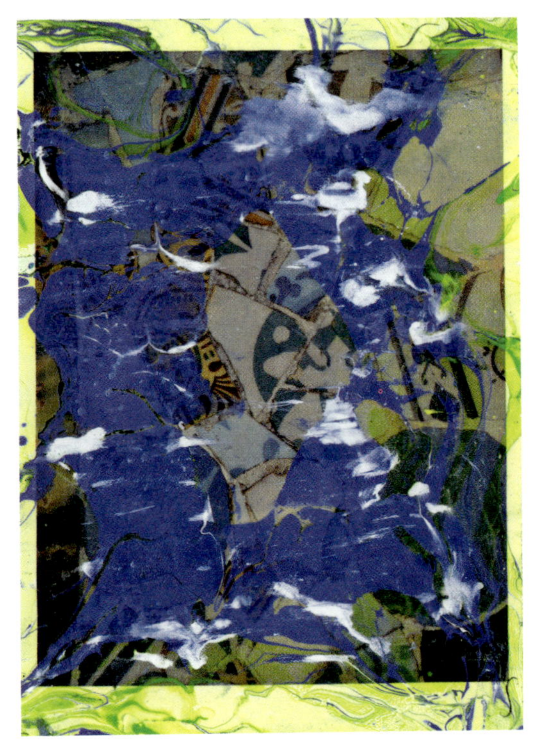

***Güell Synesthésie*, 2009.**
Jaspeado al óleo sobre impresión inkjet, 28,9 × 20,6 cm.
Colección del artista, Salamanca.

Güell Synesthésie, 2009.
Oil-marbled on inkjet impression, 28.9 × 20.6 cm.
Artist's collection, Salamanca.

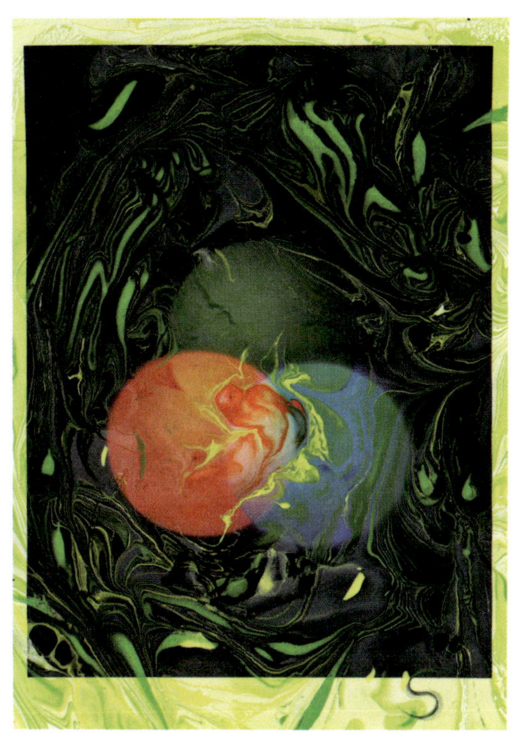

***RGB Synesthésie*, 2009.**
Jaspeado al óleo sobre impresión inkjet, 28,9 × 20,6 cm.
Colección del artista, Salamanca.

RGB Synesthésie, 2009.
Oil-marbled on inkjet impression, 28.9 × 20.6 cm.
Artist's collection, Salamanca.

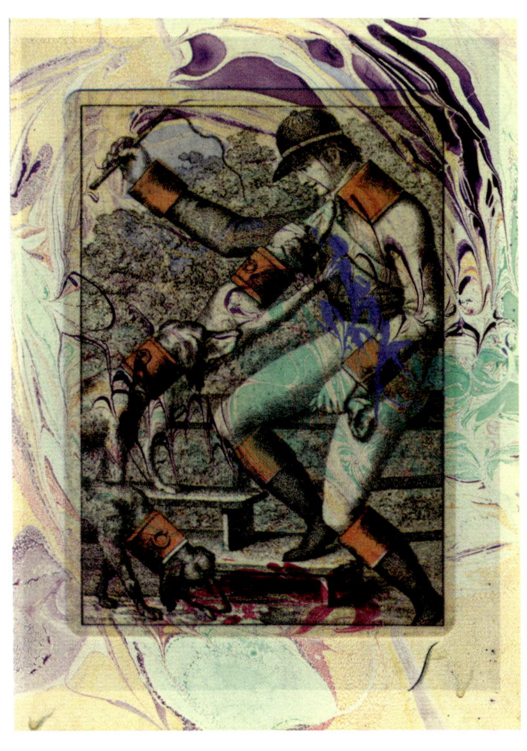

La domesticación, 2009.
Jaspeado al óleo sobre impresión inkjet, 28,9 × 20,6 cm.
Colección del artista, Salamanca.

Domestication, 2009.
Oil-marbled on inkjet impression, 28.9 × 20.6 cm.
Artist's collection, Salamanca.

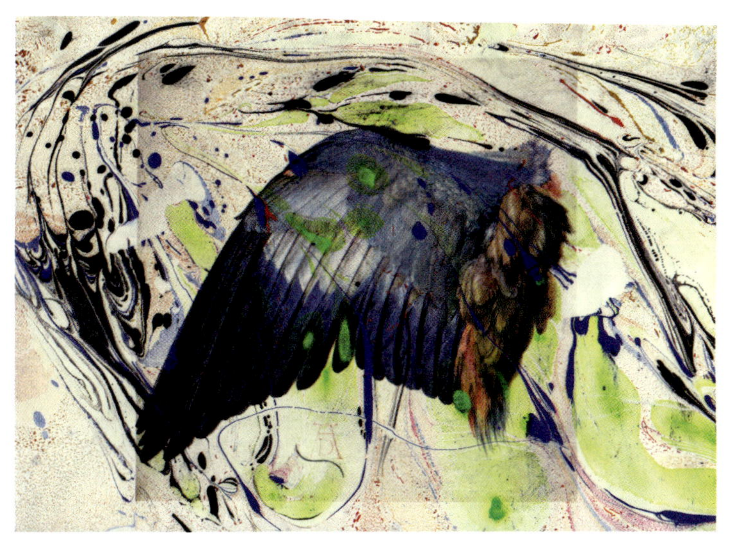

***Ala de carraca jaspeada*, 2009.**
Jaspeado al óleo sobre impresión inkjet, 20,6 × 28,9 cm.
Colección Miguel Barrena, Vitoria-Gasteiz.

Wing of Speckled Roller, 2009.
Oil-marbled on inkjet impression, 20.6 × 28.9 cm.
Miguel Barrena collection, Vitoria-Gasteiz.

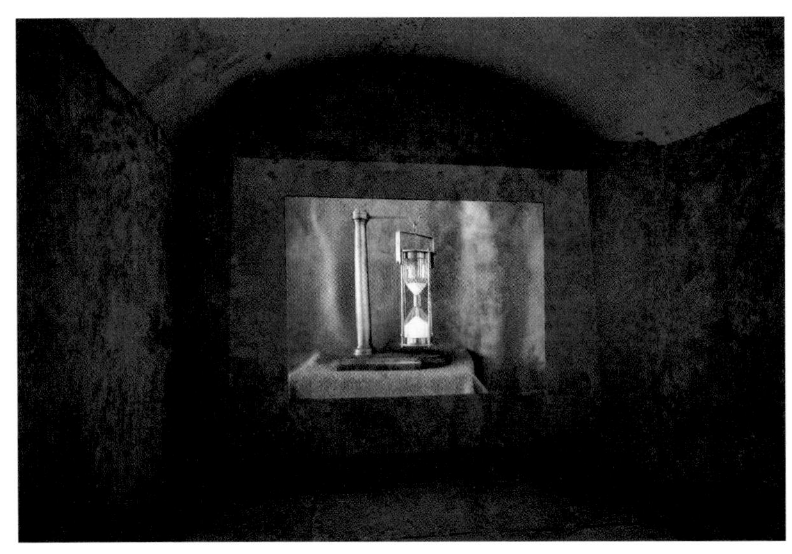

***Venit Hora*, 2006.**
Video, 5' 38".
Edición de 3 ejemplares.
Colección del artista, Salamanca.

Venit Hora, 2006.
Video, 5 mins. 38 secs.
Edition of 3.
Artist's collection, Salamanca.

Biografía / Biography
Fernando Sinaga

Zaragoza, 1951.

Vive y trabaja en / Live and works in Salamanca (España).

Exposiciones Individuales / Solo exhibitions

1976
Galería Atenas, Zaragoza.
Caja de Ahorros Municipal, Pamplona.

1984
Sala Campzar, Zaragoza.*
Galería Evelio Gayubo, Valladolid.
Patio del Palacio Municipal, Alcañiz.**

1985
Casa del Siglo XV, Segovia.

1986
El desayuno alemán, Galería Villalar, Madrid.

1987
Sala Campzar, Valencia.*
Galería Miguel Marcos, Zaragoza.**

1988
Galería Miguel Marcos, Madrid.
Galería Windsor Kulturgintza, Bilbao.

1989
Galería m Bochum, Alemania.
XX Bienal Internacional de São Paulo, Brasil.*

1990
Take Brasil Easy, Galería Oliva Arauna, Madrid.
Mincher/Wilcox Gallery, San Francisco.
Cadran Solaire, Art Contemporain, Troyés, Francia.*

1991
Galerie Friebe, Lüdenscheid, Alemania.
Galería Oliva Arauna, Madrid.

1993
Galería Luis Adelantado, Valencia.*

1994
Galería Juana de Aizpuru, Sevilla.

1995
Galería Fernando Latorre, Zaragoza.*
Espacio Cajaburgos, Burgos.*

1996
Agua Amarga, Fundació Pilar i Joan Miró, Palma de Mallorca.*

1997
Solve et Coagula, Galería Salvador Díaz, Madrid.
Azogue, Galería Gianni Giacobbi, Palma de Mallorca.
Polaroids 1995-1997, Sala Robayera, Miengo, Santander.*

1998
Doble Inverso, Palacio de los Condes de Gabia, Granada.*
Cuerpo Diamantino, Galería Fernando Latorre, Zaragoza.

1999
Fernando Sinaga, *Esculturas 1991-1999*, Sala Amárica, Vitoria-Gasteiz.*
Piel de Hiena, Galería Trayecto, Vitoria-Gasteiz.*
Anamnesis, Palacio de Revillagigedo, Gijón.*
Consideraciones discontinuas, Galería Bores & Mallo, Cáceres.*

2000
De fato, Galería SCQ, Santiago de Compostela.
Expo 2000, Pabellón de España, Hannover, Alemania.*

2001
Spaesamento, Galería Max Estrella, Madrid.**

2002
Bal + Samo, Galería Fernando Latorre, Zaragoza.
La Rosa Circular, Galería VGO, Vigo.

2003
V. I. T. R .I. O. L., Galería María Llanos, Cáceres.
Separatio /Coniunctio, Galería Vanguardia, Bilbao.

2005
Cor Duplex, Museo Pablo Serrano, Zaragoza.*
La estancia inhóspita, Institut Valencià d'Art Modern (IVAM), Valencia.*
On prediction, Museo Vostell Malpartida, Cáceres.
La otra satisfacción, Galería SCQ, Santiago de Compostela.

2006
Lo que sabemos, lo que negamos, lo que olvidamos, Galería Cubo Azul, León.
God Dog, Galería Adora Calvo, Salamanca.*
Zona, Domus Artium (DA2), Salamanca.*

2007
Ellipsis, Galería Aural, Alicante.

2008
Venit Hora, Galería SCQ, Santiago de Compostela.

2009
Pantallas espectrales sobre el Ebro, Edificio Paraninfo, Universidad de Zaragoza, Zaragoza.*

2010
Synesthésie, Galería Trayecto, Vitoria-Gasteiz.

2011
A ras de suelo, Palau Solleric, Espai Quatre, Palma de Mallorca.
Fernando Sinaga, *Ideas K*, MUSAC, Museo de Arte Contemporáneo de Castilla y León, León.*

Nota: Un *asterisco* * indica que existe una publicación parcial o totalmente dedicada a Fernando Sinaga.

Doble *asterisco* ** indica que la publicación se trata de un folleto.

Exposiciones colectivas / Group exhibitions

1976
Veinte artistas de la Escuela Superior de Bellas Artes, Palacio de Velázquez, Madrid.*

1977
Siete artistas aragoneses, Diputación Provincial, Zaragoza.*

1981
Becarios M.E.A.C., Madrid.*

1982
Artistas aragoneses contemporáneos, Casa de España, París.*

1984
Imágenes de Aragón, Centro Cultural de la Villa, Madrid.*
20 esculturas en libertad, Plaza de las Sirenas, Segovia.*
Sánchez, Sinaga, Galería Villalar, Madrid.

1985
Nuevas formas en/para la escultura, Palacio de Sástago, Zaragoza.*
Punto, Lonja de la Casa del Reloj, Madrid.*
Punto 13+2, Casa Lis, Salamanca.**
V Salón Nacional de Artes Plásticas, Alcobendas.*
I Salón de Otoño, *Punto y aparte*, Palacio de la Lonja, Zaragoza.*

1986
Muestras sin valor (7 escultores aragoneses), exposición itinerante, Palacio de Sástago, Zaragoza; Museo de Bellas Artes de Álava, Vitoria-Gasteiz y Museo San Telmo, San Sebastián.*
Arco 86, Galería Evelio Gayubo, Madrid.*
Arte Joven en el Palacio de la Moncloa, Palacio de la Moncloa, Madrid.*
VI Salón de los 16, Museo Español de Arte Contemporáneo, Madrid.*
III Fira de l'escultura al carrer, Tàrrega.*
Escultura Ibérica Contemporánea, *VIII Bienal Ciudad de Zamora*, Zamora.*
Escultura de los 80, *V Bienal de Arte Ciudad de Oviedo*, Oviedo.*

1987
Arco 87, Galería Villalar, Madrid.*
Viaje de ida, Diputación General de Aragón, Zaragoza.*
Visiones del mar, el agua, los puertos, *IX Bienal Nacional de Arte*, Diputación Provincial, Pontevedra.*

1988
Escultura española actual, Palacio de Sástago, Zaragoza.*
Conceptos, *objetos y energía*, IDAE, Madrid.*
Del sol al mur, Galería Àngels de la Mota, Barcelona.
¡España!, Fuller Gross Gallery y Mincher/Wilcox Gallery, San Francisco.
Menchu Lamas, *Lamazares*, *Patiño*, *Sapere*, *Sinaga*, Galería Miguel Marcos, Madrid.
VIII Bienal Internacional de Arte, Pontevedra.*
Three Spanish Sculptors. Cristina Iglesias, Pello Irazu y Fernando Sinaga, Donald Young Gallery, Chicago.**
¡España!, *Contemporary Spanish Artist*, Monterrey Peninsula Museum of Art, Monterrey, California.*

1989
A ras du sol, le dos au mur, Centre Albert Borschette, Bruselas.*
La generación de los 80, *Escultura*, Sala Amós Salvador, Logroño.
Kunst Rai, Galería Oliva Arauna, Ámsterdam.
Art 20 '89, Galerie m Bochum, Basilea.*
Brún, *Levini*, *Viviente*, *Sinaga*, Galería Oliva Arauna, Madrid.
XX Bienal International de São Paulo, *Fernando Sinaga/Manuel Saiz*, São Paulo.*

1990
Arco 90, Galería Oliva Arauna, Madrid.*
Cinc Escultors, Galería Thomas Carstens, Barcelona.
Art Frankfurt, Galería Oliva Arauna, Frankfurt.*
X Salón de los 16, Museo Español de Arte Contemporáneo, Madrid.*
Moura, *Brún*, *Sinaga*, *Thieme*, *Feliciano*, Galería Oliva Arauna, Madrid.
Sculpture Contemporaine Espagnole, Champagne-Ardenne, Troyes, Francia.*
Peintres et Sculpteurs Contemporains Aragonais à l'Ecole, Mairie d'Escalquens, Tolouse.*
Arte Aragonés, Palacio de Foz, Lisboa.*
Artistas de Aragón, Centro Cultural Español, Casablanca, Marruecos.*
Spanse Kuns Naar School, *Hedendaagse Kunst uit Aragón*, Amsterdams Lyceum, Ámsterdam.*
Estiu 90, Galería Javier Gastalver, Palma de Mallorca.
Francisco Leiro, *Ángeles Marco y Fernando Sinaga*, Galería Miguel Marcos, Zaragoza.
Fondos de la Galería Evelio Gayubo, Casa de la Cultura, Zamora.*

1991
Arco 91, Galería Oliva Arauna, Madrid.*
Artistas Aragoneses desde Goya a nuestros días, Palacio de la Lonja, Zaragoza.*
Colección Pública, *1985-90*, Museo de Bellas Artes de Álava, Sala Amárica, Vitoria-Gasteiz.*
Bestandsaufnahme VIII, *F. Morellet*, *U. Moskopp*, *F. Perrodin*, *D. Rabinowitch*, *A. Rainer*, *Schoonhoven*, *R. Serra*, *F. Sinaga y E. Vary*, Galerie m, Bochum, Alemania.*
Kunst Europa, *Spanien*, Staatliche Kunsthalle Berlin, Berlín.*
Art Los Angeles 91, Galería Oliva Arauna, Los Ángeles.*

1992
Arco 92, Galería Oliva Arauna, Madrid.
Small Works, *T. Brown*, *D. Butterfield*, *J. Dine*, *M. Di Suvero*, *J. Dubuffet*, *S. Francis*, *G. Heinz*, *B. Marden*, *R. Motherwell*, *E. Murray*, *G. Rickey*, *S. Scully*, *F. Sinaga*, *A. Straus*, *W. Thiebaud and T. Wesselman*, Graystone Gallery, San Francisco.*
5. Triennale Fellbach 1992, Fellbach, Alemania.*
Art 23'92, Galerie m y Galería Oliva Arauna, Basilea.*
Kleinplastik in Mexiko, *Spanien*, *Italien*, *Deutschland*, Wilhelm Lehmbruck Museum, Duisburg, Alemania.*

Querschnitt'92, Brandau, Brandmeier, Girke, Graubner, Hofschen, Huber, Morellet, Nierhoff, Nolden, Sinaga, Galerie Friebe, Lüdenscheid, Alemania.
Kulturgintza-Igorre, Colección Saenz de Gorbea, Galería Windsor Kulturgintza, Bilbao.
Semellanzas e Contrastes. Visions da Arte Peninsular da última decada a través de tres colecions, Centro de Arte Moderna, Fundación Calouste Gulbenkian, Lisboa.*
Arte en España, 1965-1990, Museo Rufino Tamayo, México D.F., Museo de Arte Moderno, Santa Fé de Bogotá, y Museo de Arte Contemporáneo Sofía Imber, Caracas.*
Fernando Sinaga, Marion Thieme, José Herrera, Galería Oliva Arauna, Madrid.
Art Cologne 26, Galerie Friebe, Colonia, Alemania.*

1993
Escultura Española do Seculo Vinte (Pequeño Formato), Consorcio da Cidade de Santiago do Compostela, Santiago de Compostela.*
10 pintores/10 escultores en los Ochenta, Colección Arte Contemporáneo, Pabellón Mudéjar, Sevilla, y Estación Marítima, Ayuntamiento de La Coruña.*
Leonel Moura, Rosa Brún, Alfredo Jaar, Fernando Sinaga, Galería Oliva Arauna, Madrid.
Art Cologne 27, Galerie Friebe, Colonia, Alemania.*

1994
Espacios Públicos/Sueños Privados, Sala de Exposiciones de la Comunidad de Madrid, Consejería de Educación y Cultura, Dirección General de Patrimonio Cultural, Madrid; Sala Amós Salvador, Logroño; Fundación Municipal de Cultura, Valladolid, y Sala de Armas de la Ciudadela de Pamplona (1995).*
Arco 1994, Galería Luis Adelantado y Galería Oliva Arauna, Madrid.*
Zapatos Usados y Talleres de Artistas, Fundació Pilar i Joan Miró, Palma de Mallorca.*
Art 25'94, Galería Luis Adelantado, Galería Juana de Aizpuru y Galería Oliva Arauna, Basilea.*
Rosa Brún, José Herrera, Fernando Sinaga, Susana Solano y Marion Thieme, Galería Oliva Arauna, Madrid.

1995
Arco 1995, Galería Luis Adelantado, Madrid.*
Art 26'95 Galería Luis Adelantado, y Galería m, Basilea.*
Forms from Spain, Art Athina, Atenas.*
90 años de Arte en Aragón, Sala CAI Luzán, Zaragoza.*
11 Pintores/10 Escultores en los Ochenta, Sala de Exposiciones Rekalde, Bilbao.*

1996
Arco 1996, Galería Luis Adelantado, Madrid.*
Art 27'96, Galería Luis Adelantado, Basilea.*
V Feria Internacional de Arte Contemporáneo, Galería Luis Adelantado, Guadalajara, México.*

1997
Arco 1997, Galería Luis Adelantado, Madrid.*
Geometrías en Suspensión, Palacio de la Merced, Diputación de Córdoba, Córdoba.*
Essays & Embryos. 13 Contemporary Spanish Artist, Enzo Gallo Fine Art, Inc., Florida.*
Inside Outside, 8 × Kunst-Architektur-öffentlicher Raum/eine Dokumentation, Bosslet, Huber, Katase, Kleinlein, Reusch, Robbe, Sinaga, Weggenmann, Galerie Friebe, Lüdenscheid, Alemania.

1998
Arco 1998, Galería Luis Adelantado y Galería Salvador Díaz, Madrid.*
Encrucijada, Chema Cobo, Miguel Copón, Nacho Criado, Florentino Díaz, José María Larrondo, Publio Pérez/Marta de Gonzalo, Fernando Sinaga y Darío Villalba, Galería Bores & Mallo, Cáceres.

1999
Imágenes de la Abstracción, Pintura y Escultura Española, 1969-1989, Sala de las Alhajas y Sala Manuel Millares del Antiguo Museo Español de Arte Contemporáneo, Madrid.*
Arco 1999, Galería Luis Adelantado y Galería Bores & Mallo, Madrid.*
Hacia un Nuevo Clasicismo. Veinte años de Escultura Española, Círculo de Bellas Artes, Madrid; Castillo de Santa Bárbara, Alicante; Palau Solleric, Palma de Mallorca, y Reales Atarazanas, Valencia.*
Extensiones-Conexiones, Sergi Aguilar, Eugenio Cano, Fernando Sinaga, Galería Max Estrella, Madrid.**
Llocs Lliures VII, 7 intervencions plàstiques al centre històric de Xàbia, Xàbia.*
Art Forum, Berlín, Galería Trayecto, Berlín.*
Hotel y Arte, Galería Fernando Latorre, Sevilla.
IV Foro Atlántico de Arte Contemporáneo, Galería Bores & Mallo, Pontevedra.
Art Cologne, Galería Gianni Giacobbi, Colonia.*

2000
Seducciones (Pepe Espaliú, Ben Jackober & Yannick Vu, Fernando Sinaga, Yoko Ono), Galería Fernando Latorre, Zaragoza.*
Pasión, Memoria, Política. Miradas de extrañamiento, Fondos del Museo de Bellas Artes de Álava, Sala Amárica, Vitoria-Gasteiz.*
Arco 2000, Galería Max Estrella; Galería Bores & Mallo y Galería Schüppenhauer, Madrid.*
Remirada, La década de los 80 en el Museo de Bellas Artes de Álava, Arco 2000, Madrid y Sala Amárica, Vitoria-Gasteiz.*
Art a l'hotel, Galería Fernando Latorre, Valencia.
Art Brussels, Galerie Schüppenhauer, Bruselas.*
Dialog, Kunst im Pavillon, Txomin Badiola, Jordi Colomer, Eulàlia Valldosera, Javier Pérez, Fernando Sinaga, Nacho Criado, Perejaume, Cristina Iglesias, Luis Gordillo, Zush, Pabellón de España en la Exposición Universal de Hannover, Alemania.*
Art Cologne, Galería Max Estrella y Galería Gianni Giacobbi, Colonia, Alemania.*

Hotel y Arte, Galería Fernando Latorre, Sevilla.
Ideas sobre el concepto, aproximación a la Escultura Española actual, Sala de Armas de la Ciudadela, Pamplona.*

2001
Están 6, Galería SCQ, Santiago de Compostela.
Arco 2001, Galería Max Estrella, Galería Schüppenhauer y Galería Gianni Giacobbi, Madrid.*
Abstracto II, Galería Trayecto, Vitoria-Gasteiz.
Art a l'hotel, Galería Fernando Latorre, Valencia.
Foro Sur, Galería Bores & Mallo, Cáceres.
Arte Lisboa, *Galería* SCQ y Galería Trayecto, Lisboa.*
Confluencias, *El desafío de la mirada*, Galería Fernando Latorre, Zaragoza.
Shoes or no shoes?, Het Museum voor Schoene Kunsten, Gante, Bélgica.
Arte y arquitectura, Centro de Arte Dasto Oviedo; Museo Barjola, Gijón y Centro de Arte Casa Duró, Mieres.*
ARtissima, Galería Max Estrella, Turín.*
Escultura Aragonesa de los '80. Volumen y Espacio, Museo Pablo Serrano, Zaragoza.*

2002
K,R,A,S,H,-K,R,A,C,K, *Ibon Aranberri*, *Esther Ferrer*, *Fernando Illana*, *Maider López*, *Juan C. Meana*, *Pepo Salazar*, *Néstor Sanmiguel*, *Fernando Sinaga*, Galería Trayecto, Vitoria-Gasteiz.
Arte en España, 1997-2002, Obras de la Colección Arte Contemporáneo del Patio Herreriano, Sala de Exposiciones Manège, Moscú.*
Viaje al espacio. 50 Años de Escultura en España, Centro de Exposiciones y Congresos, Ibercaja, Zaragoza; Casa del Cordón, Burgos, y Centro de Exposiciones de Benalmádena, Málaga.*
Arco 2002, Galería Max Estrella y Galería Trayecto, Madrid.*
Art 33 Basel, Galerie m, Bochum, Suiza.*
Foro Sur, Galería Trayecto, Cáceres.
Esencias, Colección Ernesto Ventós Omedes, Sala Kubo-Artearen Kutxagunea, San Sebastián.*
Colección Arte Contemporáneo Fundación Coca-Cola España, Sala Provincia (Edificio Fierro), León.*
Hotel y Arte, Galería María Llanos, Sevilla.
ARtissima, Galería Max Estrella, Turín.*
Arte Lisboa, Galería Trayecto, Lisboa.*
Downstream, Pedro Croft/Fernando Sinaga, Hospital de San Agustín, Burgo de Osma y Fundación Rei Afonso Henriques, Zamora.*

2003
Square/Cuadrados, Museo de Navarra, Pamplona.*
+ - 25 años de Arte en España. Creación en libertad, Reales Atarazanas, Valencia*
Palabras pintadas, Instituto Cervantes, Berlín, Alemania; Lonja de Pescado, Alicante, e Instituto Cervantes de Nueva York.*
Arco 2003, Galería Max Estrella, Galería Schüppenhauer y Galería SCQ/ VGO.*
Foro Sur, Galería María Llanos, Cáceres.
Frontera, Sala Luis de Ajuria, Vital Kutxa, Vitoria-Gasteiz.*
Memoria de un recorrido, *Colección Caja de Burgos*, Círculo de Bellas Artes, Madrid.*
Punto de encuentro, Centro de Arte Caja de Burgos (CAB), Burgos.*
Espacios y modos. Más allá de los límites, Edificio Miller, Parque de Santa Catalina, Las Palmas de Gran Canaria.*
Artesantander, Galería María Llanos, Santander.
Hotel y Arte, Galería María Llanos, Sevilla.
Arte Lisboa, Galería SCQ y María Llanos, Lisboa.
Contravoz, *Ignaci Aballi*, *Pep Agut*, *Mabel Palacín*, *Fernando Sinaga*, Galería Trayecto, Vitoria-Gasteiz.
Cuatro dimensiones, *Escultura en España 1978-2003*, Museo Patio Herreriano/Colección de Arte Contemporáneo de Valladolid.*
La Colección del Consejo Superior de Deportes, Complejo Deportivo "La Petxina", Valencia.*

2004
Arco 2004, Galería Max Estrella y Galería Trayecto, Madrid.*
Foro Sur, Galería María Llanos, Cáceres.
Artesantander, Galería María Llanos, Santander.
Harmonía. Deporte y Arte Contemporáneo (La colección del Consejo Superior de Deportes), Museo Camón Aznar, Zaragoza.*
10 Anys, *Tallers d'Obra Gràfica de Joan Miró*, *Fundació Pilar i Joan Miró*, Casal Solleric, Palma de Mallorca.*

2005
Arco 2005, Galería Trayecto, Galería María Llanos y Galería SCQ, Madrid.*
(...) después de la pintura, Galería Trayecto, Vitoria-Gasteiz.
Foro Sur, Galería María Llanos, Cáceres.
5 E 5, *Nacho Criado*, *Ricardo Cadenas*, *Cristina Iglesias*, *Gonzalo Puig y Fernando Sinaga*, Galerie Contra, Koper, Eslovenia.
Nueva Edad del Bronce. Simposium Escultura Alicante (SEA) Castillo de Santa Bárbara, Sala «Taberna», Alicante.*
Metamorfosis de la Escultura. El metal de las formas en la Colección del IVAM, Simposium Escultura Alicante (SEA) Castillo de Santa Bárbara, Sala «Ingenieros», Alicante.*
Élevage de poussière and other optical labyrinths, The Annex, Nueva York.*
Metoikesis, Instituto Cervantes, Nueva York.*
Mirar no es suficiente, *La colección del Consejo Superior de Deportes*, Ses Voltes, Palma de Mallorca.*
El barco del arte, Muelle Uribitarte, Bilbao.*
20 años y 1 día, Galería Oliva Arauna, Madrid, 2005.
Docedimensiones, Galería Aural, Alicante.

2006
Foro Sur, Galería Adoración Calvo, Cáceres.
Artesantander, Galería Adoración Calvo, Santander.
Peregrinatio, Iglesia de San Miguel, Sagunto.*
Valencia Art 2006, Galería Adoración Calvo, Valencia.

2007
Arco 2007, Galería Adoración Calvo; Galería Trayecto y Galería SCQ, Madrid.*

Köln/Mallorca Fair, Galería Adoración Calvo, Palma de Mallorca.
Photo Miami, Galería Adoración Calvo, Miami.
Mixed Emotions. Apuntes para una colección del siglo XXI, Domus Artium, Salamanca.*
Objeto de réplica, Artium, Vitoria-Gasteiz.*
Secuencias 76 /2006. Arte contemporáneo en las colecciones públicas de Extremadura, Meiac, Museo Extremeño e Iberoamericano de Arte Contemporáneo, Badajoz.*

2008
Arco, 2008, Galería Adoración Calvo y Galería Trayecto, Madrid.*
Camps de joc: La Col·lecció d'Art del Consejo Superior de Deportes, Museu de Lleida Diocesà i Comarcal, Lleida.*
Diálogos con el Agua, Deutsche Bank, Madrid; Caja de Navarra, Zaragoza y Museu Agbar de les Aigües, Cornellà de Llobregat.*
CONPARADA 01. dispositivos. Disposiciones (1982-1992) Derrota, no futuro y cambio (de nada), Sala Fundación Caja Vital, Caja Vital Kutxaren Gizarte Ekintza, Vitoria-Gasteiz.*
Incursiones # Excursiones, Guillem Bayo, Juan Carlos Meana, Vanessa Pastor, Fernando Sinaga, Nazif Topçuoğlu, Galería Trayecto, Vitoria-Gasteiz.
Ideas y propuestas para el arte en España, Ministerio de Cultura, Arco'2008, Madrid.*
Art Forum Berlín, 2008, Galerie SCQ, Berlín.*
15 años de Fotografía Española Contemporánea, Ayuntamiento de Alcobendas, Madrid.*

2009
Arte Lisboa 09, Galería SCQ, Lisboa.*
VIENAFAIR, Galería Trayecto, Viena.*
Foro Sur, Galería Adoración Calvo, Cáceres.*
CONPARADA 02. dispositivos. Disposiciones II (1993-2003), Cultura, democracia y gestión, Sala Fundación Caja Vital, Caja Vital Kutxaren Gizarte Ekintza, Vitoria-Gasteiz.*
Trescientos mil kilómetros por segundo (aprox.) 01 (Pep Agut, Mira Bernabeu, Juan Hidalgo, Ángel Marcos, Juan Luis Moraza, Néstor Sanmiguel Diest y Fernando Sinaga), Galería Trayecto, Vitoria-Gasteiz.
Nacho Criado, Perejaume, Fernando Sinaga. Del Paisaje, Galería Adoración Calvo, Salamanca.
Objeto/Sin Objeto. Intervenciones en Escaparates (Fernando Sinaga, Susana Solano y Gustavo Torner), El Corte Inglés/ Preciados, Madrid.*
Arco 2009, Galería Trayecto, Madrid.*
Parellas, Centro Cultural Caixanova, Vigo.*
Afinidades, Galería Aragonesa del Arte, Zaragoza.*

2010
EspacioAtlántico, Feria de Arte Contemporáneo de Vigo, Galería SCQ, Vigo.*
Arco 2010, Galería Trayecto, Madrid.*
A-Z (de la A a la Z), Archivo Documental de Artistas de Castilla y León, MUSAC, Museo de Arte Contemporáneo de Castilla y León, León.*
El ángel exterminador, Palais de Beaux Arts, BOZAR, Bruselas.*
VIENAFAIR, 2010, Galería Trayecto, Viena.*
Art Itinereris. El viaje en el arte contemporáneo, Museu de l'Art de la Pell, Vic.*
COLECCION NORTE 1996-2010, Biblioteca y Archivo Central de Cantabria, Santander.*
Arte Lisboa, 2010, Galería SCQ, *Lisboa.**

2011
Noreste N 41° 39' W O° 53', Instituto Aragonés de Arte y Cultura Contemporáneos IAACC Pablo Serrano, Zaragoza.*
Cada vez única, Fernando Sinaga-Paco Algaba, A del Arte, Zaragoza.**
ARCOmadrid 2012, Galería Adoración Calvo; Galería Trayecto y Galería SCQ, Madrid.*
Foro Sur, Galería Trayecto, Cáceres.*
Art Moscow, Galería Adoración Calvo, Moscu.*
Papersprivats: Col·lecció Tomás Ruiz, Hospital de Dénia, Alicante.*

2012
ARCOmadrid 2012, Galería Adoración Calvo; Galería Trayecto y Galería SCQ, Madrid.*
Paseos por la Colección Arte y Naturaleza, Fundación Beulas, Huesca.
Art Cologne 2012, Galería SCQ, Colonia.*

Proyectos públicos / Public projetcs

1986
Proyecto Discoteca Draa, Palma de Mallorca.
Arquitecto: José Ángel Suárez.

1992-1994
Proyecto Auditorio Ciudad de Zaragoza, Zaragoza.
Arquitecto: José Manuel Pérez Latorre.

1995
De los sentimientos, Proyecto Facultad de Económicas (UNED), Madrid.
Arquitecto: José Ignacio Linazasoro.

2000
El escalofrío retiniano, Ciudad de las Artes y la Ciencias, Valencia.
Arquitecto: Santiago Calatrava.

2002
Viomvo, Jardín Botánico, Gijón.

2008
Pantallas espectrales sobre el Ebro, Exposición Internacional Zaragoza 2008.

Bibliografía / Bibliography

Monografías / Monographs

Peio Aguirre, «Contradicción, negación y totalidad en Fernando Sinaga», *Fernando Sinaga, Ideas K,* Barcelona: Ediciones Polígrafa, 2012, pp. 46-111 [texto en español e inglés].

Fernando Castro Flórez, «Apóstrofe y veladura. Nuevas consideraciones en torno a la discontinuidad escultórica de Fernando Sinaga», *Fernando Sinaga. Metoikesis*, Salamanca: Junta de Castilla y León, 2005, pp. 4-41 [texto en español e inglés].

Fernando Castro Flórez, «Apóstrofe. En torno a la discontinuidad escultórica de Fernando Sinaga», *Fernando Sinaga. Esculturas 1991-1999. Piel de hiena*, Vitoria-Gateiz: Sala Amárica, 2001, pp. 37-47 [texto en español, euskera e inglés].

Fernando Castro Flórez, «Destellos del sujeto», *Fernando Sinaga. Polaroids 1995-1997*, Miengo (Cantabria): Sala Robayera, 1997, pp. 11-13.

Fernando Castro Flórez, «I. Sobre el fuego (en las grietas del *Cuadrado negro*), II. De lo informe, III. Putrefactio. IV. Otro elogio de la sombra», *Solve et Coagula*, Madrid: Galería Salvador Díaz, 1997 (folleto).

Fernando Castro Flórez, «Instantáneas de la ausencia», *Fernando Sinaga. La estancia inhóspita*, Valencia: Institut Valencià d'Art Modern (IVAM), 2005, pp. 12-41 [texto en español e inglés].

Fernando Castro Flórez, «La inconsistencia de lo visible. Entrevista Fernando Castro y Fernando Sinaga», *Consideraciones discontinuas y otras conversaciones* [editado con motivo de la exposición *Fernando Sinaga. Zona (1990-2005)*], Salamanca: Domus Artium, 2006, pp. 121-137.

Fernando Castro Flórez, «Lucidez crepuscular. Cuatro notas sobre la escultura de Fernando Sinaga», *Fernando Sinaga. Anamnesis*, Gijón: Palacio de Revillagigedo, 2000, pp. 23-40 [texto en español e inglés].

Fernando Castro Flórez, «Manía, especularidad y la otra satisfacción. Entrevista Fernando Castro Flórez y Fernando Sinaga», *Consideraciones discontinuas y otras conversaciones* [editado con motivo de la exposición *Fernando Sinaga. Zona (1990-2005)*], Salamanca: Domus Artium, 2006, pp. 157-177.

Fernando Castro Flórez, «Omnes umbra hominis lineis circumducta (Una aproximación a la gráfica de Fernando Sinaga)», *Ûzuluz. Fernando Sinaga*, [catálogo de la exposición *God Dog*], Salamanca: Galería Adora Calvo, 2006, pp. 7-14.

Fernando Castro Flórez, «Tres notas en torno a la discontinuidad escultórica de Fernando Sinaga. I/Agua desconcertante, II/Lo informe y la dualidad especular, III/El despellejamiento de lo real», *Fernando Sinaga. Esculturas 1991-1999*, Vitoria-Gasteiz: Sala Amárica, 1999 [folleto].

Fernando Castro Flórez, «Una inmersión en la realidad discontinua», *Fernando Sinaga. Doble inverso*, Granada: Palacio de los Condes de Gabia, 1998, pp. 13-47 [texto en español e inglés].

Fernando Castro Flórez, «Wohnen wir im Ereignis (La escritura como bálsamo)», *Fernando Sinaga. Consideraciones discontinuas y otras conversaciones* [editado con motivo de la exposición *Fernando Sinaga. Zona (1990-2005)*], Salamanca: Domus Artium (DA2), 2006, pp. 11-47.

Miguel Copón, «Textos polaroids», *Fernando Sinaga. Polaroids 1995-1997*, Miengo (Cantabria): Sala Robayera, 1997, pp. 18-56.

Félix Duque, «El fulgor en lo manifiesto», *Fernando Sinaga. Cor Duplex*, Zaragoza: Museo Pablo Serrano, 2005, pp. 9-93 [texto en español e inglés].

Félix Duque, «Escatología del despaisamiento», *Spaesamento*, Madrid: Galería Max Estrella, 2001 [folleto].

Félix Duque, «Hielo al rojo vivo», *Fernando Sinaga. Anamnesis*, Gijón: Palacio de Revillagigedo, 2000, pp. 11-21 [texto en español e inglés].

Miguel Fernández Cid, «Los años ochenta en el arte español. Fernando Sinaga», *Fernando Sinaga* [catálogo XX Bienal de São Paulo, Brasil], Madrid: Ministerio de Asuntos Exteriores y Ministerio de Cultura, 1987, pp. 7-18 [texto en español e inglés].

Javier Fuentes Feo, «El rastro público de las palabras ausentes», *Fernando Sinaga. Cor Duplex*, Zaragoza: Museo Pablo Serrano, 2005, pp. 157-245 [texto en español e inglés]; y en *Consideraciones discontinuas y otras conversaciones* [editado con motivo de la exposición *Fernando Sinaga. Zona (1990-2005)*], Salamanca: Domus Artium, 2006, pp. 179-196.

Javier Fuentes Feo, «Fernando Sinaga», *Élevage de poussière and other optical labyrinths* [exposición celebrada en The Annex, Nueva York], Salamanca: Junta de Castilla y León, 2005, pp. 212-229 [texto en español e inglés].

Javier Fuentes Feo, «La crítica artística en la obra de Fernando Sinaga», *Fernando Sinaga. Anamnesis*, Gijón: Palacio de Revillagigedo, 2000, pp. 41-78 [texto en español e inglés].

Aurora García, «Fernando Sinaga», *Fernando Sinaga. Escultura*, Zaragoza: Galería Miguel Marcos, 1987, p. 8 [folleto].

Raquel Gutiérrez Pérez, «Fernando Sinaga. El minimalismo y sus contrarios», *Fernando Sinaga. La estancia inhóspita*, Valencia: Institut Valencià d'Art Modern (IVAM), 2005, pp. 64-71 [texto en español e inglés].

Miguel Ángel Hernández Navarro, «Consideraciones lacanianas sobre la obra última de Fernando Sinaga», *Fernando Sinaga. La estancia inhóspita*, Valencia: Institut Valencià d'Art Modern (IVAM), 2005, pp. 108-137 [texto en español e inglés].

Fernando Huici, «Fernando Sinaga. Avatares térmicos», *Fernando Sinaga*, Zaragoza: Galería Fernando Latorre, 1995, pp. 3-7.

Francisco Jarauta, «La obra es por su silencio», *Fernando Sinaga*, Burgos: Espacio Caja Burgos, 1995, pp. 3-10 [texto en español e inglés].

Francisco Jarauta, «La sombra de Narciso», *Fernando Sinaga. Cor Duplex*, Zaragoza: Museo Pablo Serrano, 2005, pp. 249-273 [texto en español e inglés].

Simón Marchán Fiz, «La poética de lo informe a flor de piel», *Fernando Sinaga. Esculturas 1991-1999. Piel de hiena*, Vitoria-Gasteiz: Sala Amárica, 2001, pp. 17-35 [texto en español, euskera e inglés].

Wendy Navarro Fernández, «Der Glanz der gläsernen Landschaft», *Dialog, Kunst im Pavillon*, Pabellón de España, Hannover, 2000, pp. 86-97.

Rosa Olivares, «Estamos en una zona de penumbra. Entrevista Rosa Olivares y Fernando Sinaga», *Consideraciones discontinuas y otras conversaciones* [editado con motivo de la exposición *Fernando Sinaga. Zona (1990-2005)*], Salamanca: Domus Artium, 2006, pp. 105-120.

Rafael Ordóñez Fernández, «La contención escultórica», *Sinaga*, Alcañiz: Palacio Municipal, 1984 [folleto].

Gloria Picazo, «Entrevista Gloria Picazo y Fernando Sinaga», *Consideraciones discontinuas y otras conversaciones* [editado con motivo de la exposición *Fernando Sinaga. Zona (1990-2005)*], Salamanca: Domus Artium, 2006, pp. 97-104.

Kevin Power, «Identidad terminal. Entrevista Kevin Power y Fernando Sinaga», *Consideraciones discontinuas y otras conversaciones* [editado con motivo de la exposición *Fernando Sinaga. Zona (1990-2005)*], Salamanca: Domus Artium, 2006, pp. 139-155.

Kevin Power, «El lado oscuro», *Fernando Sinaga. Agua Amarga*, Palma de Mallorca: Fundació Pilar i Joan Miró, 1996, pp. 23-52 [texto en español, mallorquín e inglés].

Pablo J. Rico, «¿Amargura y Visibilidad?», *Fernando Sinaga. Agua Amarga*, Palma de Mallorca: Fundació Pilar i Joan Miró, 1996, pp. 15-20 [texto en español, mallorquín e inglés].

Pablo J. Rico, «Ejercicio de triangulación: representando la catástrofe», *Fernando Sinaga. Doble inverso*, Granada: Palacio de los condes de Gabia, 1998, pp. 95-106 [texto en español e inglés].

Fernando Rodríguez de la Flor, «Contramundum», *Fernando Sinaga. La estancia inhóspita*, Valencia: Institut Valencià d'Art Modern (IVAM), 2005, pp. 80-97 [texto en español e inglés].

Fernando Rodríguez de la Flor, «Fernando Sinaga. Espejo oscuro», *Fernando Sinaga. Pantallas espectrales sobre el Ebro*, Zaragoza: Universidad de Zaragoza, 2009, pp. 61-81.

Fernando Rodríguez de la Flor, «Poéticas del título. El suplemento textual en la obra de Fernando Sinaga», *Fernando Sinaga. Cor Duplex*, Zaragoza: Museo Pablo Serrano, 2005, pp. 9-93 [texto en español e inglés].

Alberto Ruiz de Samaniego, «En el corazón de las tinieblas», *Fernando Sinaga. Esculturas 1991-1999. Piel de hiena*, Vitoria-Gasteiz: Sala Amárica, 2001, pp. 44-61 [texto en español, euskera e inglés].

Alberto Ruiz de Samaniego, «Paisaje endémico», *Dialog, Kunst im Pavillon*, Pabellón de España, Hannover, 2000, pp. 169-175.

Fernando Sinaga, «Consideraciones discontinuas (1985-2005)», *Consideraciones discontinuas y otras conversaciones* [editado con motivo de la exposición *Fernando Sinaga. Zona (1990-2005)*], Salamanca: Domus Artium, 2006, pp. 49-95.

Fernando Sinaga, «Neocortext», *Fernando Sinaga. Pantallas espectrales sobre el Ebro*, Zaragoza: Universidad de Zaragoza, 2009, pp. 89-110.

Fernando Sinaga, *Consideraciones discontinuas 1985-1999*, Cáceres: Galería Bores & Mallo, 1999.

Chus Tudelilla, «Espectadores solitarios en un mirador asomado sobre lo invisible», *Fernando Sinaga. Pantallas espectrales sobre el Ebro*, Zaragoza: Universidad de Zaragoza, 2009, pp. 7-27.

Chus Tudelilla, «Neocortext», *Fernando Sinaga. Pantallas espectrales sobre el Ebro*, Zaragoza: Universidad de Zaragoza, 2009, pp. 89-110.

Conversaciones y entrevistas / Conversations and Interviews

«Entrevista a Fernando Sinaga», *10 preguntas realizadas por* Un Mundo Feliz, Archivo Documental de Artistas de Castilla y León, abril-junio de 2010, pp. 86-87.

Fernando Castro Flórez, «Entrevista con Fernando Sinaga», *Fernando Sinaga, Agua Amarga*, cat. exp., Fundació Pilar i Joan Miró, Palma de Mallorca,* marzo-mayo de 1996, pp. 71-85.

Fernando Castro Flórez, «Manía, especularidad y la otra satisfacción. Una conversación entre Fernando Castro Flórez y Fernando Sinaga», *Metoikesis*, Junta de Castilla y León, Salamanca, 2005, pp. 42-85.

Antón Castro, «El arte es una forma de conocimiento», *Heraldo de Aragón, Cultura y Ocio*, 16 de septiembre de 2010, p. 49.

Clara Duplá Agueras, «El escenario del Ebro y de la muestra han influido mucho en este trabajo», *Heraldo de Aragón*, 14 de mayo de 2008, p. 15.

Bea Espejo, «El problema del arte español es su negativa a psicoanalizarse», www.elcultural.es, 15 de julio de 2011.

Lola Ester, «Fernando Sinaga. A los jóvenes se les fomenta la idea del exito, del tú también puedes, y no están para compromisos», *El Periódico*, Zaragoza, 24 de marzo de 2002, pp. 12-13.

Javier Fuentes Feo, «El rastro público de las palabras ausentes. Una entrevista de Javier Fuentes Feo a Fernando Sinaga», *Fernando Sinaga. Cor Duplex*, Museo Pablo Serrano, Zaragoza,* 2005, pp. 157-245.

Mariano Fuentes, «El artista y su función educativa», *TIERRA*, Segovia, 1984, p. 17.

Ángela Labordeta, «Fernando Sinaga: Actualmente el arte debería reconsiderar lo avanzado», *Diario 16*, Zaragoza, 1 de marzo de 1995, p. 16.

Lucas Martín Jurado, «La creación artística no puede ser creación si no es delirante», *Málaga hoy*, 2004.

Mar Menéndez, «Entrevista a Fernando Sinaga», *Peregrinatio*, Sagunto, 2006, pp. 154-165.

Gloria Moure, «La esencia del arte es la libertad de pensamiento y acción», *Fernando Sinaga. Ideas K*, Barcelona: Ediciones Poligrafa, 2012, pp. 18-41.

Alicia Murria, «Sinaga: ¡Viva la austeridad!», *EL DÍA*, Zaragoza, 19 de septiembre de 1987, p. 19.

Rafael Navarro y Fernando Sinaga, *Lápiz*, nº 99/100/101, Madrid, febrero de 1994, pp. 86-89.

Rosa Olivares, «Entrevista con Fernando Sinaga: Estamos en una zona de penumbra», *Lápiz*, nº 121, Madrid, abril de 1996, pp. 32-43.

Seve Penelas, «Creación artística. ¿formación académica o autodidactismo?», *EXIT Express*, Madrid, nº 3, mayo de 2004, p. 5.

Gloria Picazo, «Entrevista de Gloria Picazo a Fernando Sinaga», *Fernando Sinaga*, cat. exp., Galería Luis Adelantado, Valencia,* abril-mayo de 1993, pp. 7-16.

Kevin Power, «Fernando Sinaga», *Flash Art*, nº 1, Milán, febrero de 1988, p. 73.

Kevin Power, «Identidad terminal», *Fernando Sinaga, Doble Inverso,* cat. exp., Palacio de los Condes de Gabia, Diputación de Granada, Granada,* enero de 1998, pp. 49-63.

Uta Reindl, «Fernando Sinaga», *Spanien im Aufbruch, Kunstforum,* nº 94, Colonia, abril-mayo de 1988, pp. 154-159.

Oscar Rodríguez, «Fernando Sinaga, proyecto de proyectos», *Tribuna de Salamanca*, 14 de febrero de 2004, p. 20.

Isabel Sagües, «El escultor está comprometido con lo que le rodea y mi obra quiere expresarlo», *Diario de Navarra*, Pamplona, 1976.

Celia Sánchez, «Hay que saber soportar que te ignoren», *El Adelanto*, Salamanca, 9 de noviembre de 1999, p. 64.

Josune Vélez de Mendizábal, «Se necesitan recursos sociales para cerrar la brecha entre el ciudadano y el arte», *Gara Kultura,* 24 de abril de 2008.

Escritos del artista / Artist's Writings

«Relativement, tel que moi- C. Brâncuşi», *Arte y Parte*, nº 97, Santander, febrero-marzo, de 2012, pp. 12-31.

«La escultura, la replica y el museo», *El Norte de Castilla, La sombra del ciprés,* Valladolid, 2012, p. 5.

«La vía del cielo. La escultura y el vacío», *Pablo Serrano, O con la estrella o en la cueva*, Instituto Aragonés de Arte y Cultura Contemporánea (IAACC) Pablo Serrano, Zaragoza: Gobierno de Aragón, 2011, pp. 8-16 [cat. exp.].

«Robert Morris. Hacia el centro del nudo», *Arte y Parte*, nº 93, Málaga: Editorial Arte y Parte, junio-julio de 2011, pp. 12-29.

«Oscillum», *Noreste, N41° 39' W0°,* 53', IAACC Pablo Serrano, Zaragoza, marzo de 2011 [cat. exp.].

«La estructura ha perdido su función», Galería A del Arte, Zaragoza, febrero de 2011 [folleto].

«Rudolf Steiner. El arte y la ciencia espiritual», *Arte y Parte*, nº 89, Málaga: Editorial Arte y Parte, octubre-noviembre de 2010, pp. 14-33.

«La pulsión de muerte», *artes&letras, ABC, Castilla y León,* 31 de julio de 2010, p. 9.

«Synesthésie», Galería Trayecto, Vitoria-Gasteiz, Gasteiz, 2010 [tarjeta de invitación].

«Thomas Schütte. Los pies en la ciénaga», *Arte y Parte,* nº 86, Málaga: Editorial Arte y Parte, abril-mayo de 2010, pp. 28-41.

«Luis Gordillo. *Auto-stoupense*, 1971», Historias de España, Colección *De Pictura,* Huesca: Diputación de Huesca, 2010, p. 88.

«Neocortext», *Pantallas Espectrales sobre el Ebro,* Zaragoza: Universidad de Zaragoza, 2009, pp. 89-109.

«Geometrías», *Enrique Larroy. Pintura corriente*, Museo de Teruel, 2009, pp. 41-43 [cat. exp.].

«Walter de María. La medición del mundo», *Arte y Parte,* nº 82, Málaga: Editorial Arte y Parte, agosto-septiembre de 2009, pp. 14-29.

«Breve discusión sobre los modelos del conocimiento en las prácticas artísticas», *III Talleres Internacionales de Arte Contemporáneo de Zaragoza, OPENART,* Zaragoza, 2009, pp. 148-149.

«Neocortext. La visión alterada», *Conparada01. dispositivos. Disposiciones (1982-1992) derrota, no futuro y cambio (de nada)*, Vitoria-Gasteiz: Obra Social de Caja Vital, 2008, pp. 201-207 [texto en euskera y castellano].

«Luis Gordillo. El paisaje indiscriminado (Vitamina P). Pintura, Economía y Democracia», Galeria Joan Prats, Barcelona, 2008, pp. 2-6 [cat. exp., texto en inglés, catalán y español].

«Lugares de la Memoria», *Art/Salamanca 08 feria de arte contemporáneo*, Salamanca: Fundación Municipal de Cultura, 2008 [cat. exp.].

«Rachel Whiteread», *Arte y Parte,* nº 69, Santander: Editorial Arte y Parte, junio-julio de 2007, pp. 36-45.

«La búsqueda del emplazamiento», *Arte y Parte,* nº 71, Santander: Editorial Arte y Parte, octubre-noviembre de 2007, pp. 14-35.

«Transmitir conocimiento y desarrollar aptitudes», *art.es international contemporary art*, nº 24-25, febrero de 2007, pp. 66-67.

«Fernando Sinaga. Consideraciones discontinuas y otras conversaciones», Domus Artium, Fundación Salamanca Ciudad de Cultura. Ayuntamiento de Salamanca, 2006.

«Sueños retrospectivos e imágenes espectrales del sí mismo como otro», *Arte y Parte,* nº 52, Santander: Editorial Arte y Parte, agosto-septiembre 2004, pp. 24-37.

«Entre el cielo y el infierno, El naufragio», *Metáfora e ironía*, Ciclo de conferencias sobre los procesos creativos, Centro Municipal de las Artes de Alcorcón, 2003, pp. 91-106.

«Cada escultura es la imagen de su estructura», *OP ingeniería y territorio,* nº 58, Barcelona, 2002, pp. 36-43.

«La experiencia fracturada», *Revista de Occidente,* nº 225, Madrid: Fundación José Ortega y Gasset, febrero de 2001, pp. 95-96.

«Franz West, El idiota interior», *Arte y Parte,* nº 32, Madrid: Editorial Arte y Parte, abril-mayo 2001, pp. 82-93.

«Comercio Total», *Liberalt?: Cultura y Globalización*, Galería Trayecto, Vitoria-Gasteiz, 2001, pp. 59-62.

«Spaesamento», *Spaesamento, Fernando Sinaga,* Galería Max Estrella, Madrid, 2001 [tarjeta de invitación].

«Erosión erótica», *Spaesamento, Fernando Sinaga,* Galería Max Estrella, Madrid, 2001 [tarjeta de invitación].

«El caballero de la mano en el pecho», *mh,* nº 133, Madrid, octubre-noviembre, 2001, p. 55.

«Sobre el desorden», *cimal, Arte internacional,* nº 51, Valencia, febrero de 1999, pp. 45-48.

«Vía seca/Circulación húmeda», *Llocs Lliures, 7 intervencions al centre històric de Xàbia*, Xàbia, julio-septiembre de 1999, p. 42.

«Fernando Sinaga, Consideraciones Discontinuas, 1985-1999», Galería Bores & Mallo, Cáceres, octubre 1999.

«Louise Bourgeois. La polilla en la alfombra», *Arte y Parte*, nº 23, Madrid: Editorial Arte y Parte, octubre-noviembre de 1999, pp. 72-76.

«Fernando Sinaga, Escritos 1996-1998», *Fernando Sinaga, Doble Inverso,* Palacio de los Condes de Gabia, Diputación de Granada, Granada, enero de 1998, pp. 83-94.

«Paisaje de la precariedad», *Desvíos*, Galería Anticuaria, Madrid, febrero de 1998, p. 3.

«Polaroids 1995-97», *Fernando Sinaga, Polaroids 1995-97*, Sala Robayera, Miengo, Cantabria, julio de 1997, p. 7 [cat. exp.].

«Informalismo y Expresionismo Abstracto», *Tribuna de Salamanca*, Salamanca, 25 de mayo de 1996.

«Fernando Sinaga, Escritos 1986-1996», *Fernando Sinaga, Agua Amarga*, Fundació Pilar i Joan Miró a Mallorca, Palma de Mallorca, julio-agosto de 1996, pp. 102-105 [cat. exp.].

«El Arte y su Docencia España 1985-1995», *L'Escola Invisible*, Talleres de la QUAM 1988-1994, Barcelona, 1995, pp. 113-119.

«El Espacio Social. Sentido, Memoria y Referencias de un Proyecto», *Auditorio Palacio de Congresos de Zaragoza*, Zaragoza, 1995, pp. 46-50.

«Ûzuluz», *Fernando Sinaga,* Galería Fernando Latorre, Zaragoza, enero de 1995, p. 11 [cat. exp.].

«El arte sin materia», *ABC*, Madrid, 15 de febrero de 1994, p. 61.

«El descontento y la contestación», *ABC de las artes,* Madrid, 10 de junio de 1994, p. 38.

«Fernando Sinaga. Auditorio de Zaragoza», *Espacios Públicos, Sueños Privados,* Madrid, febrero-abril de 1994, pp. 22-29 [cat. exp.].

«Identidad y diferencia en las fronteras del lenguaje», *Diario 16*, Madrid, 5 de enero de 1989, p. 1.

«Las fronteras fluctúan», *Flash Art*, Milán, primavera de 1989, p. 29.

Obras en museos y colecciones / **Works in Museums and Collections**

Museo Nacional Centro de Arte Reina Sofía (MNCARS), Madrid.
Institut Valencià d'Art Modern (IVAM), Valencia.
Kunstsammlung der Ruhr-Universität, Bochum, Alemania.
MUSAC, Museo de Arte Contemporáneo de Castilla y León, León.
Instituto Aragonés de Arte y Cultura Contemporánea (IAACC) Pablo Serrano, Zaragoza.
Museo Patio Herreriano, Valladolid.
Museo Extremeño e Iberoamericano de Arte Contemporáneo (MEIAC), Badajoz.
Museo Vostell, Malpartida, Cáceres.
Colección Centro de Arte y Naturaleza (CDAN), Fundación Beulas, Huesca.
Centro-Museo Vasco de Arte Contemporáneo (Artium), Vitoria-Gasteiz.
Museo de Arte Contemporáneo Aragonés, Monasterio de Veruela, Zaragoza.
Diputación General de Aragón, Zaragoza.
Universidad Nacional de Educación a Distancia, Madrid.
Diputación Provincial de Zaragoza, Zaragoza.
Colección Prosegur, Madrid.
Junta de Castilla y León, Valladolid.
Domus Artium, Salamanca.
Colección Ayuntamiento de Alcobendas, Madrid.
Colección Ibercaja, Zaragoza.
Colección Caja de Burgos.
Ministerio de Educación y Ciencia, Zaragoza.
Colección Ayuntamiento de Miengo, Santander.
Colección Consejo Superior de Deportes, Madrid.
Fundació Pilar i Joan Miró a Mallorca, Palma de Mallorca.
Colección Asociación de la Prensa de Aragón, Zaragoza.
Fundación Coca Cola, Madrid.
COLECCIÓN NORTE, Gobierno de Cantabria, Santander.
Fundación Caja Madrid.
Colección Ayuntamiento de Alcañiz, Teruel.
Fundación del Fútbol Profesional, Madrid.
Cortes de Aragón, Zaragoza.
Colección Goldman Sachs, Londres.
Museo Regional de Arte Moderno (MURAM), Cartagena, Murcia.
Colección Banco de España, Madrid.
Colección Essències, Barcelona.

Créditos fotográficos / Photographic Credits

Ilse Borchard, Gonzalo Bullón, Andrés Ferrer,
Genaro Martínez Castro, Rebecca Mutell,
Vicente Novillo, Miguel A. Quintas, Fernando Sinaga,
Rafael Suárez, Antonio Zafra, Gonzalo Sarasqueta;
Tempus Fugit Visual Projects e Imagen MAS.

Agradecimientos / Acknowledgements

Esta exposición debe mucho a la colaboración y apoyo de las siguientes entidades y personas /
This exhibition owes much to the collaboration and support of the following organisations and people:

Centro de Arte Contemporânea Graça Morais, Braganza
Centro-Museo Vasco de Arte Contemporáneo (ARTIUM), Vitoria-Gasteiz
Galería Adoración Calvo, Salamanca
Galería Aural, Alicante
Galerie m, Bochum
Galería SCQ, Santiago de Compostela
Institut Valencià d'Art Modern (IVAM), Valencia
Museo Extremeño e Iberoamericano de Arte Contenporáneo (MEIAC), Badajoz
Museo Patio Herreriano de Valladolid, Valladolid
Trayecto Galería, Vitoria-Gasteiz
FernandoSinagaArchiv
Ilse Borchard
Colección Miguel Barrena, Vitoria-Gasteiz